北京国之专利预警咨询中心　组织编写

热点技术专利预警分析

社交网络分册

主编　魏保志

知识产权出版社
全国百佳图书出版单位

图书在版编目（CIP）数据

热点技术专利预警分析．社交网络分册/魏保志主编．—北京：知识产权出版社，2014.4
ISBN 978-7-5130-2678-9

Ⅰ.①热… Ⅱ.①魏… Ⅲ.①心理交往—网络服务—专利—研究—中国 Ⅳ.①D923.424 ②C912.1-39

中国版本图书馆 CIP 数据核字（2014）第 063586 号

内容提要

本书是社交网络的专利预警研究报告。报告通过对社交网络整体发展的梳理构建了社交网络发展的时间线，并对社交网络的荣光 Facebook 以及潜行者 Voxer 做了不同的针对性分析；另外，报告还进一步对拥有专利的其他社交网络公司进行了相关研究。本书是了解社交网络领域技术发展及预测未来走向，帮助企业做好专利预警的必备资料之一。

读者对象：社交网络领域的政府管理人员、行业分析师、企业管理者、研发人员以及知识产权咨询服务人员。

责任编辑：黄清明　　**责任校对**：韩秀天
装帧设计：刘　伟　　**责任出版**：卢运霞

热点技术专利预警分析·社交网络分册
redian jishu zhuanli yujing fenxi shejiao wangluo fence
魏保志　主编

出版发行：知识产权出版社有限责任公司　　**网　　址**：http：//www.ipph.cn
社　　址：北京市海淀区马甸南村 1 号　　**邮　　编**：100088
责编电话：010-82000860 转 8117　　**责编邮箱**：hqm@cnipr.com
发行电话：010-82000860 转 8101/8102　　**发行传真**：010-82000893/82005070/82000270
印　　刷：三河市国英印务有限公司　　**经　　销**：各大网店、新华书店及相关销售网点
开　　本：787×mm×1092mm　1/16　　**印　　张**：18.75
版　　次：2014 年 4 月第 1 版　　**印　　次**：2014 年 4 月第 1 次印刷
字　　数：425 千字　　**定　　价**：58.00 元
ISBN 978-7-5130-2678-9

编 委 会

序

随着我国创新型国家建设和国家知识产权战略的实施，专利已经成为国家战略性资源，在经济社会发展中发挥着日益重要的作用。当前，我国更加强调加强知识产权的保护和运用，而专利预警作为专利保护和运用的重要手段，对技术创新和提升企业核心竞争力起到的促进作用，也成为社会关注的焦点。

专利预警基于专利情报分析，系统地监测专利布局态势，预测国家、行业和企业等不同层面的专利风险并提出应对策略，对于支撑政府科学决策、促进行业资源整合、助力企业技术创新都具有重要的意义。

北京国之专利预警咨询中心（以下简称“国之预警中心”）隶属于国家知识产权局专利局专利审查协作北京中心，是国内首家为社会提供专利预警和应急咨询服务的专业机构。成立十多年来，国之预警中心通过专利预警研究，先后为社会各界提供了3000多份专利预警分析报告，在专利预警方面具有先进的理论和丰富的实践。

为满足社会对热点技术发展的关注需求，结合国家战略性新兴产业发展方向的部署，我们选择了7个热点技术作为研究对象，包括：汽车安全气囊、可穿戴计算设备、社交网络、作物分子标记辅助育种、储氢材料、体腔内微型机器人以及页岩气，系统分析了各个技术全球范围内的专利布局态势以及技术发展、市场竞争和产业演变状况，并揭示了技术发展中面临的专利风险，提出风险化解的策略建议。

7个热点技术的专利预警分析研究得到了相关政府主管部门、行业组织以及企事业单位的高度关注和大力支持，成果一经发布，就在相关产业内引起了强烈反响。为了更好地满足社会各界的需求，现将7个热点技术的研究成果汇编后公开出版。

相信《热点技术专利预警分析》能够传播专利预警的知识和方法，发挥专利预警的价值和作用，为相关政府部门、行业和企业提供借鉴和指导。

国家知识产权局专利局专利审查协作北京中心

主任　魏保志

社交网络研究团队

一、项目指导

魏保志　曲淑君　夏国红

二、专利分析指导

王娇丽　于立彪　张　勇　刘　刚　宗　磊

三、课题组

负责人：张　蔚
成　员：李意平　曲桂芳　林　甡　薛永旭　夏　鹏　苗　雨　胡　延

四、报告撰写

撰稿人：林　甡（主要执笔第1章、第3.1、3.2.1、3.4~3.6、4.2、4.5~4.7节，参与执笔第2章）
　　　　薛永旭（主要执笔第4.1、4.3、4.4、4.8，6.2节，参与执笔第1、5章）
　　　　夏　鹏（主要执笔第3.2.2、3.2.3、3.2.4、3.7、6.1节）
　　　　苗　雨（主要执笔第3.3、6.3节，第5章）
　　　　胡　延（主要执笔第2章，参与执笔第1章，主要制作第1~5章图表）
统稿人：曲桂芳　林　甡
审稿人：张　蔚　李意平　王娇丽　刘　刚　林　甡

五、项目合作单位

腾讯科技（深圳）有限公司
北京搜狗科技有限公司

目　　录

摘　　要

本报告通过对社交网络整体发展进行梳理，构建了社交网络发展的 TimeLine，重点分析了社交网络的荣光 Facebook 以及社交网络的潜行者 Voxer，再以点带面的对 TimeLine 上其他社交网络公司进行相关研究。在对 Facebook 和 Voxer 做分析的过程中，本报告基于研究对象的不同采用了不同的分析方法：针对 Facebook，本报告首先建立了基于用户体验的分类体系，然后再对其自主专利和收购并购专利进行了单独对比分析；针对 Voxer，本报告对其建立了技术分类体系，并进行了相应的分析；此外，本报告对 Facebook 和 Voxer 的发明人以及他们在中国专利申请的情况也作了进一步研究。最后，对于 TimeLine 上拥有专利的其他社交网络公司的专利情况，本报告也作了相关的分析，以期给国内社交网络公司以更多的启示。

关键词：社交网络　Facebook　用户体验　自主专利　收购并购　Voxer　即时通信　申请特点

第1章
探索 SNS

1.1 初探 SNS

1909年，当靠发明无线电通信而获得诺贝尔物理学奖的古列尔莫·马可尼在颁奖时说出“如果想在地球表面人类可居住地区的任何两点之间收发无线电报，最多只需要5.83个无线信号中继站”时，他肯定不会想到基于六度分割理论发展的社交网络会在100年后与人如此息息相关。

六度分割理论，英文名为 Six Degrees of Separation，其指出：任何一个人与另一个陌生人之间所间隔的人不会超过六个。这个理论重点并非“六”这个数字，而是表达了一个重要的概念，即，任何素不相识的两个人通过一定的方式总能够产生联系。这个概念在现实世界中实践起来也许会有各种困难，然而，随着网络通信技术的快速发展，人们意识到“网络”作为“一定的方式”成为人们联系的纽带真是再好不过了。就这样，伴随着媒介革命，六度分割理论预示的一个社交网络新世界展现在了人们眼前。

社交网络服务，英文名为 Social Network Service，简称 SNS（全文如无特殊说明，SNS 均表示社交网络服务，并且为了符合中文四字构词习惯，全文中文均将社交网络服务简称为社交网络）。社交网络源于网络社交，网络社交的起点是电子邮件。互联网本质上就是计算机之间的联网，早期的 E-mail 解决了远程的邮件传输问题，至今它仍是互联网最普及的应用，同时它也是网络社交的起点。BBS 则更进一步地把群发和转发常态化，理论上实现了向所有人发布信息并讨论话题的功能，BBS 把网络社交推进了一步，从单纯的点到点交流的成本降低，推进到了点到面交流成本的降低。

从网络社交到社交网络更像是一次升级，例如即时通信（IM）基于电子邮件进一步提高了即时效果和并行能力，博客（Blog）则基于 BBS 结合社会学和心理学让信息发布节点体现出更强的个体意识并且开始聚合时间维度上分散的信息，进而塑造出信息发布节点的虚拟形象和性格，当一个人在网络上的形象和性格趋于完整时，社交网络就出现了。

纵观社交网络的发展，其大体经历了以下几个阶段：基于六度分割理论的早期概念化阶段；建立弱关系从而带来更高社会资本的结交陌生人阶段；创造丰富多媒体个性化空间吸引注意力的娱乐化阶段；复制线下真实人际网络到线上的社交图阶段。整个社交网络的发展遵循着人们逐渐将线下生活更完整的信息流转移到线上进行低成本管理，社交网络让互联网无限地靠近现实世界，服务现实世界，延展现实世界。

1.1.1　SNS 成长 TimeLine（见图 1-1-1）

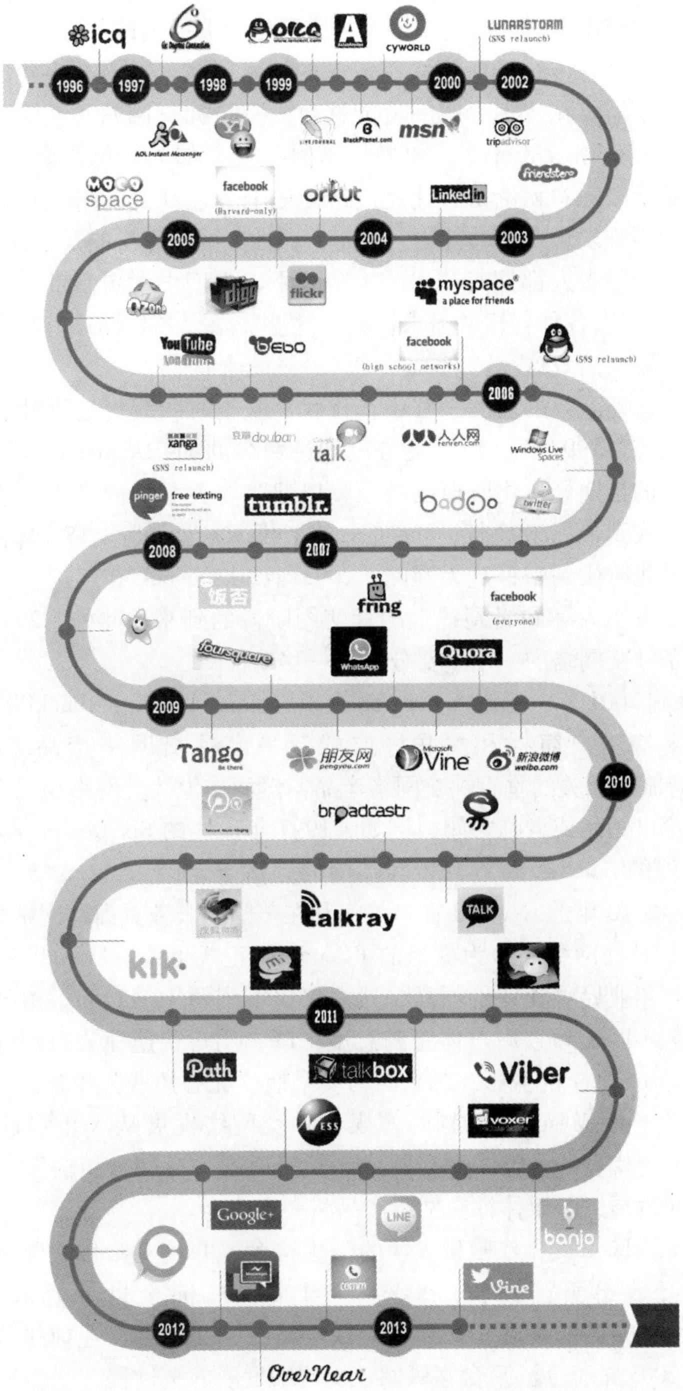

数据来源：baike.baidu，wikipedia

图 1-1-1　SNS TimeLine

图 1-1-1 列出了社交网络成长过程中主要社交网站和应用的上线时间。纵观整条时间线，不难发现社交网络发展的一个主要特点是短期高效。从 1996 年到 2013 年，在短短 17 年间，仅就具有代表性的网站和应用就出现了 50 多家，更不用说还有不计其数的此处并未列出的曾出现过或正在出现的社交网络相关的网站和应用。

社交网络不像某些传统行业那样有较高的技术门槛，且需要多年的技术积累，一个普通的程序员不需要花费多少时间就能够建立一个社交网站，然而不是每个程序员最后都成为了扎克伯格，为什么？如果说是因为技不如人，恐怕会有很多人不服气，那么关键原因是什么呢？无论是看扎克伯格传记电影《社交网络》还是回看各社交网络应用的兴衰，不难发现这个关键原因就是，在社交网络界拼的是“用户体验”。

因而，在一个很多人都拥有技术的大环境下，人们思考更多的是用户需求，而全世界 50 多亿人恰好有各种各样的需求，基于这些需求，各种网站和应用不断涌现，即促成了社交网络短期高效这一特点。

在这样一个短期高效的发展过程中，让我们基于时间线讨论下社交网络发展 3 个主要阶段的时间点。1997 年，以六度分割理论命名的 Six Degree. com 上线，标志着基于六度分割理论的早期概念化阶段已结束，以建立弱关系从而带来更高社会资本的结交陌生人阶段正式到来；2003 年，Myspace 的上线标志着创造丰富多媒体个性化空间吸引注意力的娱乐化阶段到来；毫无疑问，2005 年，Facebook 在美国主要高校的铺开则标志着复制线下真实人际网络到线上的社交图阶段的到来；此外，2009 年，Whatsapp 的出现则开辟了社交网络的一个重要分支——移动社交。

从 1997 年到 2001 年，紧随 SixDegree 出现了 AsianAvenue、BlackPlanet、Lunarstorm 和 Cyworld 等支持用户简档和关联好友的泛平台社交网络产品，也出现了类似 LiveJournal 支持旅行相关的垂直社交网络产品，然而作为社交网络初期产品，这些产品中的大多后来都已关闭或濒临关闭，例如，1997 年上线的 Six Degree. com 于 2000 年关闭；2000 年上线的 Lunarstorm 在丹麦和英国的分站于 2007 年 7 月 13 日关闭；2009 年 11 月 23 日，上线 10 年的 Cyworld 宣布关闭其在美国的服务页面，网站全面停止运营。

2002 年，被社交网络界奉为鼻祖的 FriendSter 正式上线。FriendSter 以其用户量的快速增长而使当年业界对其评价颇高，然而仅仅不到两年的时间，由于其硬件与其快速增长的用户数不匹配导致用户体验满意度下降，用户快速流失。但是，在后面的内容中还会看到 FriendSter 的身影，却是因为其早期“无心插柳”申请的几项专利。

2003 年至今，由 Myspace 引领的多媒体社交网络发展从未止步过，以 YouTube、Vine、Instagram 为代表的多媒体社交网络产品发展态势良好，相信随着网络尤其是无线网络的进一步发展，多媒体社交网络产品将大有作为。

2004 年，Facebook 诞生在哈佛大学的学生宿舍，并仅对哈佛大学学生开放；2005 年，Facebook 开放给美国高校；2006 年，Facebook 向全世界开放。三步走起的 Facebook 引领着社交图的发展，直到今天依然站在社交网络产业前排位置，其发展过程几乎浓缩了 2005 年至今泛平台互联网社交网络发展的全过程。

就在 Facebook 迈出第二步的 2005 年，以“人人网”为代表的社交网络产品在国内上线。而在此之前，腾讯以即时通信 IM（此处的即时通信 IM 是指 QQ 类即时通信，而非微信类即时通信）的模式已经存在，腾讯立即整合资源，快速地投入到社交网络大潮中，并一步步发展成为中国首屈一指的社交网络公司。

2009 年，Whatsapp 上线。这种基于 Walkie Talkie 的移动社交应用改变了人们固有的移动通信模式，随后类似的 Kakao、WeChat、Voxer 和 Line 相继推出类似产品，并至今在不同地区均都保有一定数量的用户量。移动社交的出现虽然基于弱社交关系，即限于熟人之间的通信，然而即便如此，其发展之迅猛却已超出了很多人的预料，随着移动通信技术的发展以及对用户体验的进一步挖掘，移动社交的发展空间将被无限扩展。

随着移动通信技术发展带来的不仅仅有 Walkie Talkie 应用，还有很多类似 2009 年 3 月上线的 FourSquare 这种基于地理信息的社交网络应用也在不断涌现。此外，还有众多的类似 Linkedin 的垂直社交网络应用也在不断地出现在社交网络时间线上，他们或独立发展，或以第三方的身份接入泛平台社交网络，但都保有着自己独特的发展空间。

从整个社交网络发展的时间线看，社交网络发展的 15 年充满了创新与失败，无数应用的失败换来了为数不多的成功，吸取成功者的经验将使我们站在巨人的肩膀上看得更高、走得更远。

1.1.2　SNS 研究的意义

从社交网络发展时间线可以看出，国内社交网络产业的起步要晚于国外。然而，国内社交网络的发展速度迅猛，在发展过程中不可避免的会遇到各种问题。比如，有些公司面临应用接入、产品整合的问题，有些公司会有不知如何挖掘用户体验的困扰，有些公司则会存在走出国门是否会遇到专利壁垒以及该如何保护自己研发成果的困扰等。

本报告正是基于国内企业的一些困扰，尝试从专利分析的角度对社交网络领域比较有代表性的公司进行分析，以期能够给国内企业在发展社交网络产业的过程中带来一些帮助和启发。

1.2　再探 SNS

1.2.1　SNS 研究难点

从专利预警分析的角度来解读社交网络产业的发展，存在着一些从未遇到过的新问题。

首先，专利源于技术。而社交网络恰好不具有自身的技术特征，社交网络应用是基于分散的技术点实现的，这些技术点通常还具有很强的交互性，并且不具有明显的技术分类。而较短的发展史使其技术演进并不明显，让一直以技术路线为研究线索的研究者无从下手。

其次，专利分析基于专利检索。而针对社交网络的检索存在着一个较大的问题就是“无边界性”，既没有明确的关键词也没有明确的专利分类可供检索者直接使用。

在没有现成清晰的技术分类前提下，又没有明确的关键词和专利分类可供检索，针对社交网络的专利分析在项目初期即遇到了较大的研究瓶颈。

1.2.2 SNS研究方法

针对上述困难，课题组提出了“定点剖析，以点带面”的研究方法，即选择具有代表性的产品应用作定点研究，后续可以考虑采取类似的方法对其他公司进行研究。

研究基本过程包括：确定研究对象→使用相关产品→互联网检索相关信息→建立研究体系→专利数据库检索专利→精读每篇专利→落入体系架构→分析→得出结论。该过程是一个基本过程，针对选择对象建立不同研究体系后，进一步的研究过程会有所不同。本课题限于研究时间和精力，仅针对两类研究对象建立了两套研究体系，对于其他体系的研究还有待进一步拓展。

本课题在确定研究对象过程中，阅读了大量国内外相关资料，并结合初步检索结果，在众多的社交网络企业中，考虑典型性、代表性、产业影响力和样本专利数量等因素，选取了以Facebook和Voxer作为主要研究对象。在社交网络领域还活跃着很多实力强劲的综合类公司，例如Yahoo、Google、Microsoft和AOL等，这些公司都不可小觑，然而限于时间和精力有限，课题组目前没有对这些公司做进一步深入的研究。

1. 为什么选择Facebook？

选择Facebook主要基于以下几点原因：

（1）Facebook的产品成熟，行业影响力大；

（2）公司已上市，有足够的公开信息披露；

（3）产品覆盖全面，且不断拓展到新领域；

（4）专利布局比较完整，有多笔专利购买行为。

Facebook作为一家已经上市的拥有成熟泛平台互联网社交网络产品的公司，毫无疑问地已走在了社交网络发展的前面，无论从哪个角度对其进行研究都将对国内业界有所帮助。此外，从专利角度看，对Facebook申请专利的初步检索得到的数据集也已达到可研究的量级，因此，课题组选择以Facebook作为研究对象之一。

2. 为什么选择Voxer？

选择Voxer主要基于以下几点原因：

（1）专利布局时间早；

（2）专利布局层次严谨；

（3）深耕语音交互产品，国内产业界较为陌生。

Voxer作为一家低调的拥有移动社交网络产品的公司，其推出产品虽然晚于Whatsapp，知名度似乎也一直不如Whatsapp，然而，其早在Whatsapp推出产品之前就已经开始进行专利布局，且其布局专利之严密在移动社交领域是前所未有的，相信对Voxer的研究将会对国内相关企业起到预警和启示作用。

3. 为什么选择其他SNS公司？

对于其他公司的选择，首要条件是专业性社交网络公司。由于本课题在研究伊始，就将研究基调定在对专业社交网络公司进行研究，其主要原因是对专业性社交网络公司和对综合性公司的检索策略和研究策略会有较大不同，本报告限于时间和篇幅，选择了对专业性社交网络公司进行研究。其次，对于其他公司的选择，主要是结合社交网络发展 TimeLine 和专利初步检索结果，即对 TimeLine 上的公司进行专利检索，将所有具有专利申请的公司均包含在其他公司中。

本课题在确定了研究对象后，即开始体验 Facebook 和 Voxer 以及其他公司产品的应用，并结合互联网检索到的信息以及专利初步检索结果分别对 Facebook 和 Voxer 建立各自的研究体系，具体的研究体系将在后面相关章节详细论述。

第 2 章

发 现 SNS

从社交网络的发展 TimeLine 中可以看出社交网络从起源至今时间并不长，如果能够发现在这不长的时间区间内社交网络发展的整体趋势，对于更进一步地了解社交网络的未来发展趋势将起到较好的作用。

2.1 整体趋势分析

检索时间：2013 年 4 月 8 日

检索入口：DWPI

检索方法：鉴于上文已提到的对社交网络相关专利检索存在的问题，本课题开创性地使用 DWPI 数据库的 USE/字段进行检索。在检索过程中，课题组发现 DWPI 在对专利摘要进行加工时会对社交网络相关专利申请在 USE/字段进行标引，标引形式多为该方案用于社交网络和/或社交网络具体的产品，比如 Facebook 等。因此，在对 USE/字段进行社交网络以及社交网络相关产品的检索可获得准确的社交网络相关专利数据集。

对检索结果的说明：由于 DWPI 数据库的摘要加工存在一定的差异性，并非所有社交网络相关专利申请都被在 USE/字段进行了标注，因而，所述数据集并非涵盖了所有社交网络相关专利申请，但是该数据集具有接近 100% 的准确性，并且数据集包含的数量已具有统计意义。此外，由于专利申请文件从申请到公开之间最长需要 18 个月，同时各数据库的更新时间不同，因此截至本课题检索日，尚有部分 2011 ~ 2012 年提出的专利申请未收入数据库中，本报告所有检索均存在该问题，下文不再重复说明。

图 2-1-1 所示的是社交网络专利申请趋势。从图中可以看出，社交网络相关专利申请量在 2003 年以前相对比较平缓；2003 ~ 2004 年有一个较小的增幅，称为第一增长期；2005 ~ 2009 年有一个较大幅度的增长，称为第二增长期；自 2009 年则迎来了一个更大幅度的增长，称为第三增长期。

如上所述，2003 年以前，社交网络虽然突破了理论概念阶段，然而弱关系阶段并没有让社交网络有较好的发展。2003 年，随着 MySpace 将多媒体引入社交网络，社交网络向前推进了一小步。而到了 2005 年，Facebook 引领的社交图时代正式到来，整个社交网络产业在经历了概念化阶段、弱关系阶段和融入多媒体阶段后，迎来了一个全新的融合的社交图阶段。在这个阶段，各种平行社交和垂直社交产品层出不穷，社交网络进入了第一个高速发展阶段。2009 年，Whatsapp 的上线标志着移动社交的到来，随后各种移动社交产品相继出现，互联网社交公司也开始向移动社交发展，移动社交也逐渐向互联网社交融合，大融合社交时代正式来临。

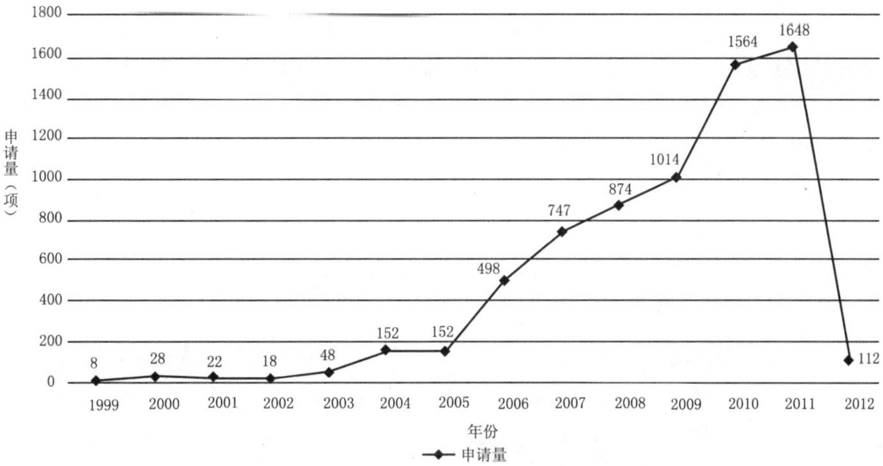

图 2-1-1 SNS 专利申请按年分布趋势图

图 2-1-2 显示出了社交网络专利申请区域分布。从图中可以看出，申请量最多的是美国，按照国家和地区排列，其次为中国，欧洲、韩国和日本紧随中国后面。由于国际申请的特殊性，此处不对国际申请（WO）进行说明。

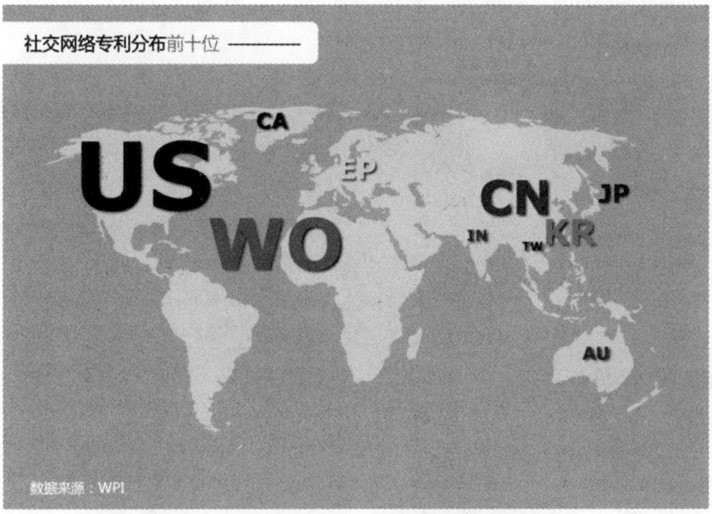

图 2-1-2 SNS 专利申请区域分布

纵观整个社交网络的发展时间线，不难发现，几个重要的节点事件都发生在美国，Sixdegree、MySpace、Facebook 以及 Whatsapp 均来自美国。毫无疑问，美国是社交网络发展大国，然而随着社交网络进入亚洲，亚洲开始高速的追赶式发展，中国、韩国和日本无疑是社交网络在亚洲的三大巨头。

2.2 公司排名

检索时间：2013 年 5 月 31 日

检索入口：DWPI、CNABS

检索方法：由于社交网络发展存在较大的区域性，尤其是中国，因而，在对公司排名进行统计分析时，本课题对外国公司和国内公司分别进行统计分析，并且分别采用不同的检索方法；对于外国公司，本课题采用与上一节类似的检索方法，此处不再赘述；对于国内公司，本课题采用关键词与公司相结合并进行人工筛选的方法。

对检索结果的说明：本课题对于外国公司检索得到的结果存在与上节类似的问题，即数据是基于统计基础上获得的；对于国内公司的检索主要基于检索前的国内产业调查，结合专利检索和人工筛选获得检索结果。

图 2-2-1 显示出了社交网络外国公司专利申请量排名。从图中可以看出，排在前 3 位的是综合性公司微软、IBM 以及 Yahoo，微软和 Yahoo 旗下都有社交网络产品，即使从今天看来其社交网络产品不如 Facebook 这样有名气，然而作为老牌公司，其十分注重知识产权布局，其拥有的社交网络相关专利不可小觑。IBM 很特别，它既不是社交网络公司，旗下也没有社交网络产品，然而却拥有相当数量的社交网络相关专利。此处做一个大胆的推测，IBM 很有可能是潜在的专利运营公司（NPE），它手中的大量与本公司业务不相关的专利很可能用于专利买卖。Facebook 作为惟一一家上榜的专业社交网络公司紧随其后排在第 4 位，从另一个侧面说明将其作为研究对象是具有一定意义的。Google 至今已推出多款社交网络产品，并且依然在不停地探索。

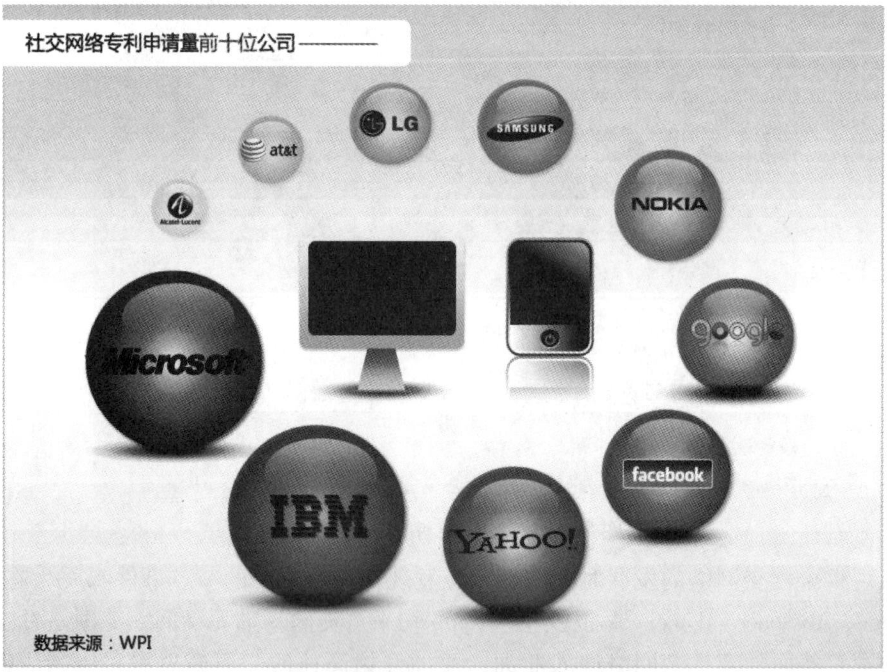

图 2-2-1 SNS 外国公司排名

图 2-2-2 显示出了社交网络国内公司专利申请量排名。腾讯一家独大似乎毫无悬念，紧随其后的是开心和人人两家公司，这两家公司的申请量均大于新浪公司，这个结果也许会出乎一些人的意料。然而，事实上，这两家公司确实在社交网络方面进行了专利布局。此外，新浪、小米、推博、搜狗和网易公司也具有一定数量的专利申请量。

图 2-2-2　SNS 国内公司排名

第 3 章
SNS 的荣光 Facebook

跟美国众多的科技类公司相同，Facebook 也起源于学校，由学生创建，开始在学生中流行，随后吸引了投资人的注意，经过多轮投资，网站走出校园逐渐壮大，最终登录美国的纳斯达克，这几乎就是美国科技公司的通用公式。Facebook 之所以令人瞩目，是因为它的成长速度太快，就用户数量与营收增长而言都是如此，我们知道微软获得成功的速度远快于传统行业，而谷歌又快于微软，Facebook 则比它们还要快，虽然 Facebook 营收规模可能还无法与微软、谷歌两家公司相比，然而 Facebook 不但在商业上获得了成功，同时还具有了巨大的社会影响力，这主要是由于 Facebook 自身的社交属性，Facebook 带来一种新的信息传递方式，它不依赖于媒体与权威，用户即可产生内容，通过社交关系传播出去，其速度更快，范围更广，并不受固有传媒网络的限制，同时在 Facebook 身前身后还有一大批相似的社交网络公司正在兴起，现在社交网络热潮甚至波及到了看似不相关的行业，淘宝网最近进行了重大改版，对其界面进行了 SNS 化改造，社交网络在以后很长的一段时间内都将是互联网与移动产业非常热门的话题，那么，我们该如何通过专利来认识这个行业？幸运的是，Facebook 提供了一个很好的专利样本，相对于其他社交网络企业，Facebook 有着相对完整的专利布局，通过专利分析，我们可以借鉴成功者的经验，希望这能对国内企业提供一定的帮助，同时也为今后国内专利政策提供一些有益的参考。

3.1 分析方法

对于 Facebook 的专利研究，本课题首次尝试对其自主研发与收购/并购策略分别进行研究，在深入地对其自主研发内容和收购/并购内容进行纵向研究后，再横向比较，并且对其核心发明人、外观设计以及在中国的申请情况进行分析，以期获得 Facebook 整体的发展脉络。

3.1.1 数据来源

检索时间：2013 年 4 月 8 日

检索入口：DWPI、USPTO

检索方法：对 Facebook 的分析主要基于两方面数据，即自主专利数据集和收购并购专利数据集。本课题首次提出在对数据集进行划分时要考虑公司内部员工转让情况以及收购/并购后著录项目变更的情况。这两点考虑主要是基于美国的专利申请制度，在美国，有部分专利是由公司员工申请后再转让给公司，而对于部分收购/并购的专利，美国专利局会对其进行著录项目变更，因此，在对 Facebook 进行分析之前对 Facebook 数据进行了整理，以期获得单纯的自主专利和单纯的收购并购专利。

检索结果：自主专利数量 358 件；转让专利数量 1249 件。

3.1.2　分类定义

图 3-1-1 显示出了各分类在 Facebook 界面的表现形式，下面对各分类分别给出定义，可结合对各分类进行理解。

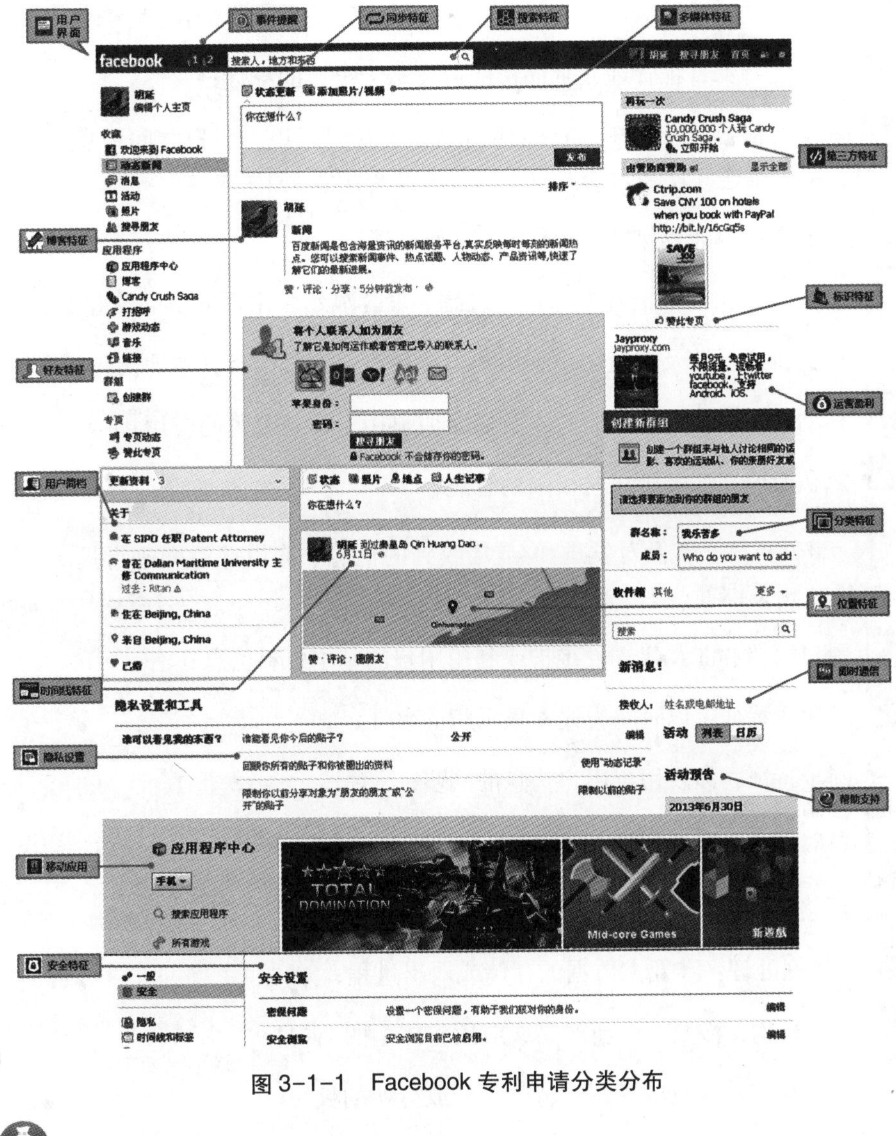

图 3-1-1　Facebook 专利申请分类分布

运营盈利：涉及以盈利为目的的手段；

博客特征：涉及系统推送给用户的信息，用户关注的人发表的信息或用户自身发表的信息以及相关评论；

第三方特征：除社交网络产品运营商和使用该社交网络产品用户以外的主体；

用户界面：涉及为显示信息而对界面进行设计、信息排列分布方式以及显示方式；

多媒体特征：涉及音乐、图片、视频的上传、下载以及信号处理；

搜索特征：涉及用户触发的搜索；

标识特征：涉及对用户喜好、行为、发言、属性进行的标引、统计以及应用；

帮助支持：日程管理、翻译帮助以及基于投票的统计；

好友特征：涉及用户拥有的共同兴趣、共同标识，用户之间信息分享，用户状态更新，用于粘连好友之间的关系，以及涉及传统意义上的好友；

安全特征：涉及保护用户信息安全；

分类特征：涉及信息的筛选、过滤、聚合显示、用户分组以及群发消息；

位置特征：涉及在应用中利用了位置信息、路线以及其他地图相关的信息；

移动应用：涉及移动装置本身以及明显用于移动装置的应用；

隐私设置：涉及用户对权限的管理；

事件提醒：涉及对发送和/或接收到的消息、来电等时间进行提醒，所述提醒的方式以及相关设置；

用户简档：涉及建立、维护或利用用户的基本资料信息；

时间线特征：以时间为线索显示相关事件；

同步特征：涉及用于用户信息的同步；

即时通信：特指媒体相关的即时通信；

网络特征：涉及网络传输和网络资源；

大数据处理：涉及大数据的存储或取出过程；

产品架构：涉及一个新产品或应用整体上的结构；

垂直社交：涉及应用在一特殊领域或行业的社交。

3.1.3 相关约定

图标说明：

该专利申请在美国或欧洲的同族已授权；

该专利申请同族已进入中国。

格式举例说明：

US20090048922A1（此处是专利申请公开号）@ 运营盈利（此处是该专利申请涉及的一级分类）@ 广告特征（此处为二级分类）@ 分类特征（此处为三级分类）

用户可以互送礼品，并将送礼品行为 po 到博客上，设置礼品箱用于收纳接收的礼品（此处是该专利申请涉及的主要内容）

引用次数（11）（此处是指该专利或者专利申请被其他专利或者专利申请引用的次数为 11 次）

3.2 自主专利分析

3.2.1 统计分析

本节的统计分析涉及以下维度：申请数量、申请时间、进入国家/地区、核心发明人、发明人、一级分类、四级分类、基于用户体验的分类、基础技术分类、授权。

3.2.1.1 基本统计

图 3-2-1 显示出了 Facebook 历年的专利申请量，以及每年申请专利引用的优先权分布。由该图可以看出，Facebook2006～2011 年的申请总量逐年递增，2011 年申请量最高，2012 年有所下降，但可能还存在尚未公开的申请。Facebook 在 2012 年 2 月 1 日正式向美国证券交易委员会（SEC）提出首次公开发行（IPO）申请，可见 2011 年是其 IPO 前至关重要的一年，Facebook 在这一年作了大量专利布局，且由进入目标国可以看出，这些布局全覆盖了美国，不难推测，这很可能是 Facebook 在为其 IPO 作知识产权保护方面的准备。

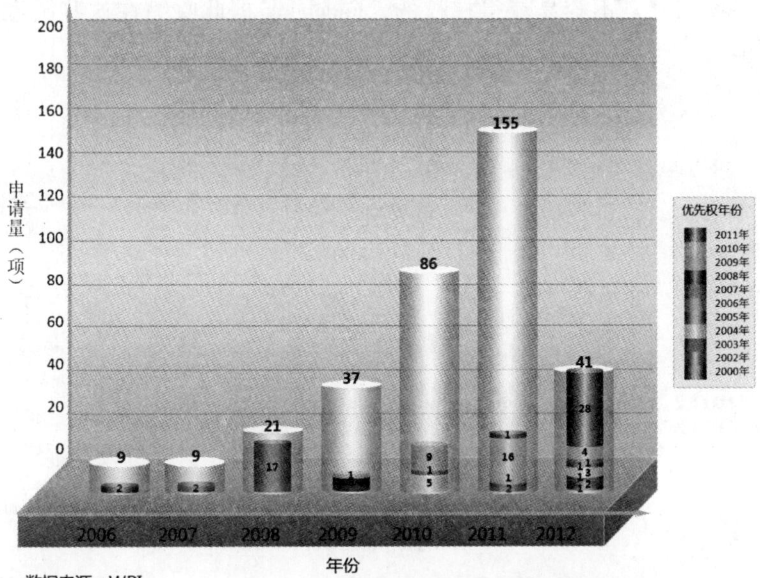

数据来源：WPI

图 3-2-1 Facebook 专利申请及其优先权分布

从 Facebook 申请专利引用优先权的分布可以看出，2006~2012 年，其引用优先权年份越来越多，2009 年涉及的优先权年份均是 2005 年后的，而 2010 年后涉及的优先权年份则有 Facebook 成立前的 2000~2004 年，经分析，其主要原因是 Facebook 在着手准备 IPO 时收购了大量专利，具体可参见下文的收购/并购分析，尤其是 Facebook 购入了大量的美国在线（AOL）的专利，而被引用的这些 2000~2004 年的优先权多是从 AOL 购入的专利，引用这部分优先权的专利多是在这些优先权基础上提出的继续申请。

由此可见，由于 Facebook 专利情况的复杂性，如果按照传统统计分析其申请趋势时以优先权日作为统计维度则会引入这部分数据。为了更准确地统计其自主专利的趋势，对 Facebook 自主专利所有涉及申请日的统计均基于其申请日，而非优先权日。

图 3-2-2 显示出了 Facebook 各年申请总量，每年进入目标国/地区的分布、总的进入目标国/地区比例以及每年以 PCT 途径申请专利的比例。

从进入目标国/地区总量分布看，毫无疑义地美国（US）居首位，国际申请（WO）其次，对中国（CN）、欧洲（EP）、日本（JP）、澳大利亚（AU）、加拿大（CA）、印度（IN）、南非（ZA）的专利布局都不大。

从各年度进入目标国/地区的分布看，Facebook 在专利布局的初期是放眼全球的，其在全球主要国家都有申请，并且申请比例与其主要申请国美国相比没有相差太多。然而，从 2009 年开始，Facebook 在美国的专利布局已远大于除 WO 以外的其他国家地区；2010 年，其他国家地区进一步缩减，2011 年几乎消失，到 2012 年则只有美国申请和国际申请。由此可见，Facebook 在 2006~2012 年间在逐渐调整其专利布局策略，由最初的多元化逐渐向单一化转变，这可能与各国专利制度有关，因为有关社交网络的专利申请在一些国家是不容易获得授权的，Facebook 据此收缩在这些国家的专利布局是非常有可能的。

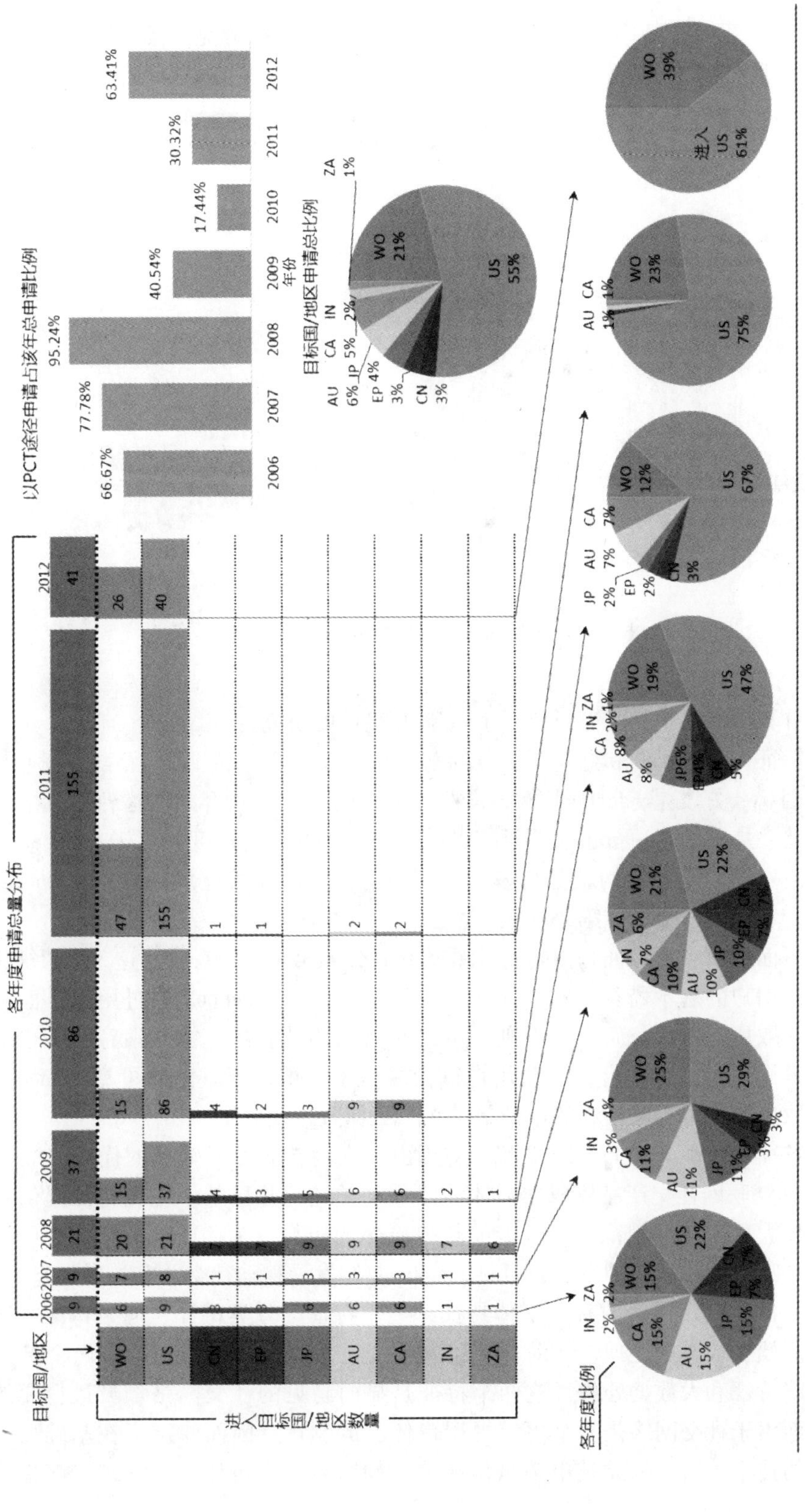

数据来源：WPI

图3-2-2　Facebook申请时间、数量以及区域分布

3.2.1.2 分类统计

图 3-2-3 显示出了 Facebook 基于分类的专利申请分布情况。具体地，图中显示出了只属于一级分类的专利数量，也显示出了同时属于四级分类的专利数量。

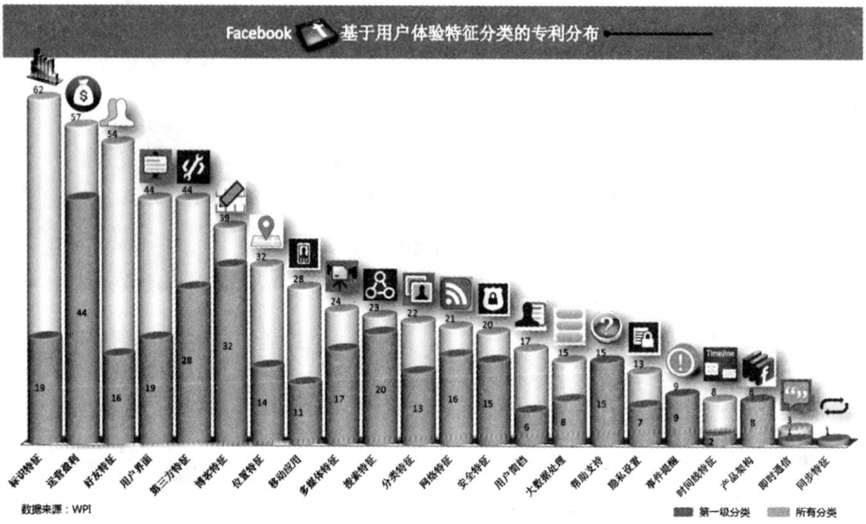

图 3-2-3　Facebook 基于分类专利申请分布

1. 从四级分类申请总量上看

四级分类申请总量客观上反应了 Facebook 整体的研究特点。

标识特征、运营营利和好友特征分列前 3 位，在这 3 个特征中，运营盈利是 Facebook 运营目标，好友是 Facebook 的客户群，标识则正是建立客户与运营目标之间的桥梁，三者几乎持平的申请量也表明了三者的几乎同等的重要程度。对于 Facebook 而言，其社交网络产品的基本架构就是好友—标识—运营盈利，由此可见，Facebook 的基本架构相关专利的申请量排在第一梯队。

用户界面、第三方特征和博客特征紧随其后分列第 4 至第 6 位，这 3 个特征中，有两个是针对用户的基本特征，有一个是针对第三方的，Facebook 通过用户界面和博客特征直接获取用户行为，而第三方则既可以作为运营盈利的直接手段存在，也可以作为间接获得用户行为的平台，这些用户行为即属于标识特征。由此可见，Facebook 的基本的获取用户行为相关专利的申请量排在第二梯队。

位置特征和移动应用 Facebook 将其应用由互联网转向无线领域的代表特征，Facebook 是在其互联网社交产品较成熟后才涉足移动领域，并且基于位置特征提供更多的应用，以扩大用户的适用范围，也能够获得更多的用户行为。Facebook 申请量排在第三梯队的是涉及无线领域的专利，可见 Facebook 对发展移动社交并非一时兴起。

申请量排在第四梯队的有多媒体特征、搜索特征、分类特征、网络特征、安全特征、用户简档、大数据处理、帮助支持和隐私设置。这些特征中包括了两个基础技术分类：网络特征和大数据处理。这两个特征是显而易见的社交网络领域最重要的基础技术，然而由于社交网络是一个更重视用户体验的领域，因而注定了在基础技术上不会有太多的技术革新，因此其申请量排在第四梯队是情有可原的。此外，该梯队中的其他基于用户体验的特征则全部是围绕着用户体验展开的，用户对多媒体数据的需求、用户对数据挖掘的需求、用户对数据整理的需求、用户对信息安全的需求、用户对个性化信息建立的需求、用户的求助需求以及用户的权限管理需求，这些均是在社交网络基础架构基础上承载的各种用户需求，其相对平均的申请量表明这些需求基本上处于并列状态，没有哪个比哪个更重要，也没有哪个可以忽略，均属于社交网络用户的基本需求。

申请量排在第五梯队也是最后的分别是事件提醒、时间线特征、产品架构、即时通信和同步特征。这些特征中，产品架构属于基础技术，其也作为纯第一分类特征存在，它涉及的是对产品整体的说明，而在 Facebook 所有申请中，此类申请非常之少，也从侧面说明社交网络很难以界限描述其产品本身，它更倾向于集成很多离散的点，不对其设置界限。事件提醒、时间线特征和同步特征均属于用户的附加功能，并非是社交网络产品的必备特征，因此，其申请量不高也是情有可原的。此外，3 件涉及即时通信的专利申请说明 Facebook 很可能会涉足即时通信领域去分一杯羹，早期的 Voxer 通过 Facebook 开放接口接入 Facebook 后发展的风风火火，也让 Facebook 看到了即时通信市场的广阔前景，Facebook“及时”地关闭了对 Voxer 的接口，这对 Voxer 造成的损失无可估量，那么它自身将在即时通信领域有何作为，让我们拭目以待吧。

2. 从特征交互看

此处将一级分类申请量大于二级分类到四级总申请量的特征称为第一分类特征，将二级分类到四级分类总申请量大于一级分类申请量的特征称为交互特征，将没有二级到四级分类而只以一级分类存在的特征称为纯第一分类特征。

帮助支持、产品架构和同步特征属于纯第一分类特征；这些特征不与任何其他特征进行交互，只是单纯的作为一级分类载体存在，这与其涉及的具体内容有很大关系，帮助支持作为一个相对独立的用户体验被承载在社交网络产品中，而产品架构其本身就是一个整体，不需要参与到其他交互中，而同步特征也是一个单纯涉及用户信息同步，从其应用效果而言也基本无须与其他应用相结合。

运营盈利、第三方特征、博客特征、多媒体特征、搜索特征、分类特征、网络特征、安全特征、大数据处理、隐私设置属于第一分类特征；这些特征主要作为一级分类存在，具有承载交互特征的载体作用。其中，运营盈利、博客特征和第三方特征的一级分类申请数量最多，分别为 44 件、32 件和 28 件。事实上，运营盈利正是作为企业的运营载体而存在，而博客特征是客户的载体，第三方特征则是面向第三方的载体，这三个载体正是 Facebook 这种社交网络公司产品发展的最重要的三个载体。由此可见，Facebook 在这三方面作了较多的专利布局。

标识特征、好友特征、用户界面、位置特征、移动应用、用户简档、时间线特征以及即时通信属于交互特征；这些特征更多的是附着在载体上辅助载体以形成应用。

图 3-2-4 是在图 3-2-3 基础上显示出了从一级分类角度对各分类的具体交互情况以及分类分布趋势。

由该图整体可以看出，交互范围最广的是标识特征，首先标识特征与 12 个分类均有交互；其次是好友特征，与11个分类均有交互；再次是移动应用，与10个分类有交互。此处结合图3-2-3可以看出，标识特征和好友特征与其他特征的交互不但在数量上排在前列，在交互广度上也是位列第1名及第2名。由此可以看出，标识特征和好友特征是联系社交网络产品非常重要的纽带，其作为交互特征存在，附着在不同的载体特征上，以将不同的载体进行整合。

此外，移动应用虽然在申请量上不多，无论是一级分类还是四级分类申请量排名均在中游（见图3-2-3），但是其交互的广度非常广，这与其相对独立的应用的环境有很大关系，很多特征在互联网平台与其在移动平台的体验是不同的，具体地，移动应用交互的特征包括用户界面、位置特征、事件提醒、安全特征、多媒体特征、同步特征、网络特征、产品架构和搜索特征。由此可以看出，移动应用在这些特征上有其独特性，具有特殊的应用特点。

以上3个特征，即标识特征、好友特征和移动应用在交互广度上属于高度交互特征。

首先交互广度仅次于标识特征、好友特征和移动应用的是用户界面，有8个交互；其次是多媒体特征、分类特征和用户简档，都具有6个交互。具有5个交互的特征包括：博客特征、第三方特征、网络特征以及位置特征，这些特征在交互广度上属于中度交互特征。

此外，其余的特征，包括搜索特征、帮助特征、安全特征、大数据处理、隐私设置、事件提醒、产品架构、时间线特征和即时通信属于低度交互特征，而同步特征是无交互特征。

从图3-2-4右半部分可以看出Facebook一级分类申请量比例分布。从一级分类分布可以看出，除头部的运营盈利、博客特征和第三方特征以及尾部的即时通信、同步特征、时间线特征、用户简档、产品架构、事件提醒外，其大部分特征处于中部均匀分布。由此可见，Facebook作为一个社交网络产品，其基于的不是某一个用户体验，而是多个用户体验过，只是在这些用户体验中，有些比较重要，比如运营盈利、博客特征和第三方特征，有些相比较而言不是很重要，然而更多的用户体验是处于相对比较平等的地位，这也是社交网络的一个特点。此外，从整个图可以看出，一级分类申请量与其各分类交互广度是没有必然联系的。

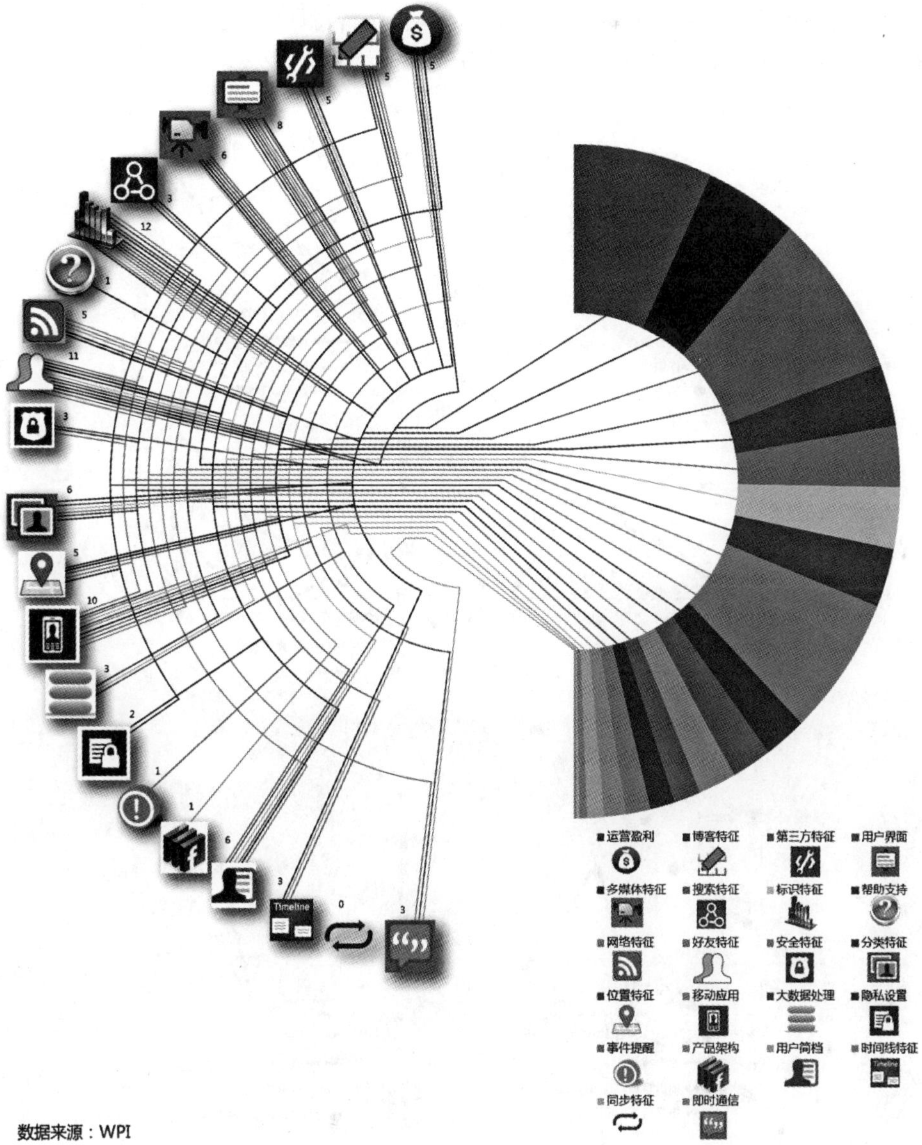

数据来源：WPI

图 3-2-4　Facebook 交互分类专利申请分布

图 3-2-5 显示出了 Facebook 两个重要分类的交互情况。图（a）显示出了运营盈利作为一级分类与标识特征、第三方特征、好友特征以及位置特征的交互情况。图（b）显示出了搜索特征作为一级分类与标识特征、好友特征、位置特征以及运营盈利的交互情况。

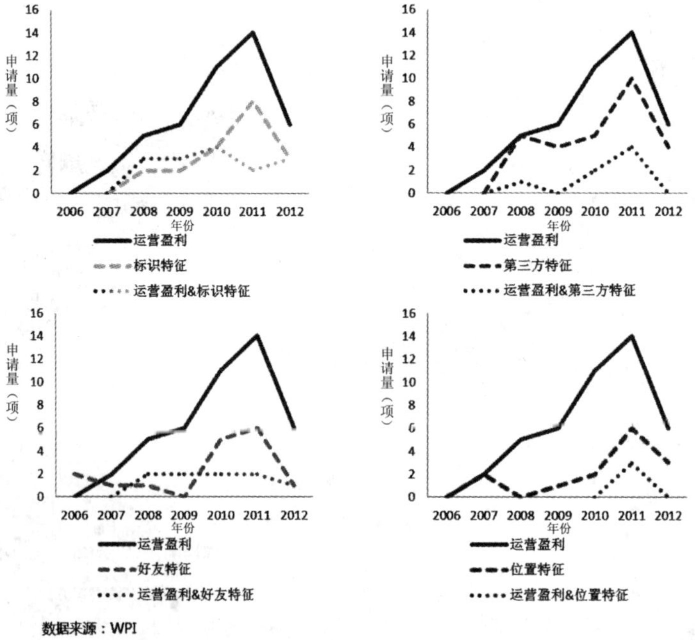

（a）运营盈利为一级分类

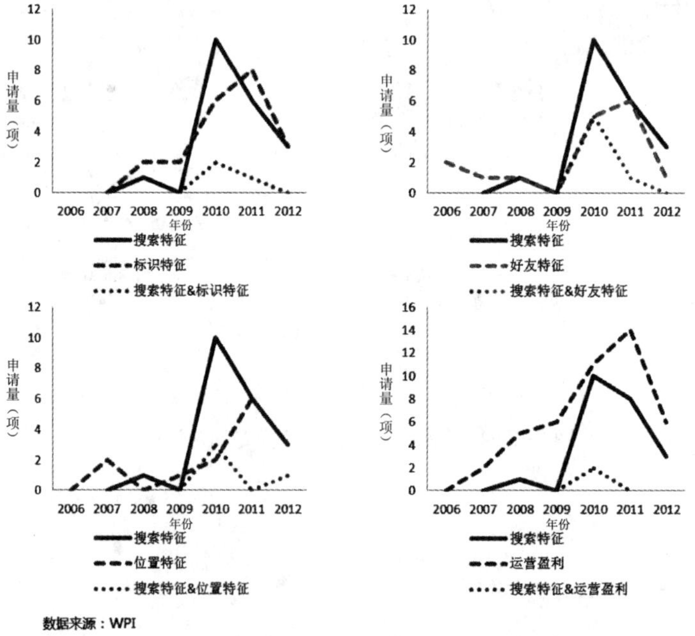

（b）搜索特征为一级分类

图 3-2-5 Facebook 交互分类专利申请态势

从图（a）可以看出，运营盈利与标识特征、第三方特征以及好友特征的交互应用均源于 2008 年，而与位置特征的交互应用则源于 2011 年，这可能受移动应用发展的影响，2011 年是智能机发展迈向成熟的一年，因而，在这一年，Facebook 在运营盈利中加入了位置特征，扩展了其运营盈利手段。此外，在运营盈利中使用标识特征和好友特征是社交网络产品的基本手段，因此，运营盈利与标识特征的交互应用自 2007 年基本处于稳中有升的状态。相比较而言，第三方特征与运营盈利的交互应用则有些起伏，但其整体趋势与第三方特征和运营盈利的整体发展趋势保持基本一致，位置特征与运营盈利的交互应用也基本符合该趋势。

从图（b）可以看出，搜索特征与标识特征、好友特征、位置特征和运营盈利的交互应用均始于 2010 年，由此可见，关于搜索特征的交互应用开始的比较晚。

从图（a）和（b）可以看出，标识特征、好友特征、位置特征正是作为交互特征附着在运营盈利和搜索特征这两个载体上发展，与前文的分析结论一致。

3.2.1.3 授权统计

图 3-2-6 显示出了一级分类各分类的申请量、授权量和授权率以及四级分类总的申请量、授权量和授权率。

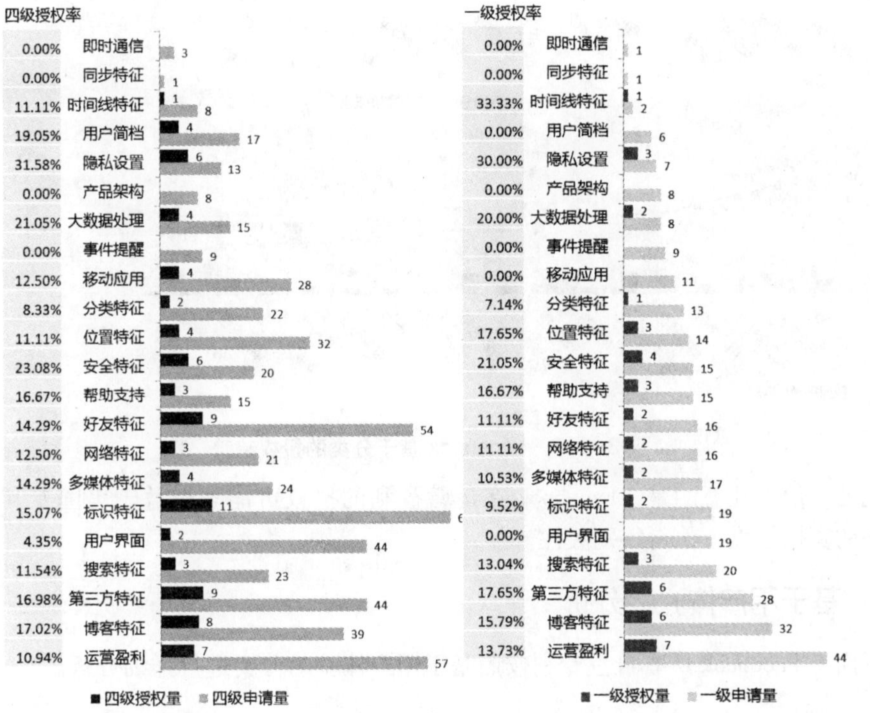

数据来源：WPI

图 3-2-6 Facebook 基于分类的专利申请授权分布

从一级分类看，运营盈利的授权量是最高的，其次是博客体征和第三方特征。而从四级分类看，标识特征的授权量最高，其次是第三方特征、博客特征和运营盈利。此外，值得注意的是，在一级分类中，即时通信、同步特征、用户简档、产品架构、移动应用和用户界面都尚无授权。而从四级分类看，只有即时通信、同步特征和产品架构没有得到任何授权。由此可见，用户简档、移动应用和用户界面作为次级分类均有授权。

在图 3-2-6 基础上图 3-2-7 显示出了 Facebook 基于分类的授权趋势。在一级分类中，时间线特征的授权率最高，为 33.33%。而一级分类中申请量最高的运营盈利、博客特征和第三方特征的授权率分别为 13.73%、15.79% 和 17.65%。由该图还可以看出，一级分类中大部分分类的授权率处于 10%~20%。在四级分类中，授权率最高的是隐私设置，为 31.58%。四级分类中申请量最高的标识特征、运营盈利和好友特征的授权率分别为 15.07%、10.94% 和 14.29%。由该图可以看出，四级分类中大部分分类的授权率也处于 10%~20%。

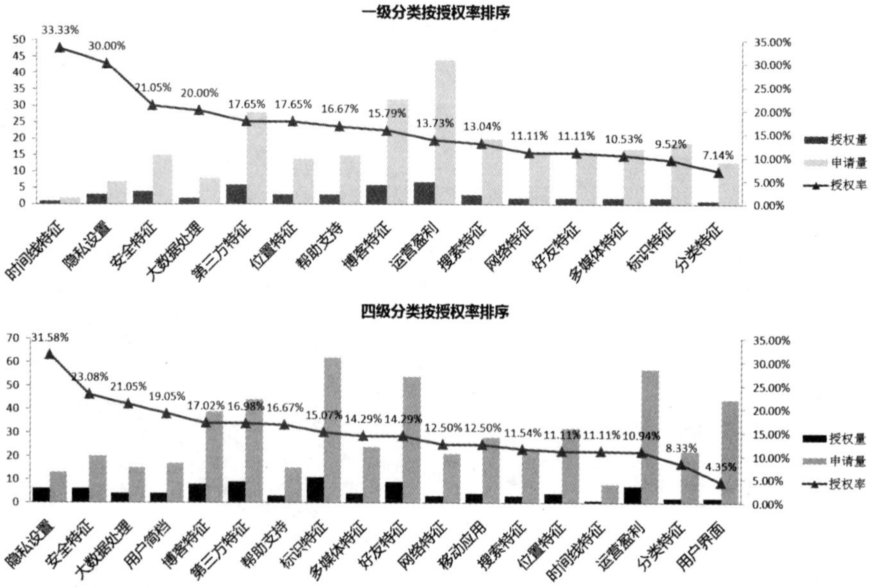

数据来源：WPI

图 3-2-7　Facebook 基于分类的授权趋势

此处，值得注意的是，Facebook 在运营盈利的授权可能多得益于美国专利法对商业方法的宽松态度，值得特别关注。

3.2.2　基于用户体验的分析

下面将 Facebook 所有自主专利按照基于用户体验的分类进行详细分析。

3.2.2.1　运营盈利（见图 3-2-8）

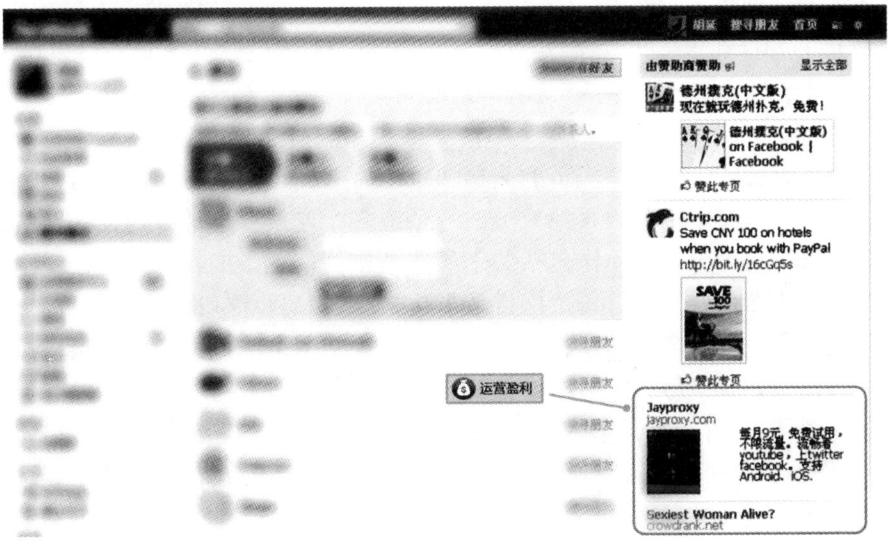

图 3-2-8　运营盈利

US20080189188A1 @ 运营盈利

用户可以互送礼品，并将送礼品行为 po 到博客上，设置礼品箱用于收纳接收的礼品。

引用次数（11）申请日 2007-04-27

US20080189189A1 @ 运营盈利

购买并赠送礼品，可以独自购买，可以多人购买。

引用次数（36）申请日 2007-09-05

WO2008140738A1 @ 运营盈利 @ 广告特征

向特定组或地域的好友共享广告。

引用次数（0）申请日 2008-05-07

WO2009023067A1 @ 运营盈利 @ 广告特征 @ 标识特征

选择目标用户的方法，先选择先驱用户，根据先驱用户对于邀请的反馈和其资料，训练出计算可能给出反馈的概率的函数，随后根据该函数生成目标用户。

引用次数（0）申请日 2008-06-30

US20090119167A1 @ 运营盈利 @ 广告特征 @ 好友特征

用于根据朋友之间的亲密程度推送广告。设置广告的投放标准（例如其希望与哪类用户动作相关）社交网络系统记录用户的动作，特别是该动作与其他用户相关（某个用户打算去看某场比赛，而根据用户简档或者动作记录，表明其与另一个用户经常观看同类的比赛），计算两个用户的亲密程度，根据亲密程度向用户推送广告。技术问题与技术效果：向第三人推送广告。

引用次数（0）申请日 2008-06-30

WO2009026395A1 @运营盈利 @广告特征 @用户简档 @标识特征

维护所述社交网络中多个成员的简档，每个简档标识与成员相关联的一个或多个特征以及与所述社交网络中的其他成员的一个或多个连接；记录所述社交网络的成员所进行的动作，每个记录的动作包括关于所述动作的信息；接收向所述社交网络的成员发布广告的多个广告请求，每个广告请求包括广告和目标标准，所述目标标准标识成员可以进行的一个或多个动作；以及对于所述社交网络的成员中的一个成员：为所述成员选择广告，其中与选定的广告相关联的所述广告请求的所述目标标准与所述成员进行的一个或多个记录动作相匹配，以及向用户呈现所述选定的广告。在向成员呈现 ad 时，网站可以通过从接收到的 ad 中选择将使 ad 预期价值最大化的 ad 来优化广告收入。

中 引用次数（4）申请日 2008-08-20

WO2009061617A1 @运营盈利 @广告特征 @第三方特征 @标识特征

第三方网站中执行的动作，在社交网络网站记录所述动作，每个已记录动作包括与该动作有关的信息；以及对于所述社交网络网站的用户之一：生成针对该用户的信息化消息，其中所述信息化消息传送与同所述用户具有连接的、所述社交网络网站的其他用户相关联的已记录动作，以及向该用户提供 Web 页面，所述 Web 页面包括所述信息化消息，提高了用户对广告信息的认同度。

中 引用次数（1）申请日 2008-10-22

US20100217645A1 @运营盈利 @广告特征

根据用户参与的界面向用户投放广告。

引用次数（37）申请日 2009-02-20

US20100257023A1 @运营盈利 @广告特征 @好友特征 @标识特征

根据请求页面社交网络成员的兴趣以及其联系人的兴趣确定广告投放；其中，联系人依据亲密程度排序，广告依据与兴趣相关度进行排序。

中 引用次数（17）申请日 2009-04-07

US20110106630A1 @运营盈利 @广告特征

用于对广告进行排名投放，对于广告投放不仅考虑到其竞价，还考虑到用户的反馈，用户对广告（此处可以是待投放广告的一个子集）的正反馈作为一个正值与竞价一起计算出广告的总价值，基于该总价值对广告进行排名，从而决定投放哪个广告。

技术问题与技术效果：考虑用户的体验来影响广告的投放。

引用次数（14）申请日 2009-11-03

US20110125599A1 @ 运营盈利 @ 好友特征

用户购买 app 使用权限，并且可为其他好友购买权限，使其能够进行交互。

引用次数（15）申请日 2009-11-20

US20110153421A1 @ 运营盈利 @ 广告特征 @ 标识特征

在用户界面显示内容和广告，所述广告基于用户的行为。

引用次数（23）申请日 2009-12-23

US20110153412A1 @ 运营盈利 @ 广告特征 @ 标识特征

在用户界面显示内容和广告，所述广告基于用户的行为。

引用次数（18）申请日 2009-12-23

US8180804B1 @ 运营盈利 @ 广告特征

接收用户的请求，生成概念节点数据集，并对其中的每个概念节点都进行打分，基于该打分，生成推荐。

引用次数（3）申请日 2010-04-19

WO2010138512A1 @ 运营盈利 @ 广告特征

用于广告效果的评估方法，按照用户的简档 profile 与广告目标客户的定位选择两个评估集合，一个样本集，一个控制集，向样本集中的用户投放广告，而不向控制集中的用户投放广告（或者两个集合投放不同的广告），然后透过投票系统向样本集与控制集中的用户发送调查问卷，根据用户的反馈评估广告的效果。技术问题与技术效果，可以及时撤下效果不好的广告而代以效果良好的广告。

引用次数（0）申请日 2010-05-25

US20120016817A1 @ 运营盈利 @ 广告特征 @ 标识特征

根据用户历史数据建立训练模型，所述用户历史数据包括使用户发生大改变的事件，通过该模型预测用户可能发生的改变，并定向投放广告。

引用次数（7）申请日 2010-07-19

US20120022981A1 @ 运营盈利

将游戏中的信用度兑换为实际货币。

引用次数（0）申请日 2010-07-20

US20120030037A1 @运营盈利 @广告特征 @第三方特征

通过定时器确定用户离开社交网络页面到第三方的时间，用于确定用户浏览第三方广告的时间。

引用次数（1）申请日 2010-08-02

US20120084160A1 @运营盈利 @广告特征 @第三方特征 @标识特征

用于在第三方网站做广告，用户点击第三方网站的链接，第三方网站向社交网络系统发出广告请求，社交网络系统从广告服务器获得广告与广告标记（广告标记也可从广告商获得，广告标记表示该广告的类型，例如篮球，关键词，在社交网络中相关的群组链接等），社交网络系统基于广告标记产生社交推介信息（社交推介信息包括对于该类型产品感兴趣的群组，用户等），将广告与社交推介信息组合在一起放在第三方网站显示。技术问题与技术效果：为广告添加社交信息。

引用次数（2）申请日 2010-10-05

US20120110071A1 @运营盈利 @广告特征 @好友特征

接收与一个被选择用户在社交网络上连接的一组用户的用户简档信息，根据这些简档信息推断出被选择用户属性值，并存储这些推断属性，以发送相关信息，比如广告。

引用次数（2）申请日 2012-05-03

US20120123858A1 @运营盈利 @广告特征

根据广告提供商提供的广告模板获取广告内容和领域，根据用户属性以及与认可用户的关系选择投放广告给用户。

引用次数（1）申请日 2010-11-15

US20120158501A1 @运营盈利 @广告特征 @好友特征 @隐私设置

浏览的用户和与之连接好友的索引，每个索引涉及与被连接用户相关的社交网络主题，建立广告与好友的社交网络主题的关联，推送广告给浏览用户时至少基于互联好友；设置推送广告的权限。

引用次数（0）申请日 2010-12-15

US20120158513A1 @运营盈利 @广告特征 @好友特征 @隐私设置

广告设计商向社交网络提供使用标记语言撰写的临时广告框架；社交网络将该框架发送给用户，用户可以对该广告框架进行评价或改编。

引用次数（0）申请日 2010-12-15

US20120166520A1 @运营盈利 @广告特征 @标识特征

统计并记录用户在社交网络的行为；记录用户在社交网络外的广告选择；记载用

户已经选择的广告特点，基于上述因素向用户发送选择后的广告。

引用次数（1）申请日 2010-12-15

US20120197709A1 @运营盈利 @广告特征 @位置特征 @好友特征

用于地理位置的团购系统，基于第一用户的地理位置，供应商向其发送一个订单，该订单包括签到请求与好友数量要求，从第一用户接收签到确认信息以及好友数量满足的信息，产生折扣卷，将折扣卷发送给第一用户，必要时可向第一用户的好友发送信息用以确认。技术问题与技术效果：即时团购。

引用次数（0）申请日 2011-02-01

US20120197724A1 @运营盈利 @广告特征 @位置特征

地理社交网络系统接收表示用户位置的数据，根据用户的精确位置以及某位置上的广告存在信息对位置进行分级，提供动态位置分级的技术，以此检查该位置上的广告是否能以更好的方式提供。

引用次数（0）申请日 2011-02-01

US20120203831A1 @运营盈利 @广告特征 @标识特征

用于有针对性的广告推送，用户界面通常都存在一个广告（sponsored story）展示区，服务器每日都在向用户推送大量的活动信息流（activity stream）（例如好友的活动信息），广告商通过广告商图形接口编辑广告，设置广告的描述（用于确定与活动信息流中故事的关联），并每个广告描述保存于广告描述数据库中，广告应用将监视活动信息流，将活动信息流里的每个故事与数据库中的广告描述相比较，如果两者相符，则将该广告放入广告系统中（此时将扣除广告费），并被发送至该故事目标用户的广告展示区中。解决的技术问题：大量的推送会造成用户不适以及降低每个推送的停留时间。技术效果：降低推送数量，并提高每个推送的停留时间。

引用次数（4）申请日 2011-02-03

WO2011097624A2 @运营盈利 @广告特征 @好友特征 @第三方特征

用于更准确地向社交网络用户投放广告，维护一个社交网络用户的简档，其中包括该用户与其他用户的关系信息，接收社交网络用户在第三方网站上的动作消息（通过 HTML 网页中的嵌入代码），然后将动作消息登记在社交网络系统中，根据该用户以及其好友的动作信息向社交网络用户投放广告。所要解决的技术问题：现有技术中广告投放方式一般是通过用户的简档，将用户分组，但这种投放方式不够准确。所获得的技术效果：更准确的广告投放。

中 引用次数（1）申请日 2011-02-08

US20120232998A1 @运营盈利 @广告特征

接收用户选择社交网络上的广告请求，对该广告中的社交网络对象内容进行分析；

分析该社交网络对象内容和用户在社交网络中属性之间的关联性；基于该关联性计算可以向用户推荐的其他广告，向用户显示选择的广告和推荐的广告。

引用次数（1）申请日 2011-03-08

US20120233009A1 @运营盈利 @广告特征 @分类特征 @用户界面

从社交网络接收第一订购消息；从社交网络接收第一广告内容，该第一广告内容要包括社交网络用户的许可；检测组建的活动内容是社交网络认可的，并与第一广告内容是否相互匹配；如果是匹配的，绑定代理则在社交网络中自动显示该广告内容。使得广告内容可以被用户关注，不被大量信息覆盖。

引用次数（0）申请日 2011-03-09

US20120123867A1 @运营盈利 @广告特征 @位置特征

基于用户位置和地点的定性信息投放广告给用户。

引用次数（4）申请日 2011-05-11

US20120323998A1 @运营盈利 @广告特征 @标识特征

汇总从服务提供商和社交网络接收的用户相关信息后，结合广告内容选择适当的广告推送显示给用户。

引用次数（0）申请日 2011-06-15

US20130036046A1 @运营盈利

用于支付在线服务的支付平台。

引用次数（0）申请日 2011-08-02

US20130046615A1 @运营盈利 @广告特征

用于对广告进行评估的方法，向用户投放其尚未见过的广告，统计此类投放的数量，当其达到一个阈值，则从中抽样，并记录抽样样本，可根据用户数量要求扩大抽样，抽样还可与事件因素相关。

引用次数（0）申请日 2011-08-17

US20130066706A1 @运营盈利 @广告特征

用于提供广告播放后向下传播的效果（downstream effects），为向第一用户呈现的第一内容（广告）提供一个标识符，为第一用户观看第一内容后采取的动作（例如对广告进行评论或者表示感兴趣）提供第一标签对象，第一标签对象包括第一内容信息、呈现的时间等，标识符也保存在第一标记对象中，用户的动作将产生第二内容（例如用户对该广告所作的标记或者评论），为第二用户看到第二内容后采取的动作（购买）提供第二标签对象，第二标签对象包括第二内容信息，第一标签对象同时也保存于第二标签对象中。所要解决的技术问题：分析广告的传播效果，所取得的技术效果：通过分析最终用户的购买行为，便可以获知初始广告的投放效果。

引用次数（0）申请日 2011-09-09

US20130080225A1 @运营盈利 @广告特征

用于分析谁向用户推介产品的方法，监控用户的购买行为，获得一个特征码，基于该特征码向用户提供一个列表，用户在该列表上选择谁向自己推荐了这次购买，跟踪并统计此类交易。

引用次数（0）申请日 2011-09-28

US20130103534A1 @运营盈利 @广告特征 @第三方特征

用于社交网络内进行数字物品买卖的方法，接收数字交易信息，包括数字物品、买家、卖价、价格等，收集与一个用户有关联的其他用户的数字交易信息，确定该用户感兴趣的数字物品，将该数字物品的出售信息推送给该用户。

引用次数（0）申请日 2011-10-19

US20130103521A1 @运营盈利 @广告特征 @第三方特征

用于社交网络内进行数字物品买卖的方法。

引用次数（0）申请日 2011-10-19

US20130103479A1 @运营盈利 @广告特征 @第三方特征

用于购买社交网络中应用的方法。

引用次数（0）申请日 2011-10-19

WO2012121908A1 @运营盈利 @广告特征 @标识特征

一个社交网络用户正在观看广告，接收到一个请求社会认可信息显示，社交网络系统中的有关广告对象被识别；根据用户交互计算该广告亲和分数得到社会认可。满足了广告商的需求，使用社交网络系统中的数据提供有关广告的用户观看效果。

引用次数（0）申请日 2012-02-24

WO2012125426A1 @运营盈利 @广告特征 @好友特征

确定用户与其好友之间的交互，采用特定的准则对这些交互进行判断，若满足该准则，则将该社交交易（如特定折扣）提供给该用户。

引用次数（0）申请日 2012-03-08

US20130085859A1 @运营盈利 @广告特征

用于向用户推送广告的方法，维护一个对象及边图，边标识用户在对象上所进行的动作，接收广告的目标标准，标准包括行为属性以及对象属性，基于目标标准产生符合要求的用户动作子集，基于用户动作确定用户集合，如果集合内用户正在观看则向其显示广告。

引用次数（0）申请日 2012-04-13

WO2012148822A1 @运营盈利 @广告特征 @标识特征

用于基于用户的兴趣向用户推送广告，记录用户的动作，根据用户的动作提取用户的兴趣点，使用权重计算用户的兴趣点的值（例如可对最近发生的动作赋予高权重，对以前发生的动作赋予低权重，对用户完成的事情赋予高权重，对用户朋友完成的事情赋予低权重），接收广告数据，从广告数据中提取广告的类别与关键词，将用户的兴趣值与广告的类别关键词相匹配，基于匹配程度向用户推送广告。技术问题与技术效果：用户的兴趣点进行动态调整。

引用次数（0）申请日 2012-04-20

WO2013036343A1 @运营盈利 @广告特征 @标识特征

追踪用户行为，根据用户行为发放广告。

引用次数（0）申请日 2012-08-08

US20120317017A1 @运营盈利

为每个用户创建一个信用账户，该信用账户中存储用户的虚拟货币；一处理器用于创建用户信用和该信用属性；信用属性使得用户信用和外部货币可兑换；将信用与活动参与者进行交换；并且可以使用真正的货币对用户信用进行冲值。

引用次数（0）申请日 2012-08-13

Facebook 运营盈利分析如下：

当前如何盈利一直是困扰众多互联网新兴企业的难题，开发了不错的应用，积累了大量的用户，却仍难找到合适的盈利模式，Facebook 作为社交网络行业翘楚，其经历了创业、扩张以及上市的全部过程，因而 Facebook 在盈利模式方面的探索值得其他社交网络企业关注与借鉴。据统计，发现 Facebook 涉及运营盈利方面的专利申请一共 44 件，其中涉及广告的有 38 件，占比 82%；涉及社交应用、游戏的有 4 件，占比 9%；涉及礼品的有 2 件，占比 4.5%；涉及虚拟货币与支付的有 2 件，占比 4.5%。可见，对于互联网类型的企业，广告仍是企业最为重要的盈利模式。

我们可以在时间上给几个类别排序，Facebook 最早在 2007 年申请了两个有关购买并赠送礼品的专利 US20080189188A1、US20080189189A1，同年 Facebook 上线礼物功能，我们可以将这两个专利看做 Facebook 对于盈利模式的第一次试水，我们知道 Facebook 作为公司成立是在 2005 年，那么其间大约有两年时间 Facebook 在专注于网站的开发与用户的积累，而没有过多的去关注网站的盈利模式，这也与科技初创企业特点相吻合。除此之外，Facebook 在 2008 年申请的大量广告专利均要求了 2007 年的优先权，也就是说，Facebook 早在 2007 年就提出了这些广告专利的临时申请。可见，Facebook 在 2007 年开始了盈利模式的真正尝试，相对应的，Facebook 在这一年上线了广告服务，紧随其后是在 2009 年，Facebook 提交了第一个社交应用、游戏类申请 US20110125599A1，时间再过两年，Facebook 这次拿出的是支付类专利申请 US20130036046A1。从上面的分析可以看出，在时间顺序上，Facebook 大致走的是由礼品、到广告、到应用游戏、再到支付的盈利之路。有意思的是 Facbook 在 2010 年关闭了礼物服务，对此的解释是 Facebook 将专注于提升和优化那些人们每天都会使用的功能和产品，例如照片、Feed、收件箱、游戏、评论、"Like" 按钮等，如果还想继续使用礼品功能，Facebook 建议使用第三方服务。可见，Facebook 此时更加重视社交网络的核心功能，而将那些辅助功能交由第三方来实现，以此凸显自己社交平台提供者的定位。

Facebook 在 2008 年一共申请了 7 件广告类专利，其中有基于用户地域或者用户组的 WO2008140738A1、基于朋友之间亲密程度的 WO2009023067A1、基于用户活动的 WO2009026395A1、基于用户在第三方网站活动的 WO2009061617A1。可见，Facebook 一开始就把广告应用铺的很开，几乎涉及了日后同类申请的大部分方向。

通常情况下，广告总是与用户体验背道而驰的，特别是在广告增多之后，于是 Facebook 在 2009 年引入了一个新的广告元素——广告反馈，其中不但有根据用户反馈来投放广告的专利申请 US20100306043A1，还有更进一步地将用户反馈加入到广告竞价排名中的 US20110106630A1，通过上述两个专利来降低广告对用户的"打扰"，并奖励那些用户喜欢的广告。Facebook 还强调了广告与用户界面关系，即广告与用户界面显示内容联动的专利申请 US20110153421A1、US20110153412A1、US20100217645A1，同年 Facebook 还提出来用来购买社交网络应用的专利申请 US20110125599A1，其中潜在的原因可能是此时第三方应用正变得越来越重要。Facebook 在此类申请中并不涉及具体的应用或者游戏设计，Facebook 所关注的是社交应用的推送以及购买，这也符合 Facebook 首先作为一个应用运行平台存在的理念。

与广告反馈相对应的，Facebook 在 2010 年提出了另一个广告元素——广告效果评估。在专利申请 US20120030037A1 中，Facebook 还只是提出了一个简单的评估方法，即通过用户浏览广告的时间，但一年之后，Facebook 就逐步完善了这个元素，Facebook 适时提出此类专利，一方面是因为互联网社交网站纷纷崛起所带来的竞争压力；另一方面也是因为 Facebook 作为一个广告平台，它不得不面对一个看似矛盾的选择题，即在用户不被明显"打扰"的情况下保证一定的广告效果。Facebook 的应对之道是利用用户反馈去掉那些用户不喜欢的广告增加用户感兴趣的广告，利用广告评估去掉那些效果不好的广告而增加真正能够带来回报的广告，其中的关键点就在于用户的喜好与广告的效果通常是成正比的，因而 Facebook 便可以在用户体验与广告效果之间取得一个巧妙的平衡。2010 年另一个变化就是 Facebook 进一步丰富了与第三方网站的互动，以往 Facebook 所申请的关于第三方网站的专利都是将用户在第三方网站的活动导入到 Facebook 的系统中，丰富自身的数据进而为以后的消息或者广告推送提供参考，而这一次 Facebook 提出了一种相反的方式，即将 Facebook 的数据导入到第三方网站中进而为用户在第三方网站上的活动提供参考，例如用户在第三方购物网站浏览到一辆自行车，但是考虑到买之无用可能就影响到了用户的购买意愿，这时 Facebook 将在社交网络中存在的自行车爱好者组成小组讨论或者活动信息导入到第三方网站，显示在自行车页面的下方，这样可以告诉用户你在哪里可以找到相同的爱好者，可以参加哪些自行车活动，帮助用户作出购买的决定，在这件专利申请US20120158501A1中，Facebook告诉我们这些社交数据有着多么大的价值。Facebook也进一步细化了一些概念，例如基于朋友关系的广告推送的专利申请US20120110071A1、US20120158501A1，同年Facebook向广告商提供可以定制广告应用框架，通过专利申请US20120158513A1中的技术，现在广告商可以自己制作广告了。

2011年，Facebook出现的一大变化就是出现了一系列基于位置的广告专利申请US20120197709A1、US20120197724A1、US20120123867A1，一般都认为Facebook是一家基于互联网的社交网络公司，但从这些密集的申请来看，Facebook肯定不愿意在移动互联时代无所作为，上述几个专利申请，从简单的广告推送，到服务团购，再到位置分级无所不包，基本上覆盖了LBS的基本方面，在移动互联越来越风光的今天，互联网老牌劲旅Facebook有何作为我们可以拭目以待，在这一年，Facebook还在两个方面取得了快速发展，一是广告效果评估。US20130046615A1提出通过可变的用户抽样评价广告效果，US20130066706A1、US20130080225A1则是更加精确地分析影响广告效果的重要因素——人，上述两个专利基于这样一个事实，即社交网络中的信息大都是通过转发传递的，这样就会导致无法确定最后用户的购买行为是由谁导致的，哪些行为对用户的购买产生了重要影响，上述专利解决了这一问题，其通过保存信息转发的路径，进而分析导致用户购买的人有哪些，行为有哪些，这可以保证更加高效和精确的广告投送。二是社交网络上数字产品的购买。尤其是社交应用，专利申请US20130103534A1、US20130103521A1、US20130103479A1都是此类，这也从一个侧面说明基于社交网络的应用迎来了其蓬勃发展的时期，已经成为社交网络一个重要的盈利模式。当然与社交网络应用发展相对应的，Facebook首次提出了关于支付平台的专利申请US20130036046A1，如果按照支付平台的发展时间来看，Facebook的出手实在算不上早，但由于申请量比较少，难以一窥端倪。前面提到的专利US20120197709A1同时也涉及团购业务，Facebook突然对团购感兴趣，或许与前一年团购网站的迅猛发展有关。同年，Facebook进一步丰富了其广告方式，从2008年开始，Facebook的广告方式不断得到完善，从基于用户简档、好友、监视用户在社交网站以及第三方网站的活动、导入数据到第三方网站、用户位置等，Facebook又提出了两种新的广告方式，一是基于广告的广告，例如US20120232998A1与US20120233009A1，即根据用户主动提交的广告请求或者许可向用户推送相类似的广告；二是监视用户的信息数据流，社交网络中信息量最大的就是从一个用户传递到另一个用户的信息流，US20120203831A1对这样的信息流进行监视，如果发现其中涉及某个主题的内容比较多，那么便将与该主题相关的广告推送给两端的用户。2011年，Facebook共申请了15个与运营盈利相关的专利，是这几年中申请专利数量最多的一年，这可能与其上市前盈利模式愈显重要有关。

在广告推送方面，2012年Facebook提出了一种用户兴趣精确评估的方法，专利申请WO2012148822A1将用户完成的事情、最近完成的事情赋予一个较高的权重，而将朋友完成的事情、以前完成的事情赋予一个较低的权重，借此计算用户兴趣一个更为精确的值，而在另一件专利申请 WO2012125426A1 中，Facebook 提出了一种根据朋友的亲密程度进行打折的方法。

3. 2. 2. 2　博客特征（见图 3-2-9）

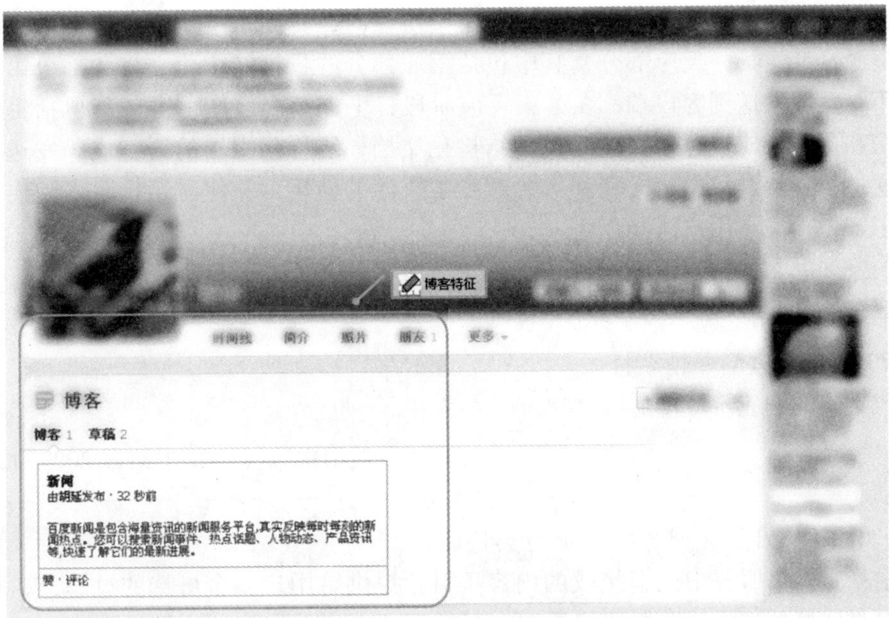

图 3-2-9　博客特征

US20080033739A1 @ 博客特征

用于在分割的社区之间推送公告（post），该应用基于相互分割的社交网络社区，允许一个社区的成员向另一个社区推送公告，但上述社区均隶属于一个更大的社区（例如对于哈佛大学来说，可以由毕业生、在校生、教员形成不同分割的社区），社区成员应首先经过认证，社交网络系统将向社区成员提供 flyer 选项。技术问题与技术效果，使线上与线下建立联系。

引用次数（6）申请日 2006-08-02

US20080040475A1@ 博客特征 @ 标识特征

根据用户行为确定用户主题亲密度，并将故事按照相关度排序显示在用户博客页面上。

引用次数（38）申请日 2006-08-11

US20080040474A1@ 博客特征 @ 标识特征@ 好友特征

将与用户亲密度较高的主题或好友博客信息显示在页面前面。

引用次数（52）申请日 2006-08-11

WO2009055825A1@博客特征 @第三方特征

通过 share 功能将第三方网页或网页内容共享到社交网络中，还可以添加评论。

引用次数（3）申请日 2008-10-27

US20110145287A1@博客特征

向服务结构化文档发出连接请求；在第一阶段时，访问该结构化文档的数据结构和第一资源；产生第一反应部分，其中包括第一部分的目标结构化文档和部分第一资源；将第一反应发送到客户端；在第二反应阶段，生成第二反应部分，其包括目标结构化文档和多个第二资源；将伴有目标结构化文档，结构化文档的语言代码发送到客户端。通过部分发送结构化文档和资源减少了资源的使用，并使得用户对访问内容进行初步了解，提高了用户体验程度。

引用次数（14）申请日 2009-12-15

US20110145321A1@博客特征

分成不同的响应阶段传输网页和 cookie 参数。

引用次数（14）申请日 2009-12-15

WO2010101851A1@博客特征 @分类特征

显示社交网络服务中最新接收的内容项目，提供给用户多个可选的过滤器，相应于用户对过滤器的选择，升级用户界面以显示那些与过滤内容相一致的内容。呈现或推送给用户最新更新的或更重要、更相关的内容。

引用次数（5）申请日 2010-03-02

US20110087526A1@博客特征

用于对内容进行反馈的方法，为用户维护一个荣誉值账户，第二用户展示一个内容，第一用户进行评论并给出一个荣誉值，该荣誉值由第一用户账户转移至第二用户账户。

引用次数（16）申请日 2010-04-02

WO2010135746A1@博客特征

在对话管理中，对评论采用树枝配置的显示方式。使对会话所发布的新评论可以直接联系到所回复的现有评论上。

引用次数（0）申请日 2010-05-24

US20120159635A1@博客特征 @第三方特征

用于用户评论的方法，用于评论第三方提供的内容，为用户评论指定隐私设置，与内容关联地保存用户评论。

引用次数（0）申请日 2010-12-15

US20120166452A1@ 博客特征 @ 第三方特征@ 广告特征

用于推送第三方内容的方法，确定第一用户和第二用户之间的共同兴趣，基于第二用户与第一用户的社交距离确定第三方内容与双方的亲密程度，基于亲密程度将第三方内容推送给第一用户（可能第二用户已经对第三方内容表示出了兴趣）。

引用次数（1）申请日 2010-12-22

US20120166530A1@ 博客特征 @ 广告特征

用于调整消息推送的频率，将一天分为多个时间段，为每个时间段设置一个最大推送频率，在该时间段内以该频率推送第三方内容，确定用户与推送内容的交互方式，基于该交互方式调整最大推送频率。

引用次数（2）申请日 2010-12-22

US20120166535A1@ 博客特征

用于对用户进行称赞的方法，用户简档中包括用户的多个经历，向其他用户提供一个用户在用户简档上对用户经历进行称赞的界面，将其他用户对该用户经历的称赞加入到该用户的简档中。

引用次数（1）申请日 2010-12-28

US20120239507A1@ 博客特征

第一用户向第二用户推送信息前，首先计算第二用户对推送信息的忍耐程度，如果忍耐程度高于阈值，则推送信息。

引用次数（0）申请日 2011-03-18

US20120296987A1@ 博客特征

用户设备从社交网络上获取自己的好友列表；并获取自己的位置信息；自己的用户界面上输入微信信息，将该微信信息通过社交网络连接发送给多个好友；社交网络将微信信息发送给多个好友，并存储该微信信息的内容和发送位置信息。

引用次数（0）申请日 2011-05-20

US20120311033A1@ 博客特征

计算设备收集类型相关的多个用户的多个信息项；在用户相关度的基础上将在多个信息项划分等级；构造多个信息项各自等级顺序的信息反馈；将该信息反馈发送到与用户相关联的设备上，给用户演示多个信息项的等级顺序。方便用户对相关内容的获取。

引用次数（0）申请日 2011-06-03

US20130030905A1@ 博客特征 @ 广告特征

用于从第一用户接收对赞助者内容的请求，请求包括一个或多个可被其他用户看到的社交网络对象，将上述社交网络对象推介给其他用户，基于所推介的社交网络对象记入第一用户的账户，对推介内容的用户进行记分。

引用次数（0）申请日 2011-07-29

US20130031489A1@博客特征@分类特征

用于推送新闻 feed 的方法，接收描述用户与新闻 feed 进行交互的信息，该信息包括新闻 feed 的身份信息，观看者身份信息，交互信息，对每一个交互信息，确定与用户关联的其他用户与新闻 feed 的交互特征，基于上述特征训练新闻 feed 模型，基于模型确定是否向用户推送新闻 feed。

引用次数（0）申请日 2011-07-29

US20130066963A1@博客特征@位置特征

用于用户 post 的方法，从多个用户接收当前位置以及 post 请求，基于 post 请求信息获取多个用户之间社交和时空距离，针对一定时空阈值内的用户子集产生一个 post 分享空间，组合 post 的 feed 请求，在共享空间中添加 feed。

引用次数（0）申请日 2011-09-09

US20130073970A1@博客特征@用户界面@时间线特征

追踪对内容的评论；内容发布者设置对评论者进行过滤条件；根据评论者的得分显示评论顺序，在显示评论顺序时还可以结合时间和发布位置等因素。

引用次数（0）申请日 2011-09-21

US20130073971A1@博客特征@用户界面@时间线特征

基于位置和时间性对评论或记事事件进行显示。

引用次数（0）申请日 2011-09-21

US20130073972A1@博客特征@用户界面@时间线特征

根据时间线和用户之间的亲密度对评论或记事事件进行显示。

引用次数（0）申请日 2011-09-21

US20130073976A1@博客特征

向用户端发送一个附加事件目录，用户端基于该附加事件目录选择事件类型；网络端将用户选择的事件类型实体接口发送给用户端；用户端基于该事件类型实体接口选择接受和显示的数据结构，以及通过该事件类型实体接口发布消息。

引用次数（0）申请日 2011-09-21

US20130073985A1@博客特征@时间线特征

浏览用户向网络请求一个时间线接口；该时间线接口包括一种动态接口单元，用于决定浏览用户的当前或过去的浏览状态；基于时间线对评论或记事事件进行显示或发表评论。

引用次数（0）申请日 2011-09-21

US20130073995A1@ 博客特征 @ 时间线特征@ 好友特征

根据时间线和用户之间的亲密度对评论或记事事件进行显示或对事件进行评论。

引用次数（0）申请日 2011-09-21

US20130080524A1@ 博客特征 @ 广告特征

用于向用户推送服务的方法，选择一个或多个服务，每个服务都提供一个用于使得用户在社交网络中进行交互的推荐单元，预测那个服务所提供的推荐单元是用户所感兴趣的，选择一个或多个推荐单元呈现给用户。

引用次数（0）申请日 2011-09-28

US20130080523A1@ 博客特征 @ 广告特征

用于向用户推送内容或服务的方法，监视用户在社交网络中网页上的内容分享活动，基于用户的分享活动确定呈现给用户的推荐单元，推荐单元使得用户在社交网络中进行交互，传送推荐单元给用户而无须重载整个页面。

引用次数（0）申请日 2011-09-28

US20130097238A1@ 博客特征 @ 多媒体特征

用于基于用户平台的兼容性向用户推送内容的方法，确定用户的平台，基于用户的平台过滤需要展示给用户的内容，将过滤后的内容传送给用户。

引用次数（0）申请日 2011-10-18

US20130103757A1@ 博客特征 @ 网络特征

用户更新的 newfeed 在被上载到服务器前存储并显示在用户侧以增强用户体验。

引用次数（0）申请日 2011-10-19

US20120041980A1@ 博客特征

向服务结构化文档发出连接请求；在第一阶段时，访问该结构化文档的数据结构和第一资源；产生第一反应部分，其中包括第一部分的目标结构化文档和部分第一资源；将第一反应发送到客户端；在第二反应阶段，生成第二反应部分，其包括目标结构化文档和多个第二资源；将伴有目标结构化文档，结构化文档的语言代码发送到客户端。通过部分发送结构化文档和资源减少了资源的使用，并使得用户对访问内容进行初步了解，提高了用户体验程度。

引用次数（1）申请日 2011-10-31

WO2012128951A2@博客特征 @好友特征

用户可以提问，并且查看好友回答，还可以查看其他好友提问，并设置好友查看权限。

引用次数（0）申请日 2012-03-07

US20120203838A1@博客特征 @标识特征

向社交网络中的电子设备用户动态提供所选择的媒体内容；检测用户浏览对其他用户媒体内容和格式，在用户与其他用户的交互关系基础上选择媒体内容和格式；并根据一定顺序向用户提供显示顺序。提高了用户对推送信息满意度。

引用次数（1）申请日 2012-04-16

Facebook 博客特征分析如下：

如果把社交网络比作一个海洋，那么用户就是这些大洋中的港口，社交网络中流动的信息就是在海洋中航行的船舶，如何规划这些船舶的航线使得他们能够及时到达欢迎他们的港口对社交网络来说是一大挑战。Facebook 在 2006 年申请了第一个专利 US20080033739A1，该专利基于用户的社区属性例如学生、老师、毕业生等推送消息，在这里我们还能看到 Facebook 在校园初创时期的影子；随着海洋上航行的船舶越来越多，Facebook 也面临着两难，一方面它要鼓励更多的船舶出航促进交流，另一方面它又要保证港口中的居民不被打扰，免得彻底关闭港口，那么 Facebook 就要提高航线的精准度，确保每条船都能到达需要它们的港口，还要消灭掉那些打着海盗旗不怀好意的船只，Facebook 采取的办法有几个，一是让进港的船只在进港时打旗语，这样船只在进港的时候居民就能知晓船只来自哪里，载了一些什么东西，如果感兴趣可以安排进港卸货，如果不感兴趣，就不必浪费时间了，此类方式就如同 Facebook 的 news feed 技术；此外，Facebook 在 2009 年提出了分段发送文档的专利申请 US20110145287A1，它会先发送文档的一小部分给用户，如果用户有兴趣发生了交互，那么再发送文档其余的部分，如果没有交互，那么就什么也不会发生。同年的 US20110145321A1 以及 2011 年的 US20120041980A1 均是此类 news feed 技术的代表；二是给予港口权限，让其直接阻挡那些不受欢迎的船只，2010 年的专利申请 WO2010101851A1，用户可以选择多个过滤器，只有那些与过滤器相一致的内容才会被显示；三是根据船只的出发地、装载的货物以及目的港口的历史或者偏好估计这些船只是否会受欢迎，例如 2008 年的申请 US20120166452A1，所依据的是好友之间共同的兴趣，如果两个好友兴趣相同，那么第一个好友接收了，很有可能第二个好友也会喜欢，这其中还会涉及两个好友之间的亲密程度，2011 年的 US20130031489A1 更进一步综合考虑了新闻的身份、用户的身份、交互历史以及其好友与新闻的交互情况，来判断哪些新闻可以被推送给该用户，同年的 US20130066963A1 考虑了用户间的时空与社交距离，在一定范围的用户间建立一个共享空间，US20130080524A1、US20130080523A1 则是在前面推送内容的基础上，使用一个推荐单元作为内容的载体，使得用户可以直接交互，此类申请还有 2012 年的 US20120203838A1，同时这种对港口偏好的估计还可以用于合理安排船只进港的顺序，把港口居民可能感兴趣的船只排在前面，这些船只会被优先处理，至于后面的船只，如果被遗漏了也不会有什么损失，2006 年 Facebook 就申请了 US20080040475A1 与 US20080040474A1，两者均是根据信息主题与用户的亲密程度安排信息的顺序，亲密程度高的将排在前面，2012 年的相关申请 US20120311033A1 表达了相似的思路，Facebook 还可以根据港口的硬件条件安排船舶，2011 年的 US20130097238A1 就是根据用户平台的兼容性推送相应格式的内容，最后如果港口的吞吐量大，那么可以安排更多船只进港，反之则可以少一些，甚至可以精确到每一天的某个时间段，例如 2011 年的 US20120166530A1，将一天分为多个时间段，每个时间段都对应一个推送频率，并且根据用户与推送内容的交互频率，可以动态调整信息的推送频率，稍晚一些的申请 US20120239507A1，则是直接根据用户对信息的耐受程度推动信息。除了确保船只航向正确之外，为了鼓励交流，Facebook 还提出了奖励出发港口的方法，例如 2011 年的申请 US20130030905A1，用于对转发或推介消息的用户进行奖励，基于所推介的内容将分数记入推介用户的账户，而申请 US20110246907A1 则是针对那些已经关闭的港口，对那些不活跃或者已经休眠的用户实施介入方案，使其重新回到社交网络的大家庭中来。

古人云：来而不往非礼也，对信息的评论也是社交网络中用户交互的一大方面，Facebook 在 2010 年申请了关于用户评论的专利 US20120159635A1，用于评论第三方推送的内容，同年的另一个申请 US20120166535A1，允许用户在其他用户的页面上对展示的内容进行称赞，2011 年的专利申请 US20130073970A1 赋予内容发布者对评论进行控制的权限，内容发布者可对评论者设置一个过滤条件，并且基于评论者的得分显示评论的顺序，US20130073972A1 则是将评论按照时间和用户之间的亲密度进行显示。除去普通的消息，Facebook 在 2011 年引入了一个新概念“轻消息”，并提出了相应的专利申请 US20120296987A1，除去普通的推送与分享，还提出了一些新的交互方式，Facebook 在 2011 年同时申请了 US20130046823A1，基于用户提交内容上所标记的兴趣点，自动返回其他用户提交的包含上述兴趣点的内容，其又在 2012 年由申请的 WO2012128951A2 提出了好友问答方式，即用户可以向好友提问，然后查看好友的回答。

我们还注意到，该类别下 Facebook 早期的申请，特别是 2010 年之前的申请有着极高的授权率，6 个申请中有 5 个在美国获得授权，2010 年之后授权率显著下降，这可能跟此后的申请大都还处在审查阶段有关。由此可见，在信息的推送与分享方面，Facebook 确实有其独到之处，这也是 Facebook 此类社交网络赖以生存的核心技术。

3.2.2.3 第三方特征（见图 3-2-10）

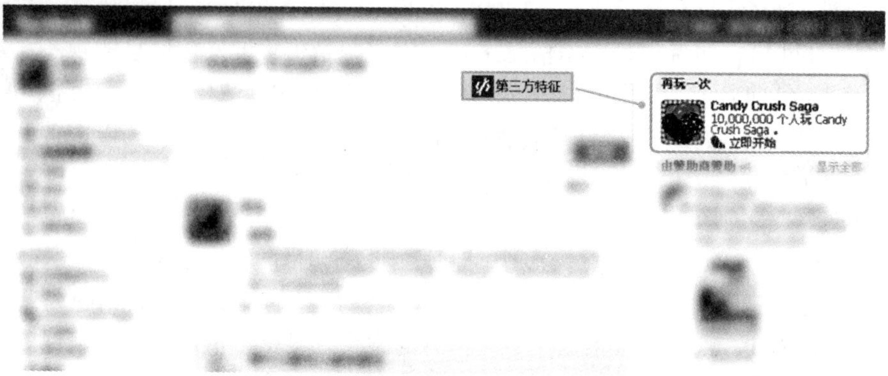

图 3-2-10 第三方特征

WO2008147548A1 @ 第三方特征 @ 用户界面

用户在 Facebook 环境下安装第三方应用并显示在用户简档界面。

中 引用次数（2）申请日 2008-05-23

WO2008154648A1 @ 第三方特征 @ 用户简档

在所述社交网络网站处，从用户接收访问应用的请求；标识与所述请求相关联的第三方应用服务器；确定与提供所述访问应用的请求的用户相关联的用户简档，所述用户简档包括用户标识符；以及将所述用户标识符、与所述用户标识符相关联的用户数据以及所述访问应用的请求传送至所述第三方应用服务器。使得用户方便设置自己的用户简档。

中 引用次数（7）申请日 2008-06-12

WO2009023735A1@ 第三方特征 @ 用户界面

基于 Web 的用户社交网络的用户信息配置文件；指定格式的标记，从配置文件中的用户信息项中选择出现在标记模板的内容；标记包括选定的项目；根据指定的格式和模块中的项目的创建标记；将标记的存储位置发送到第三方网站。社交网络用户在第三方网站分享个人信息。

引用次数（0）申请日 2008-08-13

WO2009023790A1@ 第三方特征 @ 安全特征

社交网络的用户授权外部软件应用访问社交网络中的可用信息。在此后的某时，社交网络的用户使用由第三方软件开发者所设计的应用。应用针对访问社交网络中可用信息的许可而联系社交网络提供者。如果访问被授权，则应用将来自社交网络的信息并入其与用户的交互中，从而为用户与应用的交互提供社交上下文。使第三方应用的用户能够看到社交网络的其他用户在做什么，或是访问有关社交网络其他用户的、不可公开获得的信息。

中 引用次数（0）申请日 2008-08-14

US20100132049A1@第三方特征 @安全特征

将社交网络中的信息子集提供给授权的外部系统，增加了用户在外部系统的体验。

引用次数（28）请日 2008-11-26

US20110022657A1@第三方特征 @用户界面

用于外部网站访问用户社交信息以及展示的方法，接收来自外部网站的可标记语言文档，其中包括用于访问用户社交信息的可标记语言指令，处理可标记语言文档，发出访问请求，接收访问请求，并返回访问的信息，基于可标记语言渲染 Web 页，其中包括所访问的社交信息，展示该 Web 页。

引用次数（16）申请日 2009-07-23

US20110023101A1@第三方特征 @安全特征

从外部系统登录社交网络获取内容，探测关联用户是否在社交网络登录，如果没有登录，则需认证，如已登录，则可获取。

引用次数（18）申请日 2009-07-23

WO2010021835A1@第三方特征

用于为第三方应用分配与用户的交互通道，为用户与第三方应用之间的行为进行分类（可按交互通道进行分类，例如邮件通道、邀请通道等，也可采用独立于通道的分类）与打分（例如用户取消应用的邮件订阅或者拒绝应用的邀请将导致得分降低，用户卸载第三方应用也将导致得分降低），基于各类行为的分数确定用户于第三方应用的亲密程度（分数越高说明亲密程度越高）分配第三方应用与用户的交互通道（亲密程度高的应用将可使用更多的通道发送更多的消息，否则将受到限制），技术问题：第三方应用为了扩展客户向用户发送越来越多的消息，干扰到了用户。技术效果：降低用户不关注、不喜欢的应用消息的接收机会。

引用次数（0）申请日 2009-08-04

US20110154223A1@第三方特征 @博客特征

用户通过外部系统接口发布信息可同时显示在社交网络系统中，用户也可通过外部系统与社交网络相关内容进行交互。

引用次数（22）申请日 2009-12-23

US20110265011A1@第三方特征 @标识特征

用于向第三方网站开放社交网络信息，使用微件（widget）技术在第三方网页中嵌入框架，该框架可从社交网络系统请求与第三方网站网页内容相关的社交数据，该框架还具有活动按钮，用于表示用户在第三方网站上的活动，框架会将用户的活动返回社交网络系统，技术问题与技术效果：用以跟踪用户在第三方网站上活动。

中 引用次数（3）申请日 2010-04-21

US20110264736A1@第三方特征 @用户界面

利用来自社交网络系统的内容个性化社交网络系统之外的 Web 页面。用户设备从与社交网络系统分离的第三方网站的 Web 服务器请求 Web 页面。来自第三方网站的 Web 服务器向用户设备发送所请求 Web 页面的标记语言文档，其包括供用户设备上所运行的浏览器应用将从社交网络系统所获取的信息结合到 Web 页面之内的指令。基于所接收标记语言文档中的指令，用户设备从社交网络系统请求个性化内容，所述社交网络系统基于与用户相关的社交信息生成所请求的个性化内容。用户设备随后呈现具有包含在框架中的个性化内容的 Web 页面并且向用户显示所呈现的 Web 页面和框架。

中 引用次数（36）申请日 2010-04-21

US8402548B1@第三方特征 @安全特征

对第三方提供用户的信任评估值，该值根据用户在在线服务系统中与其他用户的交互来确定，用于表征用户是否为真实的用户。

引用次数（0）申请日 2010-09-03

US20120166284A1@第三方特征 @标识特征@位置特征

维护社交网络用户信息，接收与用户相关的移动设备的位置；社交网络匹配用户位置、兴趣和其他社会信息内容；将用户的时间、地点和类别提供给相关第三方；第三方计算内容对象提供用户的相关分数，根据相关分数对内容与搜索结构进行排名。根据用户的利益向用户提供感兴趣的内容。

引用次数（0）申请日 2010-12-22

US20120179958A1@第三方特征 @标识特征

将第三方的内容嵌入到社交网络中供用户使用，并记录用户与上述内容之间的交互。

引用次数（0）申请日 2011-01-07

US20120304265A1@第三方特征 @用户简档

在请求接入第三方网站时，确定社交网络的数据单元，并在显示的第三方网站上显示上述确定的数据单元，从而使得第三方网站可以与社交网络共用相同的用户资料。

引用次数（0）申请日 2011-05-26

US20120303702A1@第三方特征 @标识特征

对用户在第三方网站上生成的数据如观看视频进行记录，并传输到社交网络系统。

引用次数（0）申请日 2011-05-26

US20110246569A1@ 第三方特征 @ 多媒体特征

用户登录界面包含一个多媒体选项，多媒体内容来自第三方，将第三方的资源添加到多媒体选项后，存储相关的资源 ID 和内容 ID，并根据资源 ID 执行配置文件产生页面嵌入代码，配置文件规定嵌入代码格式和第三方资源位置；此外，还可以通过内容 ID 过滤不适宜的多媒体文件。

引用次数（1）申请日 2011-06-14

US20130007122A1@ 第三方特征 @ 用户简档

在社交网络上为每个用户简档设置一个标识，并将用户简档和第三方进行关联；第三方使用该简档使得社交网络中的通信双方通过第三方平台进行通信。

引用次数（0）申请日 2011-06-29

US20130073983A1@ 第三方特征 @ 大数据处理

将用户在第三方网站的活动集成入社交图中的方法。

引用次数（0）申请日 2011-09-21

US20130073979A1@ 第三方特征 @ 大数据处理

将用户在第三方网站的活动集成入社交图中的方法。

引用次数（0）申请日 2011-09-21

US20130073568A1@ 第三方特征 @ 大数据处理

将用户在第三方网站的活动集成入社交图中的方法，在外部网站使用 widget 监视用户的活动，并将用户的活动导入到社交图中，基于用户的活动为外部网站的内容进行分级。

引用次数（0）申请日 2011-09-21

US20130073280A1@ 第三方特征 @ 大数据处理

用于将用户在第三方网站的活动导入社交网站中，从第三方网站接收用户动作类型的定义，动作类型至少包括两个动词，从第三方网站接收动作对象的定义，动作对象定义至少包括两个名词，接收用户在对象上进行动作的信息，基于动作类型和对象定义确定动作类型的一个动词和对象的一个名词，根据确定的动词和名词对用户动作进行描述。

引用次数（0）申请日 2011-09-21

US20120102115A1@ 第三方特征 @ 多媒体特征@ 用户界面

接收从第三方服务器选择多媒体内容的命令，存储该多媒体内容的源地址；使用源地址和内容 ID，在该多媒体内容中产生嵌入码；根据该嵌入码和多媒体内容产生网页。通过引入第三方服务器内容，提高了用户构建社交网络页面的灵活度。

引用次数（0）申请日 2011-12-28

US20120239745A1@第三方特征 @博客特征 @隐性特征

用于定制化用户的第三方网站页面，请求第三方网站页面，用户请求在第三方页面中显示社交网络内容，向社交网络系统提供与用户设备相关的标识符（用于确定用户身份），社交网络系统返回所请求的社交网络信息，该信息可从一系列备选信息中自动选择（例如根据社交信息的活跃程度），用户朋友可滤除社交网络信息的部分内容（保护隐私的需要），同时也可滤除敏感信息（例如地点信息）。技术问题与技术效果：定制用户第三方网站页面。

引用次数（1）申请日 2012-05-25

WO2013019395A1@第三方特征 @好友特征

从第三方网站获取内容主题，主题可以是图片、视频、游戏或文章，对内容涉及的社交网络用户进行标识，并发送给社交网络。

引用次数（0）申请日 2012-07-26

US20130086169A1@第三方特征 @用户简档

用于向第三方网站提供用户社交信息的方法，接收重定向网站发出的多个请求，基于第三方网站内嵌代码产生的哈希值，确定用户的身份，向第三方网站返回隐去用户身份信息的用户简档。

引用次数（0）申请日 2012-10-01

US20130085853A1@第三方特征 @标识特征@位置特征

根据用户的位置、兴趣和其他社交信息内容提供第三方内容给用户，根据用户交互历史计算目标信息的分值，并按照分值大小提供给用户，从而增强用户对搜寻结果的满意度。

引用次数（0）申请日 2012-10-25

Facebook 第三方特征分析如下：

在第三方特征类别下，Facebook 一共申请了 28 件专利，其中还不包括在前文运营盈利中提到的与广告相关的部分关于第三方的专利，可见 Facebook 也深知合作才能共赢的道理，Facebook 根据自己的产品与业务，其所涉及的第三方主要包括两个对象：第三方应用与第三方网站，Facebook 的专利申请均是围绕这两个对象展开。

社交网站与第三方对象的互动可以概括为两种方式，信息的导出与导入，也就是说，一方面社交网站可以将第三方的数据导入到社交网站；另一方面也可以将社交数据导出到第三方，我们先来看看信息导入的方式，Facebook 需要第三方的数据来做什么？第三方数据大体可以分为两个部分：用户活动信息以及第三方内容，这两种类型的数据在 Facebook 上有着不同应用，对于用户在第三方网站的活动信息，Facebook 可以将其作为一个社交元素来使用，例如 US20110265011A1（2010），将用户在第三方活动引入社交网络并进行展示，也可以用来补充自己的数据库，进而对用户行为特征进行分析，例如 US20120303702A1（2011）、US20130073983A1（2011）、US20130073979A1（2011），特别是后两者还提到了在社交网络的分析工具社交图中标记第三方活动，Facebook 甚至有针对性地提出了如何描述用户在第三方网站活动专利申请 US20130073280A1（2011），对于第三方内容，Facebook 则主要是用于多媒体的推送以及用户社交主页的定制，例如 US20120179958A1（2011）、US20110246569A1（2011）、US20110154223A1（2012）均是导入第三方内容到社交网络上由用户分享，其中 US20110246569A1 还涉及在导入前进行内容过滤，而专利 US20120102115A1 则是利用第三方内容定制用户主页，当然也有同时涉及第三方活动与内容的，例如 US20130073568A1（2011），通过导入用户在第三方网站的活动来对第三方网站内容进行分级。可见，Facebook 导入第三方数据的目的归根结底在于丰富自身网站的内容，无论是从信息统计的角度还是从内容展示的角度都是如此。

下面我们再来看看信息导出的方式，第三方可以利用社交数据做什么？其一，与前面社交网络利用第三方数据的模式对应，第三方也可使用社交网络数据定制自己应用或者主页，例如 WO2008154648A1（2008），上述两个专利均是通过授权第三方应用访问用户社交数据使得用户可以定制个性化的第三方应用，稍晚一些时间，则出现了使用社交网络数据定制第三方用户主页的申请 US20110264736A1（2010），社交信息往往会关乎用户隐私，即使用户将其自身的社交信息导出到第三方网站时，这些信息也有可能包括设计其他用户的内容，于是 Facebook 提出了一个专利申请 US20120239745A1（2011）来解决这个问题，当用户向第三方网站提交数据时，其他用户将有权限过滤掉设计涉及自己的内容以保护自己的隐私。其二，可以为第三方应用或者网站自身的服务提供帮助，导入到第三方的社交数据就是主要手段，US20120166284A1（2010）与 US20130085853A1（2012）都提出了第三方网站通过使用社交网络提供的社交数据来对搜索结果进行排序的方法，也就是说，将普通的搜索变为一种基于社交信息的搜索。其三，可使第三方有能力对用户进行评估，社交网络信息往往包括用户的各种社会关系，这些信息对用户的真实性进行认证是非常有价值的，这也就是专利申请 US8402548B1（2010）涉及的内容。其四，还可以帮助用户在第三方上建立交互，如果将社交数据导入到第三方应用或者网站，那么第三方也就具有了社交属性，成为一个 新的社交平台，正如 WO2009023790A1（2008）与 US20130007122A1（2011）所记载的第三方可以为社交网络用户提供通信交互服务。

除了以上两种方式之外，还存在导入和导出兼而有之的方式，例如 US20110154223A1（2009）中建立了第三方网站与社交网络进行交互的双向接口，数据可在两个方向上传输，保证了第三方网站与社交网络网站数据的同步更新，降低了用户维护的难度。

第三方可以作为社交网络一个有益的补充，但也有可能成为一匹脱缰的野马，因而 Facebook 提出了一些对第三方进行管理的方法，WO2010021835A1（2009）中提到根据用户与第三方应用的亲密程度来为第三方应用分配交互资源，用户经常访问的应用，会得到更多的信道资源，而访问量少的应用，则只能使用很少的信道资源，这样就降低了第三方应用对用户的“打扰”频率。

3.2.2.4 用户界面（见图 3-2-11）

图 3-2-11 用户界面

US20110016381A1@用户界面

通过浏览器插件能够使浏览器接入文件系统，例如在上传图片时，可以显示图片的上传进度。监控后台进程，提升用户体验。

引用次数（13）申请日 2009-07-20

US20110153377A1@用户界面@多媒体特征

优化提供给用户显示内容的方法；用户在一个显示窗口中接收一个请求，该显示窗口具有可以显示多种不同内容的可用空间；确定包括用户组的第一参数；确定优化包括用户组的第二参数；执行第一参数和第二参数的优化算法计算信息窗口中可用空间分配给不同内容类型的能力，每个用户选择分配显示内容的内容项；在显示窗口中显示内容。在用户相关性的基础上给特定用户选择社交网络的内容和广告，并提供一个有趣的显示。

引用次数（14）申请日 2009-12-23

US20120011430A1@用户界面

客户端界面显示文档结构，当位置标记单元可用时，从远程服务器获取目标数据并显示在文档结构中。

引用次数（0）申请日 2010-07-09

US20120144343A1@用户界面

一种用于展示媒体内容的方法，从内嵌多媒体对象的结构化文档中提取媒体对象，产生一个包括上述媒体对象的可滚动的媒体轮框架展示上述媒体对象。

中 引用次数（0）申请日 2010-07-09

US20120159308A1@用户界面

用于在多个用户设备上产生用户界面的方法，第二用户设备向第一用户设备发送产生本地应用的用户界面视图的请求，第一用户设备根据第二用户设备的用户代理类型产生用户界面视图代码，将代码发送给第二用户设备。

引用次数（0）申请日 2010-12-17

US20120159381A1@用户界面

社交信息展示界面布局，在屏幕的第一区域中展示与用户相关的社交信息，在第二区域中展示媒体项，在第一方向上展示其他用户对该用户输入的反馈信息，响应于用户的输入媒体项在第二区域中移动，而第一区域不受影响，基于用户的选择在第二区域中显示媒体项。

引用次数（0）申请日 2010-12-20

US20120303722A1@用户界面

在用户终端的浏览器上显示关于文档结构的内容模型，以确定一个或多个元素的结构化文件的对象表示模型；发送消息时，将该文档结构的内容模型也发送给社交网络。

引用次数（0）申请日 2011-05-26

US20130061159A1@用户界面

在地址栏下面设置用户常用的访问网络地址栏按键；当用户在地址栏输入地址时，在地址栏显示用户选择过的相关网络地址，方便用户的选择。

引用次数（0）申请日 2011-09-15

US20130067417A1@用户界面 @移动应用

在移动设备上对显示的信息进行分层显示，根据用户的输入请求对信息进行内容划分，每个条目下包括相关内容。

引用次数（0）申请日 2011-09-09

US20130093687A1@用户界面

在应用界面通过向前侧面摇动或向后侧面摇动实现浏览历史界面的向前或向后切换。

引用次数（0）申请日 2011-10-17

US20130093688A1@用户界面

通过对侧面触控界面的操作实现对图标的选择。

引用次数（0）申请日 2011-10-17

US20130093689A1@用户界面

根据用户在用户界面的操作确定事件，如果是滚动操作，则根据滚动方向改变位置值，如果是轻击操作，则执行轻敲涉及的事件。

引用次数（0）申请日 2011-10-17

US20130093690A1@用户界面

在触摸屏上提供一个应用和多个虚拟目标，用户触控选择一个虚拟目标后出现与该虚拟目标相关的多个其他虚拟目标，响应用户的触控输入执行响应的功能。

引用次数（0）申请日 2011-10-17

US20130104114A1@用户界面

接收一个应用的用户界面可更新的通知，存储新版用户界面信息，请求更新被授权后，用新用户界面替换旧用户界面。

引用次数（0）申请日 2011-10-20

US20120124483A1@用户界面 @ 即时通信

用于在消息对话界面中的模式转换，在消息对话界面中提供一个用于在第一模式和第二模式之间进行切换的选项，在第一模式下，用户在键盘的输入将作为消息文本，在第二模式下，用户在键盘的输入将在文本输入界面中打开一个新的文本行。

引用次数（1）申请日 2011-10-28

WO2012122376A2@用户界面

像接口代码，将上述代码发送至第二计算设备（例如在第一设备上通过 PHP 根据第二设备是否支持 CSS 以及第二设备的分辨率由 PHP 自动生成能够在第二设备上显示的按钮或图像的 HTML 代码）技术问题：在不同的设备之间进行应用迁移需要重新编写用户图形接口代码。技术效果：避免了重复编写用户图形接口代码。

引用次数（0）申请日 2012-03-08

WO2013032717A2@用户界面

接收导航到第一通用资源定位符命令；将第一通用资源定位符加入到一个浏览选项表中；将第一资源定位符导航到新建立的选项表中；当接收到导航到第二 URL 请求后，确定第二 URL 是否不同于第一 URL；如果相同更新第一 URL，如果不同则第二 URL 增加一个新的条目。方便用户的网站选择。

引用次数（0）申请日 2012-08-16

US20130067339A1@用户界面

用户界面，包括通讯录、发送邮件、抄送邮件、打印、即时通信等控制按钮，还包括搜索和交互信息显示窗口。

引用次数（0）申请日 2012-09-14

US20130073565A1@用户界面

用于为用户的数字资源评级，基于用户与数字资源（例如音乐、图片等）的交互，为该数字资源评级（例如和基于用户访问的次数以及访问时间的远近），评级高的数字资源将比评级低的数字资源更易访问（例如在文件组织上，经常访问的音乐、图片等将位于组织结构中更为浅层的位置）。技术问题：当数字资源越来越多的时候，用户将越来越难以直接到达目标文件。技术效果：使用户更容易访问目标文件。

引用次数（0）申请日 2012-09-15

Facebook 用户界面分析如下：

Facebook 在用户界面类别下的申请比较散乱，难有规律可循，概括起来，Facebook 在两个方面存在较多申请，一是用户界面的自动生成，因为随着各种用户设备的增多，网站也好，应用也罢，都需要去适应不同设备的显示屏幕，如果由人工完成这一工作，不仅代价高昂，而且难以迅速跟上用户的需求，因而就需要一种自动的用户界面自适应生成方法，2010 年 Facebook 申请了这个方面的第一个专利 US20120159308A1；2012 年又申请了 WO2012122376A2，上述两个专利都是根据目标设备的显示属性，在源设备上生成适应该显示属性的代码或者内容，然后将代码或者内容返回目标设备进行显示，但从专利已公开的信息来看，目前 Facebook 的技术根据一些简单的情况作出改变，例如目标设备是否支持 CSS，以及目标设备的分辨率等，当然这种技术也可以用于自动更新用户界面。二是用户界面的布局，例如 2012 年的申请 US20130067339A1（2011），涉及一个用户界面完整的布局，包括通讯录、即时通、邮件、搜索等元素在用户界面上的位置，可以说是一个集大成者，除了上面覆盖比较广的布局之外，Facebook 也有一系列用于细化不同用户界面元素的申请，针对信息显示的 US20130067417A1（2011）、US20130073565A1（2012），针对联系人的 US20130055099A1（2012），针对网址显示与选择的 US20130061159A1（2011），WO2013032717A2（2012），针对图标的 US20130093688A1（2011），针对触控操作的 US20130093690A1（2011），针对图片视频的 US20110016381A1（2009）、US20120144343A1（2010），针对多个显示窗口布局的 US20110153377A1（2009），针对用户交互的 US20120159381A1（2010）、US20120124483A1（2011）。所有这些在显示界面上的改变都是为了使用户更方便地去看，更方便地去操作。

3.2.2.5 多媒体特征（见图 3-2-12）

图 3-2-12 多媒体特征

US20080091723A1@多媒体特征

Facebook 照片应用，选择照片中的区域，将通知发给区域中的人。

引用次数（50）申请日 2006-10-11

US20080189395A1@多媒体特征@音乐特征@网络特征

用于向用户设备传送指定的数字文件（音乐），用户发送一个为特定设备获取数字文件的请求，社交网络系统获取该特定设备的设置特征，社交网络系统从第三方获取数字文件，将数字文件转换为符合特定设备的格式发送至特定设备上。解决的技术问题：用户在好友的页面上听到一首音乐，但限于版权原因可能无法下载到自己指定的设备上，同时用户设备的支持格式也可能与该音乐格式不同。技术效果：从第三方获取指定文件，并转码为特定设备支持的格式。

引用次数（16）申请日 2007-02-02

US20110016169A1@多媒体特征@图片特征

通过浏览器后台上传本地图片。

引用次数（13）申请日 2009-07-20

US20120072493A1@多媒体特征@图片特征@分类特征@安全特征

从用户上载到社交网络的照片获取拍所述照片的相机信息，根据所述相机信息建立社交网络的关系，可用于发现同一用户建立的多个账号，或者探测欺诈账号，或者用于确定用户的密切关系。

引用次数（0）申请日 2010-09-16

US20120076367A1@多媒体特征@图片特征

用于识别照片中人物的方法，将照片中检测到的人脸与候选集合中人物的人脸进行比较，根据候选集合中人物的时空信息调整比较结果，基于调整后的比较结果从候选集合中选择匹配者。

引用次数（3）申请日 2010-09-24

US20120159099A1@ 多媒体特征

第一计算机设备收到第二计算机设备内容写入请求，第一计算机设备为该请求分配一个存储容量和存储标识，当第二计算机设备完成数据输入后将该存储标识发送给第二计算机设备。

引用次数（0）申请日 2010-12-17

US20120250950A1@ 多媒体特征 @ 图片特征

用于图片中的人脸识别，根据与图片文件相关的时间、空间信息产生一个候选人列表（例如根据图片拍摄的时间、地点，搜索社交网络找到在同样的时间到过同样的地点的用户，或者根据用户的社交距离等级限定出一个范围），基于该候选人列表确定图片中出现的人物。技术问题与技术效果：基于社交网络进行人脸识别。

引用次数（1）申请日 2011-03-29

US20120281911A1@ 多媒体特征 @ 图片特征

抽取照片特征，使用概率模型将照片分为合法和非法，确定照片中的人脸，并基于人脸确定其社交关系，基于以上结果确定照片是否允许在社交网络上分发。

引用次数（0）申请日 2011-05-02

US20120308077A1@ 多媒体特征 @ 图片特征@ 位置特征

用于通过图片确定用户的位置，从用户的移动设备接收一个或多个图片，识别图片中的对象，将该对象与地理数据库中保存的图片进行比较进而确定用户的位置。技术问题与技术效果：确定用户位置。

引用次数（0）申请日 2011-06-03

US20130041948A1@ 多媒体特征 @ 网络特征@ 移动应用

连接设备（手机）向社交网络上传多媒体文件，通过无线连接存取多媒体对象，每一个多媒体对象具有一个数据结构单元，该单元至少包括上载进程值和上载质量值，对于上载进程值标记为未完成上载的多媒体对象（使用一个队列维护需要上载的多媒体对象），确定无线连接的类型，根据无线连接类型的带宽调整对应于多媒体对象的多媒体文件上载的质量值（例如对应于低速连接，可降低图像分辨率），自动上载多媒体文件。所要解决的技术问题：无线设备拍摄的照片视频的自动上载。所获得的技术效果：根据无线连接情况自动调整上载质量。

引用次数（0）申请日 2011-08-12

US20130066964A1@ 多媒体特征 @ 图片特征@ 好友特征

用于用户上传图片的方法，响应于用户上传图片的请求，系统获取用户位置信息以及好友信息，将这些信息组合起来展示给用户，用户确认当前的位置以及与其在一起的好友，系统在图片中标记当前位置和好友，提交贴图请求以及将用户及其好友登记到当前位置的请求。

引用次数（1）申请日 2011-09-09

US20130069980A1@多媒体特征@图片特征

用于在用户设备上显示图像的方法，响应于用户要求显示图片的动作，获取用户和图片的信息，基于用户和图片的信息对图片进行裁减，将裁减后的图片显示在用户设备上。

引用次数（0）申请日 2011-09-15

US20130101219A1@多媒体特征@视频特征

在视频文件中获取与社交对象有关的特殊帧，根据其前或其后的帧确定这个社交对象，基于社交关系选择其前或其后的帧存储。

引用次数（0）申请日 2011-10-19

US20130104080A1@多媒体特征@视频特征@移动应用

移动装置自动获取实时视频序列的图像帧，基于社交网络信息选择一个或多个帧，并进行识别，将被选择的帧存储在移动装置的存储器中。

引用次数（0）申请日 2011-11-18

US20130114864A1 @多媒体特征@图片特征

从一张图片抽取一个或多个图片特征，基于所述特征计算一个或多个用户与该图片交互的可能参与度。

引用次数（0）申请日 2011-11-03

WO2012149332A2 @多媒体特征@图片特征@位置特征@好友特征

用于在图片中标记任务，接收用户发送的图片以及用户的地理位置，根据用户好友的时间位置信息为好友分级，将级别最靠前的好友发送至图片标记应用（即好友中谁最有可能出现在用户的位置）。

引用次数（0）申请日 2012-04-27

WO2012177390A2@多媒体特征

用于由用户设备向在线服务器上传媒体文件，用户设备与在线服务器建立连接，用户选择图片进行上传，在图片上传的过程中，用户在用户设备上输入、指定或者自动指定该图片的元数据，当图片上传完成之后，上传图片元数据，元数据与图片也可交替上传。技术问题：在用户设备上传文件时由于占用了大量的设备资源而导致其他任务无法运行。技术效果：可在上传图片的过程中完成元数据的上传。

引用次数（0）申请日 2012-06-06

Facebook 多媒体特征分析如下：

Facebook 的多媒体相关申请可以分为 3 大类：图片类型、视频类型以及音乐类型，在这 3 个类别中，图片类型占了绝大部分，占比 71%，相对应的，在产业中，Facebook 已经是全球最大的图片分享网站，下面，我们将分类别对多媒体下的专利申请进行介绍。

Facebook 在图片类型上的第一个申请始于 2006 年，这一年基本可以算是 Facebook 申请专利最早的年份，该年的申请 US20080091723A1，用于确定在图片的某个区域中出现的人物，由此可以向该人发送消息，从第一个专利申请开始，如何在照片中确定人物成为 Facebook 图片类别申请最为关注的方向，2010 年的申请 US20120076367A1 提供了一个候选集合，将照片中的人脸与候选集合中的人脸进行比较以确定照片中的人物，2011 年的申请 US20120250950A1 则进一步细化了这个候选集合，它通过时空关系后者好友的社交距离确定一个候选集合，也就是说，它可以从社交数据中挖掘出同时出现在相同地点的其他用户，或者那些与好友关系紧密的可能同行的朋友，这些人物当然最有可能出现在用户的照片中，类似的方法还出现了 2012 年的专利申请 WO2012149332A2 中，该申请将前面分开使用的时空关系与好友关系组合使用，通过时间、位置为用户的好友分级，排在前面的好友将构成一个候选集合。为什么 Facebook 会对照片里的人物如此感兴趣？如果把这个问题放在社交环境中去考虑就会十分明了了，照片能提供的信息包括里面有谁，拍了什么，在哪拍的，这些元素都被 Facebook 一一加以利用，甚至还包括照片所提供的相机参数，当然这其中最重要的就是人，因为人是社交活动的中心，只有找到人才能建立社交联系，Facebook 在 2011 年的专利申请 US20130114864A1 中就说明了这一点，它首先会在图片中抽取一个或多个特征，基于上述特征推断其他用户与这张图片交互的意愿，进而判断是否推送图片以及相关内容，这里的特征最直接的一个例子就是人，当你在图片里时你可能就更有意愿进行互动，由此可见，Facebook 之所以对照片中的人物感兴趣是因为由此可以引发一系列的社交互动，也正是因为如此，Facebook 才会在这方面加大投入，Facebook 在 2011 年收购了 Face. com 以加强自己在人脸识别方面的技术力量，当然在照片中自动标记出现的人物本身也是一项有趣的应用。另外，对于照片中的内容和位置，这实际上比确定人物更加困难，Facebook 在 2011 年提出了一个申请 US20120308077A1，根据照片中的可识别的对象，确定照片拍摄的位置，这种技术取决于内容识别的精准度，Facebook 在同年还提交了一个申请 US20130066964A1，该申请将位置与人物结合起来，在图片中同时标记人物与位置以及将人物登记到该位置上，只不过该申请采用的是用户确认的方法。最为极致的是 Facebook 对相机参数的使用，2010 年的 US20120072493A1 记载了这样一种技术，即通过由照片所确定的相机参数探测同一用户的多个账号、或者探测欺诈账号、或者是用于确定用户的社交关系，所以，一个简单的数据在社交网络中会有无限使用的可能。

除以上对照片中社交元素的使用之外，Facebook 还申请了关于图片的其他一些专利，2009 年的申请 US20110016169A1 涉及浏览器在后台上传图片，2011 年的申请 US20120281911A1 更多的关注安全，它用来确定上传的图片是否涉及违法内容，主要也是使用模式识别方法确定图片的内容与人物，同年的另一篇专利 US20130069980A1 则是自动裁剪图片以适应用户的客户端设备，2012 年的申请 WO2012177390A2 教导了一种图片及其元数据交替上传的方法。接下来介绍视频特征与音乐特征，图片中的很多特性在视频中同样存在，于是 Facebook 将确定人的理念同样引入了视频中，US20130104080A1 与 US20130114864A1 在 2011 年提出了基于特定帧及前后帧确定视频中的人物，并基于识别出的人物与社交关系保存相关的前后帧。音乐特征是出现在 2007 年，该申请针对引起用户兴趣的其他用户的音乐，寻找一个有版权的提供者，Facebook 的音乐特征仅此一例。

最后除去上述 3 个类别的申请之外，还有一些用于支持多媒体底层服务的申请，例如 2010 年的 US20120159099A1，用于在计算机设备间存储多媒体数据，2011 年的 US20130041948A1，根据无线网络的情况自动调整上传内容的质量。

3.2.2.6 搜索特征（见图 3-2-13）

图 3-2-13 搜索特征

WO2008103447A2@ 搜索特征 @ 隐私设置@ 第三方特征

用于在分布式数据库下执行关注查询（focused queries），可变缓冲内存（volatile cache buffer）存储数据项的子集，脚本语言从可变缓冲内存中提取数据，结构化查询语言接口从网络上接收查询请求（查询请求由社交网络上的第三方应用发起），发送请求给脚本语言，并从脚本语言接收数据项，进一步还包括在数据被发送给结构化查询语言之前，通过脚本语言对数据应用一个商业逻辑规则（主要用于过滤数据，例如涉及用户隐私的数据，电话号码等）。要解决的技术问题：当前大多数应用程序接口不适于执行关注查询（因为传统查询需要为大量无关数据耗费大量带宽与计算资源）与分布式查询（因为应用程序开发者需要为分布式查询配置他们的程序）。要获得的技术效果：使应用程序能够在分布式环境下进行关注查询。

引用次数（0）申请日 2008-02-21

US20110196855A1@ 搜索特征 @ 标识特征

根据用户发布信息对用户进行索引，并归入用户属于索引，在社交网络系统中进行搜索时，根据索引列出搜索结果。

引用次数（23）申请日 2010-02-11

US20110137932A1@ 搜索特征 @ 好友特征

通过将搜索用户的好友即第一等级用户与第一等级用户的好友即第二等级用户进行比较，对搜索结果进行优化，增加了用户在搜索时获取可能相关的信息的体验。

引用次数（14）申请日 2010-06-15

US20110137902A1@ 搜索特征

使用多个搜索算法处理用户询问，并基于检查用户在社交网络的连接来获得多个查询结果，其中每一个查询算法对应一个结果集合，合并多个结果结合获得合并的查询结果给用户，进而改进了用户搜索相关信息的能力。

引用次数（16）申请日 2010-06-15

US20120047129A1@ 搜索特征 @ 位置特征@ 标识特征@ 移动应用

基于社交网络用户及其好友的活动向用户提供与地理位置相关的搜索结果，社交网络系统维护一个地理位置（例如商店、咖啡店）数据库，其中包括用户以及其好友对某个地理位置记录活动值（例如评分，活动次数），当用户使用具有定位功能的设备查询附近位置时，系统将根据数据库中地理位置与用户位置的远近以及用户对该地理位置记录活动值以及用户好友对该地理位置记录活动值为搜索结果分级，并将分级后的搜索结果返回给用户。技术问题：现有技术只是根据距离用户位置的远近返回查询结果，但这些结果可能并不是用户所感兴趣的。技术效果：返回与用户更为相关的查询结果。

引用次数（0）申请日 2008-02-21

US20120078916A1@ 搜索特征 @ 位置特征@ 好友特征

用于提供地点搜索评级的方法，用户发出查询请求，请求包括关键字，位置和用户身份，确定与该位置范围内的多个地点，获取其他用户对上述地点的评分，基于该用户的社交图确定与该用户相干的若干用户，基于上述若干用户与其他用户为评分分配权值，加权最后的用户评分以及与位置的远近程度，将最后的地点分级展示给用户。

引用次数（1）申请日 2010-09-24

US20110087658A1@ 搜索特征 @ 广告特征

接收一个搜索命令，根据用户自己搜索记录和社交网络大于阈值的好友记录对内容进行相关搜索，并根据自己搜索记录和好友记录对搜索结果进行显示。通过在搜索中引入好友因素，提高了搜索结果相关度，提高了用户对搜索内容满意度的用户体验。

引用次数（2）申请日 2010-12-22

US20110093346A1@ 搜索特征 @ 广告特征@ 好友特征

接收一个搜索命令，根据用户自己搜索记录和社交网络大于阈值的好友记录对内容进行相关搜索，并根据自己搜索记录和好友记录对搜索结果进行显示。通过在搜索中引入好友因素，提高了搜索结果相关度，提高了用户对搜索内容满意度的用户体验。

引用次数（1）申请日 2010-12-22

US20110093498A1@搜索特征 @好友特征

将某用户在社交网络中具有的分离度小于阈值的好友定义为一个集合，将搜索结果逐个与该集合中的用户进行比对，并将搜索结果中存在于上述集合中的结果输出，从而提高了搜索结果的相关性，增加了用户关于搜索的体验。

引用次数（2）申请日 2010-12-22

US20110093460A1@搜索特征

基于其他用户使用网站的次数对搜索结果进行排序，上述其他用户为请求搜索的用户在社交网络中具有的分离度小于阈值的好友。

引用次数（2）申请日 2010-12-22

US20120166432A1@搜索特征 @位置特征@第三方特征

用于搜索分级的方法，接收用户搜索请求，产生搜索结果，每个搜索结果对应第三方的内容接收用户设备的位置信息，基于位置信息、社交信息与搜索值为搜索结果分级，返回分级后的搜索结果。

引用次数（1）申请日 2010-12-22

US20120310929A1@搜索特征 @用户界面

设备发出的接入搜索请求命令，根据社交网络的特性和用户其他特性对搜索结构进行分级，根据分级后的搜索结构对用户提供显示。提高了用户对搜索结果相关度的认同和保障搜索结果质量的用户体验。

引用次数（1）申请日 2011-06-03

US20120310927A1 @搜索特征

接收社交网络用户的搜索命令，基于社交网络的因素对搜索结果进行分类显示；对每个相关搜索结构相关联一个呼叫产生行动（call to action），该呼叫产生行动可以为一个按钮，用于对相关联的内容进行再次搜索。

引用次数（0）申请日 2011-06-03

US20120317109A1@搜索特征 @标识特征@好友特征

用于向用户显示搜索结果，第一用户在客户端进行搜索，将搜索结果返回第一用户的客户端，通过社交图中的数据信息确定与第一用户有关系的多个第二用户，使用可见的方式将被第二用户存取过的搜索结果表示出来。技术问题与技术效果：提供社交化的搜索结果。

引用次数（0）申请日 2011-06-13

US20130018918A1@搜索特征

获取包括第二数据库客户端标识的第二搜索请求，获取包括第一数据库客户端标识的第一搜索请求；将第一和第二请求进行匹配，如果二者相匹配，数据库服务器向第一搜索请求发送搜索结果后，根据第二用户标识将搜索结果也发送给第二数据库客户端。

引用次数（0）申请日 2011-07-12

US20120310922A1@搜索特征

在用户发出任何搜索命令之前，根据社交网络上的内容获取用户已经知道的相关内容，对用户进行显示。

引用次数（0）申请日 2011-07-26

US20130067022A1@搜索特征 @第三方特征@用户界面

第二计算机系统（客户端）向第一计算机系统（第一服务器）发送一个请求命令（搜索命令）；第一计算机系统确定其请求的信息条目是否被第三方提供，如果是在第三方提供则在第二计算机系统中显示该信息条目和呼叫产生行动（call to action），该呼叫产生行动可以为一个按钮，用于对相关联的内容进行再次搜索。

引用次数（0）申请日 2011-09-09

WO2012170318A2@搜索特征

用户输入搜索查询过程中，当输入构成一个可能的有意义的查询时即编译搜索结果并显示；根据随后用户的继续输入，改变编译结果。

引用次数（0）申请日 2012-06-04

WO2013036373A2@搜索特征 @用户界面

根据一个搜索命令标示一组搜索结果；显示搜索结果；用户与一组搜索结果中的第一搜索结果进行交互；响应于第一用户交互，如果第一信息项目与第一搜索结果相关联，则扩大第一搜索结果，并显示与第一搜索结构相关的第一信息项目。提高了用户搜索结果的命中率，并便于用户浏览。

引用次数（0）申请日 2012-08-20

US20130013595A1@搜索特征 @位置特征@用户界面

对搜索结果按照相关度进行排序，并以图形的形式显示给用户，相关度可以根据用户的位置和社交信息与搜索结果的相关信息进行比较得出。

引用次数（0）申请日 2012-09-14

Facebook 搜索特征分析如下：

这个世界通用搜索做的最好的是 Google，尽管微软声称 Bing 比 Google 还要好，那么其他企业能不能把搜索做的比 Google 还要好？答案是肯定的，这就是垂直搜索，Facebook 的搜索与垂直搜索类似，它同样可以关注于某个领域——社交领域，但它还可以扩展自己的搜索到其他领域，甚至做到通用搜索，因为 Facebook 有着其他搜索引擎不具备的数据库——社交数据库，如果能够知道一个人每天都在做什么，都在看什么，都在谈论什么，那么就能够知道他现在感兴趣的是什么，对于搜索来说，这就相当于搜索引擎在用户输入的几个可怜的关键词之外，又可以根据用户的社交信息推断出用户真正想要的是什么，这将是巨大的优势，在过去这些是不可能让用户通过搜索框告诉搜索引擎的，但现在，这一切自动而免费，不会对任何人造成困扰，下面我们就来具体的看一看 Facebook 的搜索是如何做的。

Facebook 第一个搜索相关的申请出现在 2008 年，2009 年没有申请，其后便是在 2010 年开始出现大量的申请，之后 3 年基本保持了相似的申请量，从上述现象可以看出，基于社交网络的搜索，只有在积累了一定的社交数据的情况下，才会更有价值。Facebook 将尽可能多的社交元素都运用到了搜索之中，对于用户来说，它会有一些链接，它会待在一个位置，它还会具备一定的属性，这些元素都得到了应用，US20110137902A1（2010）利用了用户在社交网络上所使用的链接来对搜索结果进行分级，US20120310929A1（2011）使用用户在社交网络上的属性信息，US20120166432A1（2010）与 US20130013595A1（2012）则是引用了用户的位置，当然上述专利并没有排除其他社交元素一起使用，只要这些元素具有一定的意义，Facebook 使用社交数据来对搜索结果进行二次加工，前面可能仍然使用的是传统搜索方法，但在后面，Facebook 会使用社交数据对搜索结果进行过滤分级，并将分级后的搜索结果返回给用户，当然用户还会有一些好友，我们知道有问题可以问朋友，Facebook 也是一样，例如 US20120317109A1（2011）就是直接在搜索结果中将好友存取过的搜索记录标记出来显示给用户，好友这个特征体现着 Facebook 最基本的社交元素，因而在这里也是应用最广泛的，特别是对于 LBS 搜索来说，US20120047129A1（2010）、US20120078916A1（2010）均是根据好友在附近地理位置上的活动或者评分来返回分级后的搜索结果，朋友有远近，Facebook 根据表示好友亲密程度的距离为好友赋予不同的权值，不同远近的好友他们的参考价值也是不一样的，这点正如专利申请 US20110137932A1（2010）所记载的，US20110087658A1（2010）不但限定了好友范围，还参考了好友的搜索记录，US20110093498A1（2010）限定了搜索结果需与某个范围内的好友相关，US20110093460A1（2010）则是参考了某个范围内好友使用特定网站的次数。

Facebook 在搜索方式上也有改变，US20120310927A1（2011）引入了 Calls-To-Action 的概念，这个概念实质上是一次二次搜索，Facebook 会在每条搜索记录附近放置一个 Calls-To-Action 按钮，如果用户认为这个记录比较准确，则可以点击旁边的 Calls-To-Action 按钮，则搜索引擎将根据这条搜索记录对搜索结果进一步细化，US20130067022A1（2011）更进一步地通过 Calls-To-Action 引入了第三方的搜索内容，基于相类似的方式，Facebook 通过跟踪用户与搜索记录的交互，适时向用户提供更多关于搜索结果的信息，WO2013036373A2（2012）在用户点击了某个搜索记录的情况下，在搜索结果里返回与该记录相关的信息，Facebook 在搜索结果的快速获取上也进行了探索，US20120310922A1（2011）在用户搜索之前，根据社交网络系统已经获知的用户内容对用户进行显示，也就是说，Facebook 会估计用户这次想要得到什么，如果系统有这方面的知识，那么就提前展示给用户，WO2012170318A2（2012）出于相同的目的，跟踪用户在搜索框的输入，根据用户的输入即时地显示搜索结果，Facebook 还提出可以响应多个搜索请求的专利申请 US20130018918A1，如果有多个用户的搜索请求相同，则将搜索结果返回给这些用户。

Facebook 为了提高社交网络搜索的性能，将社交网络数据事先添加了索引，所以实际上很多时候，搜索并不是直接发生在社交网络数据上，而是发生在其索引上，例如 US20110196855A1（2010），这里 Facebook 为社交数据添加索引的能力就是来自标识特征那一类别下的技术。

3.2.2.7　标识特征（见图 3-2-14）

图 3-2-14　标识特征

US20100164957A1 @标识特征 @好友特征

对某些主题进行通信时，分析这些话题，以获得的相关主题和这样的信息分类的基础上的信息作出贡献的成员人口统计信息；收集对应主题的关键字列表，分析社交网络成员如何看待他们正常话语中的主题以及感兴趣的提供商。提高了好友之间共同兴趣的沟通的用户体验。

引用次数（18）申请日 2008-12-31

US20100169327A1 @标识特征 @大数据处理

根据用户在论坛上发送的消息确定关键词，对这些关键词进行排序并保存。

引用次数（20）申请日 2008-12-31

US8433762B1 @标识特征

用于分析用户感兴趣主题的方法，获取每一个发送给目标用户消息，所述消息由多个词语构成，从多个词语中提取候选词语集合，统计分析候选集合中词语出现的频率，建立用户与频率高词语之间的联系。

引用次数（0）申请日 2009-11-20

US20110161987A1 @标识特征

当与一用户有关的事件达到一个阈值后发通知消息给用户。

引用次数（0）申请日 2009-12-30

US8244848B1 @标识特征 @大数据处理

两类节点，一类节点标识用户，一类节点标识概念（一切被用户标记、喜爱，相关的可视的对象，例如球队、比赛、音乐家等）建立三类边集，一类标识用户与用户之间的关系，一类表示用户与概念之间的关系，一类表示概念与概念之间的关系，系统存储以上信息。技术问题：当前的社交网络关系图只是由用户之间的关系来表示，图形社交关系结构建立比较复杂。技术效果：简化了社交关系结构的建立过程。

引用次数（4）申请日 2010-04-19

US8185558B1 @标识特征 @大数据处理

用于更新社交图，将内容的特征项与已有的概念节点比较，如果匹配则将用户节点（内容与用户相关）与概念节点连接，如果不匹配，则建立与该内容对应的概念节点。

引用次数（4）申请日 2010-04-19

US20120151322A1 @标识特征

在社交网络上设置一个统计节点，用于跟踪多个社交网络用户在社交网络外的具体行为，并基于该行为为社交网络提供报告和图表。

引用次数（1）申请日 2010-12-13

US20120166532A1 @标识特征 @好友特征

为用户之间每个行为分配一个权重，根据用户之间的交互计算并测量好友之间的亲密度。

引用次数（0）申请日 2010-12-23

US20120226748A1 @标识特征 @广告特征

用于确定社交网络中的专家人物，首先将信息拆分为多个信息元素（信息类别），为每个信息元素确定分享率，确定导致该分享率的第一个人物，进而确定多个具有影响力的人物。技术问题技术效果：用于确定具有影响力的人物，可用于广告。

引用次数（0）申请日 2011-03-03

US20120278262A1 @标识特征 @好友特征

获取用户的社交网络信息和其使用的社交应用；将存在潜在联系的用户进行标示，计算标示用户是否可能发送联系；选择并推荐潜在用户。

引用次数（1）申请日 2011-08-12

US20120278184A1 @标识特征 @运营盈利 @广告特征

从广告版、社交网络和网页上获取用户对特定内容观看统计信息；通过统计模型获取用户对广告特定内容的收视率。

引用次数（1）申请日 2011-04-29

US20120331064A1 @标识特征

用于基于社交关系上下文对确定社交网络信息主题的方法。

引用次数（0）申请日 2011-06-24

US20130031034A1 @标识特征 @分类特征

决定社交网络用户的属性值；设置一个训练模式对用户的发布内容进行分级；该训练模式基于对用户的属性和对发布内容的评论进行不断的修正，获得自动对内容的分级。

引用次数（0）申请日 2011-07-29

US20130041653A1 @标识特征 @好友特征

对用户输入的内容进行分析，确定用户对特定实例的喜爱程度并存储，所存储的内容后续可用于向其他用户推荐，可以增强要能过户体验。

引用次数（0）申请日 2011-08-12

WO2012057901A1 @标识特征 @分类特征

识别消息内容和元数据以确定一个目标，通过社交网络数据库中的信息在接收人与识别目标之间建立联系，由此使用社交信息对该消息进行索引。使用户界面的消息显示能够简单、高效地通过索引过的信息来表达，例如通过过滤、分类信息进行显示。

引用次数（0）申请日 2011-08-12

US20130073632A1 @标识特征 @第三方特征

社交网络记录用户在社交网络之外的网络的活动，根据活动记录创建用户活动图表和图表架构。根据用户的活动记录，向用户提供更加合适的服务，提升了社交网络的服务能力。

引用次数（0）申请日 2011-09-21

WO2012177396A1 @标识特征

根据用户通信内容相关主题节点推断用户讨论主题。

引用次数（0）申请日 2012-06-06

WO2012177397A1 @标识特征

从代表当前话题的字典节点中识别候选节点并被评分，根据分数来选择代表当前话题的含义候选节点。使社交通讯中对推测话题的准确性显著提高。

引用次数（0）申请日 2012-06-06

US20130019149A1 @标识特征 @多媒体特征

标记视频、图像、文档和多媒体；该记录内容可以在具有互联网功能的设备上进行播放；每个记录器被配置为使用一个虚拟化浏览器环境记录各自的记录类型。有效的记录和统计用户的生活习惯。

引用次数（0）申请日 2010-04-19

Facebook 标识特征分析如下：

我们说社交网络基本上属于拟物化的设计，它模拟了我们的现实世界，那么在现实世界中我们感兴趣的通常也是虚拟世界中感兴趣的，在现实世界中对各种信息首先需要关注的就是这条信息关于什么？讲了什么？我们可以通过人脑来理解这样的信息，但对于社交网络，无法做到使用人力来理解每条信息并作标记，因而这就需要在技术上解决这个问题，Facebook 自 2008 年年底开始提交了一系列用于分析消息主题的申请，US20100169327A1、WO2012177396A1、WO2012177397A1、US20120331064A1、US20130031034A1，此类的专利申请一直持续到现在，这也从一个方面说明了带有人工智能性质的主题分析即是社交网络中基础性的古老技术，同时也是仍在发展变化的新技术，Facebook 透过这些专利从社交网络中的海量信息中提取关键词、属性，并进一步将其分类，最终目的在于将信息与用户相联系，例如专利申请 WO2012057901A1，但在此之前，还需要确定信息传送的另一端即用户我们需要了解些什么，于是 Facebook 在同时期提交了 US8433762B1、US20130019149A1 等用于标识用户兴趣的发明专利申请，这些专利将帮助 Facebook 确定用户的兴趣点在哪里，进而在用户节点之间以及用户与概念节点之间建立联系，随着社交网络的扩张，社交网络可以包括越来越多的信息，例如 Facebook 于 2011 年提交了用于标识用户在第三方网站上活动的专利 US20130073632，基于这个专利，Facebook 可以将用户在第三方网站上活动的数据导入到社交网络系统中，增加了分析的样本，进而也提高了分析的精度。但是仅仅对信息进行标记是不够的，因为社交网络是一个异常繁杂的产物，其中包括了各种人物、各种事物、各种活动、各种关系以及各种请求等，该如何组织这个海量数据呢？Facebook 在 2010 年提出了 US8244848B1 专利申请，该专利通过使用社交图为虚拟的社交网络进行建模，社交网络中的万物均可归结到社交图中，首先，使用图论中的节点表示用户以及各种事物，例如一个篮球或者一场电影，它们被分别称为用户节点与概念节点，使用节点之间的边表示节点之间的联系，这可以是一种动作，例如用户关注了一场电影或者用户向其他用户推送了一条消息，这也可以是一种联系，例如某辆跑车出现在了一部电影当中，在此基础上，社交网络中的人、物、事、邀请、评论、称赞等便可标记在社交图中，并且 Facebook 在同日还提出了社交图自动更新的方法 US8185558B1，由此 Facebook 建立了社交网络的一种数学表示方法，为基于社交网络的数据挖掘与分析打下了基础。

3.2.2.8 帮助支持（见图 3-2-15）

图 3-2-15　帮助支持

WO2008147572A1 @ 帮助支持

用于在线投票的方法，从第一用户接收与投票相关的参数，与投票关联一个问题，基于参数确定投票的优先级，将投票分发给其他用户，收集投票结果并报告给第一用户。

引用次数（13）申请日 2008-05-28

WO2009073856A1 @ 帮助支持

在社交网络中提供译文服务；社交网络成员可以提供其他成员请求的翻译，还可对提供的翻译进行打分。

引用次数（1）申请日 2008-12-05

US20100198581A1@ 帮助支持

用于语言翻译，首先由社交网络的用户将一句话提炼为抽象语句（例如省略其中的名词等），将相应位置变为变量，然后接收对应该变量的值，依据语法将抽象语句与变量值组合，形成一句话。技术问题技术效果：用于社交网络的语言翻译。

引用次数（13）申请日 2009-01-30

US20120167007A1@ 帮助支持

社交网络向用户提供一个问题接口，该问题接口包括多个话题，用户从中选择一个话题，根据用户简档信息获取用户好友，将话题发送给用户好友，与用户一起回答。

引用次数（0）申请日 2010-11-23

US20120166553A1@帮助支持

当用户丢失账号后，用户通过真实社会的关系向自己真实世界好友发送一个连接请求，好友返回一个接入码，用户使用该接入码找回自己的账号。

引用次数（1）申请日 2010-12-23

US20120166457A1@帮助支持@标识特征

系统接收用户提出问题，问题包括多个关键词，语义分析所述问题以获取一个或多个关键词，将关键词中的一个与标签进行匹配，将定义好的标签与被存储的问题相关，并将问题存储在存储介质中，基于用户的交互记录用户与标签的密切度，所述密切度也可能被用于将问题指向其他用户以获得答案。

引用次数（0）申请日 2010-12-23

US20120246575A1@帮助支持@用户界面

从社交网络问答系统上获取问题；回答者向社交网络发送问题答案；答题者请求获取答案；在屏幕上显示所有答题者给出的答案。

引用次数（0）申请日 2011-03-24

US20120246576A1@帮助支持@用户界面

从社交网络问答系统上获取问题；回答者向社交网络发送问题答案；社交网络确定哪些用户正在浏览该问题，并且与答题者建立连接；答题者和浏览者产生互动；答题者请求获取答案，在答题者和浏览者的屏幕上显示答案。

引用次数（0）申请日 2011-03-24

US20120259919A1@帮助支持@运营盈利@广告特征

从社交网络问答系统上获取问题；回答者向社交网络发送问题答案；社交网络确定哪些用户正在浏览该问题，并且与答题者建立连接；答题者和浏览者产生互动；答题者请求获取答案，在答题者和浏览者的屏幕上显示答案。

引用次数（1）申请日 2011-04-07

US20120303703A1@帮助支持

向指定好友提问以获取答案。

引用次数（0）申请日 2011-05-26

US20130006758A1@帮助支持@运营盈利@广告特征

接收多个投标广告，每个投标广告上包括投标价格；向一组特定用户发送一个子集的广告内容，并接收该用户对广告的反馈；基于投标价格和用户的反馈计算广告的实际价值；从多个广告中选择实际价值最高的一个或多个广告；将该广告向特定用户发送。

引用次数（0）申请日 2011-06-28

US20130024879A1@ 帮助支持@ 运营盈利@ 广告特征

创造一组用户收视行为模型；收视行为是该组用户是否可以接收某一广告内容；从改组用户中提取用户对广告态度数据；通过该态度数据估计广告的有效性。

引用次数（1）申请日 2011-07-21

US20130067343A1 @ 帮助支持

用于事件通知，发送者输入事件细节，加入邀请人（可输入也可从联系人列表拖入，也可将事件拖入联系人列表），将事件发送给接受者，接受者将事件加入电子日程表，如果有冲突，接受者输入事件改变细节，将改变细节反馈给发送者，发送者改变事件细节后再发送给接受者，如果没有冲突，则发送确认信息。技术问题与技术效果：更便捷的事件通知方式。

引用次数（0）申请日 2012-09-15

US20130067005A1@ 帮助支持

基于好友列表实现日程管理，通过及时消息的方式发出日程事件通知、日程事件变更等。

引用次数（0）申请日 2012-09-15

US20130067342A1 @ 帮助支持

用户将电子日历中的事件发送给即时通信用户列表中选择的被邀请参加事件的用户，被邀请用户可以选择接受邀请并将该事件显示在自身的电子日历中，也可进一步修改事件。

引用次数（0）申请日 2012-09-15

Facebook 帮助支持分析如下：

如同在真实世界中有困难可以求助朋友一样，在 Facebook 的虚拟世界中也可以请求好友帮忙，而且也更为方便，2010 年 Facebook 申请了用于向好友提问的专利 US20120167007A1，此后 Facebook 又陆续申请了多个此类申请，即 US20120246575A1（2011）、US20120246576A1（2011）、US20120303703A1（2011），上述专利的改进主要集中于根据问题的主题自动选择回答的好友以及与回答者的直接互动上，以上专利还揭示了这类应用有着潜在的商业用途，例如，挑选商品时，顾客可能对某件商品犹豫不决，或者在两个商品间徘徊不定，这时他就可以发送商品的照片向多个好友求助，好友可以对这些商品打分，为购买出谋划策，与这种问答方式相类似，Facebook 自然地衍生出了一种在社交网络上特有的翻译方法，WO2009073856A1（2008）与 WO2009073856A1（2008），上述专利将一些难以翻译的句子发送给社交网络上有能力翻译的用户，作为机器翻译的一个辅助手段，基于 Facebook 拥有的社交数据，Facebook 还开发了用户日程管理的方法，Facebook 的优势在于，在社交网络中用户之间的联系是自然而然的，而线下的活动在线上很可能已经讨论，这样将活动与联系人添加至日程表就显得十分方便了，并且可以做到即时讨论、即时修改、即时通知，如果这种日程管理方式能与用户的随身设备产生实时互动的话，那么对用户来说就相当便捷了。Facebook 还利用社交数据使我们平时常见的应用产生了一种另类的实现方式，这就是找回账号，这个应用非常常见，实现起来也都大同小异，一般就是回答问题的方式，但是如果让用户记住自己可能一年之前不经心预设的一个答案，这也是很有难度的，但 Facebook 有社交数据，于是一切就变得简单了，Facebook 会将账号发送给用户的线上好友，然后用户通过线下的方式从好友那里再找回账号，这种逻辑的关键点在于，对用户的认证不应由呆板的机器进行，而是应由认识他的人来进行，这是最自然的方式。

3.2.2.9 好友特征（见图 3-2-16）

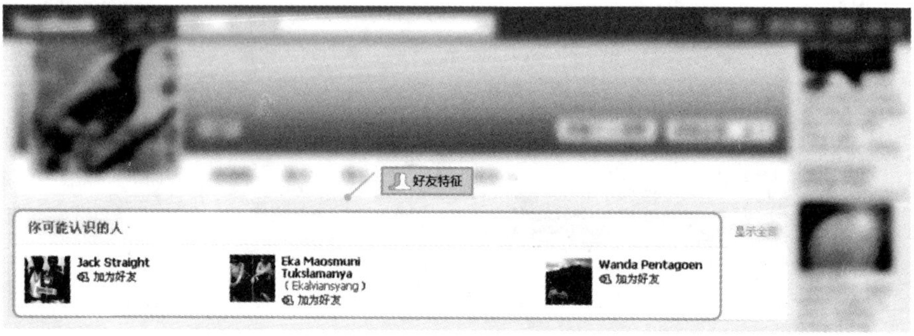

图 3-2-16 好友特征

US20080040370A1 @ 好友特征 @ 分类特征 @ 标识特征

根据用户行为及好友关系，合并关联动作的好友并提示给用户。

中 引用次数（13）申请日 2006-08-11

WO2007070676A2 @ 好友特征

社交网络用户发送请求关系到第二用户，第二用户确认后建立关系。

中 引用次数（12）申请日 2006-12-14

US20080189292A1 @ 好友特征 @ 搜索特征

自动增加联系人文件的方法，用户在设备上输入标识符，若联系人文件中存储了该标识符对应的联系人，则显示联系方式，否则，向服务器发送请求，服务器返回联系人方式，设备对该方式进行自动保存。

引用次数（19）申请日 2007-02-02

WO2009023070A1 @ 好友特征 @ 用户简档 @ 标识特征

关键词的用户特征，计算各组中主要关键词出现的次数，并据此作出评分和分级。

用户体验：用于有效选择社交网络用户特征的主要关键词的子集，以利于对好友邀请有效作出相应。

引用次数（0）申请日 2008-07-01

WO2011002588A1 @好友特征 @标识特征

用于用户发布信息，社交网络系统维护一个社交图，用户在社交网络系统中发布一条消息，其中包括链接信息（可链接至社交图中节点的信息），根据该消息改变用户与节点在社交图中的关系（例如变得更为亲密）。

中 引用次数（1）申请日 2010-06-09

US20120041907A1 @好友特征

通过计算潜在好友用户与用户的关系值提供用户可能的潜在的好友名单。

引用次数（5）申请日 2010-08-16

US20120158751A1 @好友特征 @分类特征 @标识特征

访问联系人列表中包括多个联系人地址簿中的第一用户；识别第一用户和联系人列表中联系人之间分离度，获取社会图形信息；获取第一用户和每个联系人之间通信频率的通信历史信息；基于社交图谱和通信记录信息决定联系人列表中的联系人接近程度；根据接近程度显示联系人在列表中的位置。方便用户查找和联系关系密切的联系人。

引用次数（3）申请日 2010-12-17

US20120158851A1 @好友特征

监控用户的关键词，确定用户是否是恶意用户；设置一个阈值，当社交网络用户的值低于该阈值时，将该用户放入恶意用户分组中。

引用次数（1）申请日 2010-12-21

US20120166533A1 @好友特征

第一社交网络用户终端在社交网络上活动，第二社交网络用户终端在社交网络上活动；对第一终端和第二终端进行匹配；如果第一终端和第二终端匹配成功，则证明第一用户和第二用户为好友。

引用次数（0）申请日 2010-12-23

US20120226521A1 @好友特征

如果某个领域的专家或具有影响的人之间在社交网络上具有多个共同的好友，则在第一专家和第二专家之间建立社交网络关系。

引用次数（0）申请日 2011-03-03

US20120271722A1 @好友特征 @标识特征

训练预测模型用于确定社交网络中封闭好友之间的关系，获取包括用户和其已经建立起来的用户关系数据；培训预测模型接收训练预测模型发送的数据，基于该数据对封闭好友之间的亲密关系和已经建立的连接给好友打分，预测出顶级好友。

引用次数（0）申请日 2011-04-25

US20120271722A1 @好友特征 @标识特征

用于向用户分发传单（post），基于用户的动作确定一个主题，确定由其他用户提交的传单与主题的相关性，将相关的传单发送至该用户，传单以结构化文档的形式发送以使用户与传单或者传单的发送者机型交互。

引用次数（0）申请日 2011-06-30

US20130013682A1 @好友特征 @分类特征

利用密切算法计算好友的密切程度进而对好友进行归类。

引用次数（0）申请日 2011-07-10

US20130046770A1 @好友特征 @用户简档

预测接收方用户和多个目标用户之间的交换信息；确定多个信息项中的每一个相关度，包括关于目标用户的信息；其中一个更高的相关度的信息资料表明该信息项将协助接收方用户与目标用户交互；根据该相关度对信息项进行分级；根据相关项排名选择一个多个信息项提供给接收方用户。提高了用户之间交流顺畅，找到共同点。

引用次数（0）申请日 2011-08-19

US20130103758A1 @好友特征

用于向用户推荐好友的方法，用户发起好友推荐请求，确定与该用户未建立关系的用户，通过比较用户简档的特征过滤一部分用户，基于该用户是否会向候选者发起好友请求为候选者分级，基于分级选择推荐的好友。

引用次数（0）申请日 2011-10-19

WO2012141910A1 @好友特征 @广告特征

系统根据身份码由社交图中分别抽取两个用户的社交图数据，对两个用户的社交图数据进行比较，产生两个用户的关系页。技术问题与技术效果：用于确定两个用户的关系。

引用次数（0）申请日 2012-03-29

Facebook 好友特征分析如下：

从某种意义上说，网络中的社交网络是人类现实社会社交关系的一个虚拟版本，人类现实版本的社交元素作为构建虚拟版本的基本元素大都被直接导入到了社交网络中，当然这些元素可能会在虚拟的世界中获得新的定义以及新的发展，但其作为社交关系的基本含义是不会改变的，例如在社交网络中的好友关系即体现了这个特征，其所表达的含义与现实世界的朋友关系并无不同，只不过在某些方面为适应虚拟的世界作出了一些改变，通过 Facebook 好友关系类别专利的分析，大致可以理出这个关键特征以下发展的脉络：在 Facebook 初创时期，其所关心的是如何扩大 Facebook 的用户数量，如何使用户通过朋友关系这种最自然的社交方式进行扩散，因而在此阶段，Facebook 的专利申请主要集中于朋友关系的建立上，例如在 2006 年所申请的专利 US20080040370A1、WO2007070676A2 确定了最基本的推荐+邀请+确认的好友建立方式，在 Facebook 建立了一定数量的用户之后，无论是 Facebook 本身还是 Facebook 用户都面临着如何对这些已有庞大的用户或者好友进行管理的问题。也就是说，如何使用户更便捷地与其他用户进行交互成了头等大事，我们可以看到 Facebook 分别在 2007 年、2010 年申请了好友的查找以及排列方式的专利 US20080189292A1、US20120158751A1，这两个专利的目的都在于如何使用户更方便地定位到特定的好友，为了进一步便于用户对好友进行管理与组织，Facebook 在 2011 年引入了对好友的自动归类的专利 US20120271722A1、US20130013682A1，上述几个专利均是基于社交网络系统自动计算得到的用户之间的亲密程度来对好友进行分类，不但如此，Facebook 还于 2010 年申请了通过跟踪用户发布的各种消息对好友等级进行自动更新的专利 WO2011002588A1。随着社交网络的普及，不可避免的社交网络出现了恶意用户与垃圾信息，针对这种情况，Facebook 于 2010 年年底申请了用于排除恶意用户的专利 US20120158851A1，同时寻找新朋友这个社交网络最基本的诉求也没有止步于简单的推荐+邀请+确认的模式，Facebook 在 2011 年引入了用户的意愿，即通过事先预测用户是否会有意愿向潜在的好友候选者发出邀请的方式进一步对推荐的好友列表进行提炼，这样做的目的就是为了提高用户的体验，该方法记载于专利申请 US20130103758A1 中。

3.2.2.10　安全特征（见图 3-2-17）

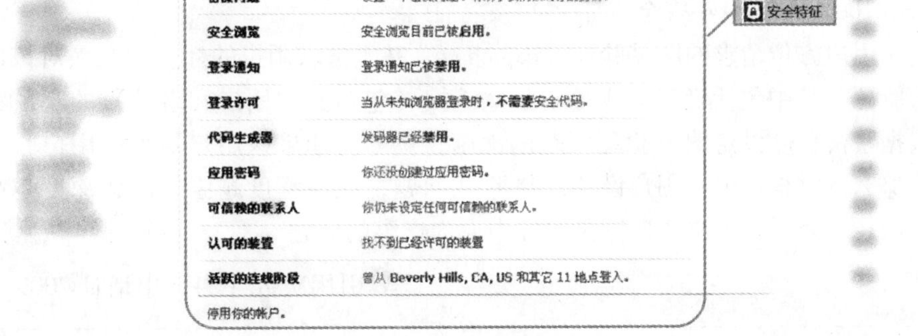

图 3-2-17　安全特征

US20080189768A1@安全特征

接收与非认证用户信息交换的批准请求；确定交换请求是否是第一类型，如果是第一类型的交换请求，修改非认证用户的第一信任值；确定交换请求是否是第二类型，如果是第二类型的交换请求，修改非认证用户的第二信任值；基于第一和第二信任值确定非认证用户的信任级别，使得用户可以与非注册用户进行安全通信。

引用次数（33）申请日 2007-02-02

US20080189380A1@安全特征 @标识特征

对用户的某些行为如发送的好友请求、发表博文等进行计数，若计数结果超过一定次数，则禁止该操作或者提醒该用户。

引用次数（26）申请日 2007-02-02

US20080235353A1@安全特征

用户向社交网络提供一个与任何组织不联系的电子邮箱地址的连接请求，根据该接入请求判定是否可以接入社交网络。减低了用户接入社交网络、校园网络要求，达到了使得不具有特定组织关系的用户可以接入网络的用户体验。

引用次数（1）申请日 2007-03-23

US20090228780A1@安全特征

通过在客户端预设授权域的方式来实现对伪造网站的识别。

引用次数（17）申请日 2008-03-05

WO2008112293A1@安全特征

允许应用与基于 Web 的社交网络在接收到生成的鉴权码以后进行通信。使没有浏览器的网络设备能够进行社交网络的安全通信。

引用次数（1）申请日 2008-03-13

US20100229223A1@安全特征 @好友特征

用于用户方位请求的图灵验证（captcha），基于请求用户的社交记录来对该成员进行身份验证，其中包括确定该成员与其他链接（包括其他用户和事件）的联系紧密程度，根据紧密程度设定图灵验证问题的深度，例如，如果该用户与另一用户联系非常紧密，那么可以根据另一用户设置图灵验证问题，联系程度越强，问题深度越高。技术问题与技术效果：解决一般图灵验证中人为作弊的问题。

中 引用次数（24）申请日 2009-03-06

US20110016382A1@安全特征

由所述浏览器应用接收标记语言文档，其中所述标记语言文档包括访问不允许所述浏览器应用直接访问的文件系统的部分的指令；由所述浏览器应用处理所述标记语言文档；从所述浏览器应用向浏览器插件模块发送对与所述文件系统的所述部分相关联的信息的请求，其中所述请求包括标识所述文件系统的所述部分的信息；由所述浏览器应用接收与所述文件系统的所述部分相关联的所请求的信息；以及由所述浏览器应用根据所述标记语言文档中的指令，呈现与所述文件系统的所述部分相关联的所接收的信息。该浏览器应用仅被允许受限地访问客户端设备的文件系统的部分，提高了用户数据安全的体验度。

中 引用次数（18）申请日 2009-07-20

US20100211996A1@ 安全特征 @ 位置特征

用于基于位置特征确定会话的安全性，用户账户关联一个安全位置集合，其他用户发起会话请求，将会话请求的发起位置与安全位置集合相比较，如果在集合中则接收会话，如果不在，则拒绝会话。

引用次数（14）申请日 2009-12-23

US20100211997A1@ 安全特征 @ 位置特征

当用户账户请求建立会话时，根据历史会话所在位置，网址以及 cookie 确定请求会话是否可疑，并根据判断结果确定认证等级。

引用次数（18）申请日 2009-12-23

US20120047560A1@ 安全特征 @ 好友特征@ 标识特征

当社交网络的儿童用户想要获取资源时，儿童用户需要请求父母用户的认证，社交网络系统将核实父母账户的有效性，至少基于父母账户的可信度，例如用户年龄，和/或父母账户与儿童账户的社交关系可信度，核实通过后，社交网络才接受父母账户对用户接入的认证。

引用次数（1）申请日 2010-08-17

US20120070029A1@ 安全特征

使用相机签名进行在线系统用户身份认证，相机用于捕获用户的照片并上传到网络；在线系统抽取该相机的特征，该特征可以包括像素映射、命名约定等；在线系统将用户和相机相关联；使用此关联进行用户身份认证。简便了用户身份认证过程。

中 引用次数（0）申请日 2010-09-16

US20120174203A1@ 安全特征 @ 好友特征

接收与社交网络用户相关联的用户名，接收这个用户在社交网络中的朋友的朋友名，通过以下方式认证用户：被认证用户账户的用户名与所述接收的用户名相匹配，与被认证用户账户在社交网络中有联系的朋友的用户与接收的朋友名相匹配，显示被认证用户账户信息。

引用次数（0）申请日 2010-12-29

US20130054803A1@安全特征

用户获取另一用户信息前要进行请求认证。

引用次数（0）申请日 2011-08-31

US20130097517A1@安全特征

响应用户对装置上应用的请求，授权应用对装置硬件和远程用户数据的接入。

引用次数（0）申请日 2011-10-18

US20130103810A1@安全特征 @移动应用

用户装置获取声波指纹并上载到服务器，服务器将其与存储的声波指纹比较，匹配后推送内容信息给用户装置。

引用次数（0）申请日 2011-10-19

Facebook 安全特征分析如下：

Facebook 在 2007 年开始申请与安全相关的专利申请，其在早期 2007~2008 年所提出的技术基本上采用的还都是常规的技术，较少会利用社交网络的特性，例如，2007 年的申请 US20080235353A1 通过电邮来进行社交网络的接入认证，US20080189768A1 基于用于请求的类型为用户建立通信，2008 年的申请 US20090228780A1 为用户端设置授权域以预防虚假网站，以及 WO2008112293A1 通过使用鉴权码来使没有浏览器的设备安全地接入社交网络，稍有带入社交网络元素是 2007 年的 US20080189380A1，阻止那些发帖太多的用户，但很显然，这是任何消息推送系统都会遇到的问题，解决的方法也很普通：统计发帖数量，我们说，社交网络中最有价值、最有特点的就是社交数据，这是其他网站所不具备的优势，如果他们在安全方面缺席，不能不说这将是 Facebook 的遗憾，随后我们看到，从 2009 年开始，利用社交数据来做安全的申请开始多了起来，2009 年申请了用于图灵验证的专利 US20100229223A1，该专利与普通的图灵验证不同，它不靠猜数字，而是依赖于用户的社交关系，问题就来自与用户关系密切的好友，比如他可能会问×××的生日是哪天，如果他发现你跟×××曾经讨论过他的生日 party 的话，这种问题的答案几乎是不可能被机器猜中的，2010 年，Facebook 在这方面又提交了一个比较有意思的申请 US20120047560A1，用于授权儿童访问资源，在访问前需要获得父母的授权这是惯常的做法，但 Facebook 却是根据社交关系来确定孩子与父母的关系，孩子可以将访问请求提交给“父母”的账号，Facebook 会根据该“父母”的账户信息以及“父母”与孩子的社交关系、社交交互确认“父母”账号的可信度，的确，Facebook 可以识别父母的身份，如果有足够多的社交信息，Facebook 就可以确定网上虚拟人物的真实身份，足见此言不虚，这就是社交信息与数据挖掘的魅力，另一个基于社交网络的用户认证方式是同年的申请 US20120174203A1，该申请基于用户名及其好友名来对用户进行授权，只要用户所提交的自己以及好友名字与 Facebook 中所实际存在的关系相符，此时就不在需要用户输入自己的 ID，由这些新颖的应用我们可以看出，基于社交数据的方式将是社交网络安全认证的未来。

当然，社交数据的方式不可能做所有的事，有些地方仍然需要传统的技术，例如，2009 年关于浏览器访问控制的申请 US20110016382A1，该申请使浏览器受限地访问客户端设备的文件系统，US20100211996A1、US20100211997A1 则是两个基于位置的认证方式，即将用户发起会话的位置与安全位置集合或者历史位置记录相比较，确定该会话请求是否可靠，2010 年的申请 US20120070029A1 使用相机参数来确认用户身份，这样就不需要在上传照片前进行登录，2011 年的申请 US20130103810A1 则是根据声波指纹认证用户。

3.2.2.11　分类特征（见图 3-2-18）

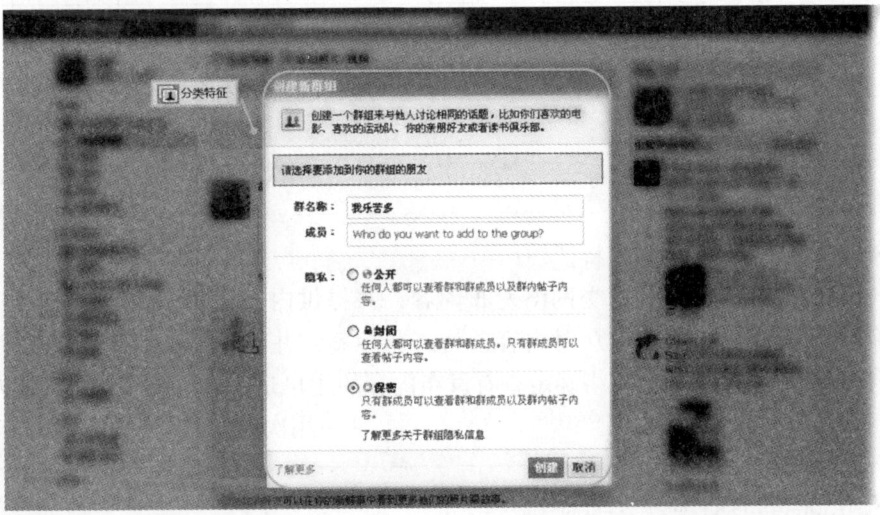

图 3-2-18　分类特征

US20080040673A1@ 分类特征 @ 博客特征@ 隐私设置

产生一系列与某一用户有关的主题，并附加动态链接，比如下载、分享，并限制预设的可以查看的用户可以接入。

引用次数（37）申请日 2006-08-11

US20110246574A1 @ 分类特征 @ 隐私设置

对用户分组，可向小组定向发送信息，基于小组的特征推荐相似的连接。

引用次数（8）申请日 2010-03-31

US20120124664A1 @ 分类特征

接收来自用户的消息，提取消息的特征，根据特征确定消息是好的内容或坏的内容。

引用次数（0）申请日 2010-11-15

US20120158753A1@分类特征@博客特征

接收来自用户对一个内容对象的评论的请求，将一组用户评论取回后按照时间顺序进行排列并呈现给用户。

引用次数（0）申请日 2010-12-15

US20120166250A1@分类特征@标识特征

根据用户资料中的时间特性如注册时间对用户进行分组，获取用户行为数据，并形成热图，即提供了一种数据可视化的方法，从而对用户行为的趋势变化进行分析。

引用次数（0）申请日 2010-12-22

US20120166285A1@分类特征@标识特征

根据用户行为用户归类，并通过用户行为对归类进行修正，有利于定向投放广告等。

引用次数（0）申请日 2010-12-28

US20130013700A1@分类特征

社交网络用户的作者向社交网络发布内容，并提供内容条目；作者确定第一观众可以查看的内容条目；第一观众对内容条目进行标签，并设置第二观众对该标签内容条目进行查看的条件。社交网络确定查看发布内容的用户是否属于第一和第二观众。

引用次数（1）申请日 2011-07-10

US20130044959A1@分类特征

发起者向社交网络提交一个具体事物（照片）的几个关注点；社交网络检测所用用户上传的媒体数据是否包括这几个关注点，一旦发现包括该关注点的内容则发送给发起者。

引用次数（0）申请日 2011-08-18

US20130046823A1@分类特征

用户上传包括图片或视频的多媒体信息；网络节点对该照片和视频信息的一些关注点进行分析；网络节点根据关注点的分析将该多媒体信息发送给感兴趣的用户。

引用次数（0）申请日 2011-08-18

WO2012036861A2@分类特征

选择从社交网络系统中多个用户中的一个或多个用户的第一活动和一个或多个第二活动；每一个活动都有一个或多个属性；根据第二活动与第一活动属性相关联的活动属性计算第二活动的分数，选择多个第二活动中分数最高的第二活动作为第一活动的相关行动。通过将相关活动分作为一组，将可能会一起发送的活动提供给社交网络用户。

引用次数（0）申请日 2011-08-25

WO2012149336A2 @ 分类特征

接收多个用户的当前位置，并指示上传一个或多个内容对象；基于多个用户中部分子集用户在社交和时空相识的基础上表示第一事件标记；将子集用户中关于第一事件标记的内容对象进行相关联。通过检测多个用户社会和时空活动的相关性，使得用户共享相关内容。

引用次数（0）申请日 2012-04-27

WO2012149397A2@ 分类特征

将位置信息和相关照片上载到服务器，并且可以填加相关说明；通过移动终端查询位置信息相关的图片集。

引用次数（0）申请日 2012-04-27

WO2013019376A1 @ 分类特征

接收用户请求内容和用户位置，计算主题相关度分数，显示最相关的主题在地图上。

引用次数（0）申请日 2012-07-12

Facebook 分类特征分析如下：

这里的分类特征可以看做是信息推送、好友添加等社交活动之前的准备工作，根据社交活动的需要，Facebook 分类相关的申请主要分为两类，一是对用户分组；二是对事和物分类。2006 年，Facebook 在专利申请 US20080040673A1 中记载了用户分组的方法，即预设可以查看所发布主题的用户，在 2010 年，Facebook 又提出了用于推送信息的用户小组，记载在专利申请 US20110246574A1 中，同年还有专利申请 US20120166250A1、US20120166285A1，前者基于用户资料中的时间特性对用户分组，后者则是根据用户的行为对用户分组，2011 年的申请 US20130013700A1 则像是 US20080040673A1 的进化，其将查看主题的权限应用到了信息的转发中，不断地划分后续用户查看的权限，到 2012 年，出现了根据用户时空关系的用户分组专利申请 WO2012149336A2，而在对事物分类的这个方向上，Facebook 在 2010 年申请了用于根据消息特征确定消息是好内容还是坏内容的专利 US20120124664A1，之后一年的专利申请 WO2012036861A2 则是将相关性高的活动分为一组，这样在以后便又可能将多个相似活动一起推送给用户，同年的 WO2012149397A2 与 WO2013019376A1 记载的分别是根据位置对照片或主题进行分类的方案。

3.2.2.12 位置特征（见图3-2-19）

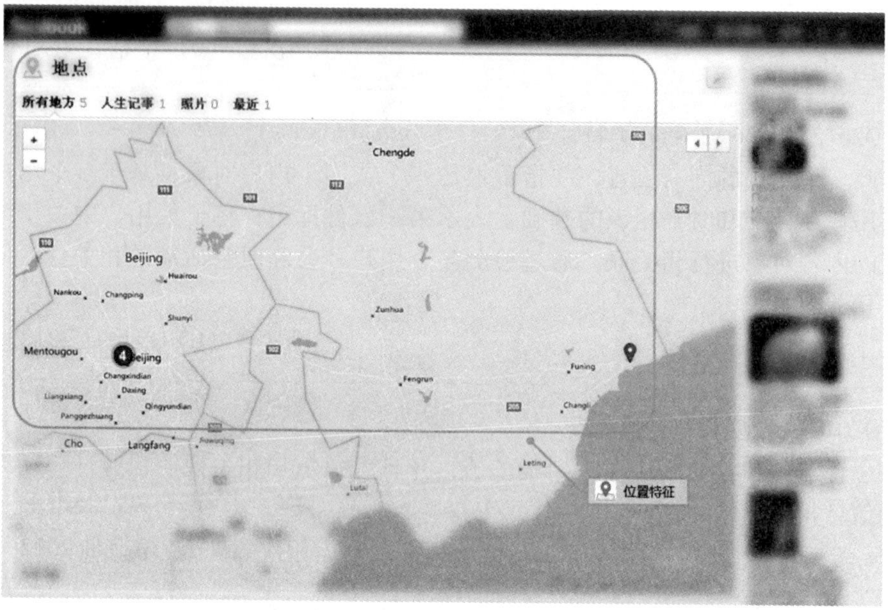

图3-2-19 位置特征

US20080209011A1@位置特征@好友特征@移动应用

用于使用带有定位功能的设备联系经常在附近位置活动的好友，具有定位功能的移动设备发送GPS定义符（例如街道信息）到社交网络服务器，同时将使用者的状态信息也发送到社交网络服务器，GPS定位符与状态信息是相互联系的，在移动设备中以联系文件保存（contact file），基于Web的社交网络系统维护GPS定位符与状态信息，移动设备使用者可基于位置信息进行查询，社交网络服务器将返回该位置附近的好友的联系方式以及他们的当前状态。技术问题与技术效果：基于位置信息联系社交网络好友。

引用次数（6）申请日 2007-02-28

WO2008105766A1@位置特征@用户简档@移动应用@隐私设置

在具有GPS功能的终端上将更新的用户状态与GPS位置信息发送给服务器，服务器将其位置状态信息显示在用户简档中，并搜索附近的社交网络用户，并将其发送给移动终端，用户可以设置权限控制是否发送自己的位置信息给其他人。

引用次数（4）申请日 2007-02-28

US20110083101A1@位置特征

将用户的主题及主题相关的位置信息共享给社交网络中存在预置关系的好友。

引用次数（31）申请日 2009-10-06

US20120047147A1@ 位置特征 @ 移动应用

用户上传地理位置信息；评价附近位置主题；建立位置相关时间线；设置查看权限。

引用次数（2）申请日 2010-08-18

US20110004634A1@ 位置特征@ 好友特征@ 移动应用

获取用户的地址信息，在数据库中将该用户与该地址信息相关联，并将该用户的地址信息显示给第二用户。

引用次数（2）申请日 2010-09-03

US20120233158A1@ 位置特征 @ 移动应用

用于标记地点的方法，基于用户的当前位置获取附近地点数据，从地点数据中进行选择，决定是否自动在地理图上标记该地点，基于决定自动将用户标记在所选地点上。

引用次数（5）申请日 2011-03-07

US20120304087A1@ 位置特征 @ 用户界面

接收第一用户的第一位置信息，该位置信息为地理坐标，并接受远端服务器关于第一位置信息的一个图片；接收到用户的第一搜索请求；显示该搜索请求的第二位置信息，第二位置信息为地理坐标；在包括第一位置信息和第二位置信息的地图上显示第二位置信息和该位置相关的图片。

引用次数（0）申请日 2011-05-23

US20120310968A1@ 位置特征 @ 图片特征

通过用户设备接收用户的照片或视频，将视频转换为照片；应用图像识别算法对照片的部分内容进行识别；将识别出的内容与数据库中的照片进行比较，如果二者相互匹配，则基于数据库中的照片的数据对用户位置进行定位，将定位信息发送给用户。

引用次数（0）申请日 2011-05-31

US20130046542A1@ 位置特征

用户设备捕获周围音频波形，对音频波形进行分析得到音频波形指纹；将音频指纹和用户设备自定位的位置信息上传到服务器；服务器根据音频指纹和用户设备自定位的位置信息对用户进行定位。

引用次数（0）申请日 2011-08-16

US20130073371A1@ 位置特征

接收第一用户创建与第二用户的位置触发帮助请求；接收第一用户的位置信息，第一用户可以是商品的卖家；记录第二用户的位置信息，如果第二用户位于第一用户的附近，则将该位置触发帮助发送给第二用户；向用户提供第一用户的位置引导信息。

引用次数（0）申请日 2011-09-16

US20130095857A1@位置特征@标识特征

基于用户当前的地理位置和用户的访问频率计算一个数值，基于该数值确定显示给用户的内容范围。

引用次数（0）申请日 2011-10-17

WO2012122204A2@位置特征

基于用户的地理位置动态生成推荐如旅馆、火车站等。

引用次数（0）申请日 2012-03-07

US20130066554A1@位置特征@用户界面

在地图上对路由和自身位置进行高亮显示，而对其他地区进行不同的显示。达到了用户能够快速区分和识别当前位置和路由的技术效果。

引用次数（0）申请日 2012-09-15

US20130066553A1@位置特征@用户界面

一种生成路线图的方法，该方法针对线路图和线路图周边的信息采用不同的显示属性，可以在突出显示线路图的同时，提供线路图的周边信息，增加了用户体验。

引用次数（0）申请日 2012-09-15

Facebook 位置特征分析如下：

基于位置的服务（LBS）作为社交活动的一大方面越来越受到重视，Facebook 在 2007 年提交了第一个位置特征的专利申请 US20080209011A1，用于根据用户位置寻找附近的好友，并显示好友的状态，例如或工作或休息，为好友约伴提供帮助；同年的另一个专利 WO2008105766A1，则是寻找附近的人，即建立好友关系，上述两个专利都是基于位置来找人，接下来就是基于位置来找物，2009 年申请的一个专利 US20110083101A1，社交网络向用户提供基于位置的服务，此后这个方向在不断得到细化，2011 年的申请 US20120304087A1，基于用户的位置，向用户推荐附近某些地点，类似的方式在找地点的应用中是非常常见的，但该专利在前面的基础上加上了在地图上显示用户当前位置和推荐地点的图片，2012 年也有相似的申请 WO2012122204A2，除了上面提到的找地点，Facebook 还可以找路，根据 2011 年的申请 US20130073371A1，一个用户可以触发面向目的地用户的路线指引请求，Facebook 将为你指路，最后 Facebook 还可以基于位置找内容，2011 年的专利申请 US20130095857A1 根据用户的位置授权用户访问特定的内容。

此外，Facebook 还改进了地图上位置的表示方式，2011 年提出了在地图上标记用户当前位置的申请 US20120233158A1，随后在 2012 年，Facebook 又连续提出了两个申请，US20130066554A1 将用户的路线、位置与地图上的其他部分采用不同的显示方式加以区分，US20130066553A1 在前面的基础上根据用户线路显示线路周边的信息。

如果不知道所在位置，下面 Facebook 也可以帮你确定，US20120310968A1 在 2011 年提出，根据用户上传的图片确定用户的位置，同年的另一个专利申请 US20130046542A1，根据用户上传的音频信息确定用户的位置，当然这里的图片也好，音频也好都应是有代表性的，特别是音频，只是用来进一步细化具体位置，这些方案可能未必能有多大的实际意义，但却给社交网络增加了“好玩”的元素，也许，用户就喜欢这种类型的应用。

Facebook 可能受到了活动时间线的启发，在 2010 年提出了一个关于位置时间线的申请 US20120047147A1，用户经过的地理位置将以时间线的形式展示出来，另外还可以加上用户自己的注解。

3.2.2.13　移动应用（见图 3-2-20）

图 3-2-20　移动应用

US20120166964A1@ 移动应用 @ 用户界面@ 用户简档

用于在移动设备中进行叠加信息展示，用户在移动设备的用户界面中选择一个目标用户，从远端数据库下载目标用户的 profile 信息，使用目标用户的 profile 信息构建一个展示框架，将该展示框架叠加在用户界面上进行展示。技术问题与技术效果：如何在小型屏幕上进行信息展示。

引用次数（1）申请日 2010-12-22

US20120196581A1@ 移动应用

社交网络根据呼叫方的电话号码确定呼叫用户标识，根据用户标识信息接入到数据库进行搜索呼叫用户的相关信息，将相关信息向用户进行显示，以便用户获取更多的主叫方信息。

引用次数（1）申请日 2011-01-31

US20130042326A1@ 移动应用@ 博客特征

用于在移动设备之间进行信息分享的方法，即基于用户信息在用户以及用户设备之间进行认证，然后进行信息分享。

引用次数（0）申请日 2011-08-08

US20130063362A1@移动应用

在移动终端侧面安装滚动控制板来控制移动终端主屏的显示位置和播放方向。

引用次数（0）申请日 2011-09-09

US20130063611A1@移动应用

从多个传感器中接收一个用户的输入；根据该输入启动图像捕获装置；图像捕获装置追踪人脸；一旦追踪到人脸则自动捕获。

引用次数（0）申请日 2011-09-09

US20130100017A1@移动应用

移动装置面朝下放置时间超过阈值即选择静音模式。

引用次数（0）申请日 2011-10-19

US20130100034A1@移动应用

在装置正面设置显示屏，在装置背面设置触摸面。

引用次数（0）申请日 2011-10-19

US20130100035A1@移动应用

通过背面设置的触摸屏的控制实现对用户应用界面的控制。

引用次数（0）申请日 2011-10-19

US20130100036A1@移动应用

通过对前面触摸屏和/或后面触摸屏实现对用户界面的目标控制。

引用次数（0）申请日 2011-10-19

US20130103765A1@移动应用@网络特征@标识特征

使用 ad hoc 通信协议，第一移动装置发送包括与社交网络相关的标识信息，从第二装置接收一个或多个与社交网络相关的标识信息。

引用次数（0）申请日 2011-10-19

US20130113806A1@移动应用

用于在电子设备上显示文档的方法，将文档集合划分为一个或多个文档块，渲染每个文档块以获得一个或多个渲染后的文档块，为每个渲染文档块确定一个放置指令，放置指令表示文档块显示时的位置，将文档块和对应的放置指令发送给电子设备。

引用次数（0）申请日 2011-11-04

WO2012151115A2@移动应用

移动电子设备是在第一操作状态时，接收从一个或多个传感器的感应数据；对该感应数据进行分析，判断一个用户相对于移动电子设备的当前意图；从第一操作状态过渡到用户当前意图的第二操作状态，方便用户的操作。

引用次数（0）申请日 2012-04-27

Facebook 移动应用分析如下：

Facebook 在 2010 年才申请了第一个移动应用相关的专利，可见，Facebook 作为互联网领域的翘楚，确是移动网络中的“新兵”，在移动应用方向上，Facebook 有些申请与社交网络相关，有些申请只是对移动设备功能的改进，对于前者来说，Facebook 在 2010 年申请了用于移动设备上叠加显示用户社交网络简档的 US20120166964A1，在 2011 年申请了用于搜索用户信息的 US20120196581A1，在这个专利中，当有电话打来，移动设备将连接社交网络，根据来电号码或者来电者的姓名在社交网络中搜索相关信息，并显示给接收者，用于在移动设备间进行内容分享的认证方法 US20130042326A1，利用 ad hoc 协议进行社交网络通信的 US20130103765A1，用于在移动设备上显示社交网络文档的 US20130113806A1，对于后者来说，2010 年有用于触发关联操作的 US20120280917A1，用于在手机侧面以及北面安装测控板的专利申请 US20130063362A1、US20130100034A1、US20130100035A1、US20130100036A1，用于由人脸检测触发拍照的 US20130063611A1，用于翻转静音的 US20130100017A1，从以上专利可以看出，Facebook 有很大一部分专利都是与移动设备硬件密切相关的。也就是说，Facebook 从一开始就有生产自己定制设备的计划，再结合其最近刚刚推出的 home 手机，可见这位互联网时代的明星在移动互联时代野心同样不小，但并非都能事随人愿，Facebook 在移动领域所申请的专利并不像其在互联网社交领域所申请的专利那样时常会显示出一些好点子，相对来说，这些申请并不会给人多少“惊艳”感觉，另外，Facebook 虽然推出了 home 手机，可销量并不理想，这些也说明了移动互联网时代的新兵要想有一番作为也并非易事，Facebook 还有很长的一段路要走。

3.2.2.14　隐私设置（见图 3-2-21）

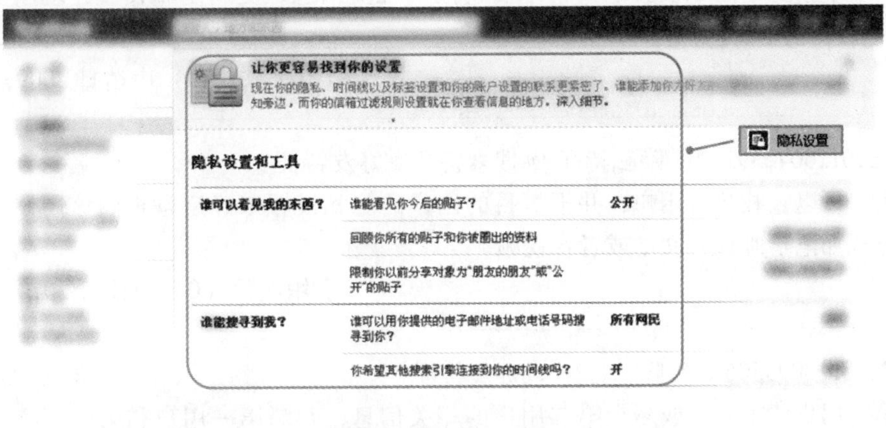

图 3-2-21　隐私设置

US20080046976A1@ 隐私特征 @ 用户简档

根据用户的隐私设置对其个人资料进行编辑，并生成个人资料总结，该总结中包括特定隐私设置的含义。

引用次数（31）申请日 2006-07-25

WO2008147564A1@隐私特征 @第三方特征

用于应用程序的隐私控制，接收用户的应用安装请求，安装应用，提供隐私设置选择，该设置用于控制应用对用户关联数据的访问，接收用户的隐私设置选择，基于隐私设置选择应用显示用户的关联数据。技术问题与技术效果：隐私保护。

引用次数（2）申请日 2008-05-27

WO2009033182A1@隐私特征 @好友特征

个人设置相关联；社交网络监控社交网络成员是否发生修改个人设置的行为；当成员修改人员设置后，检测到其他成员的路径，将修改后的个人设置信息通过路径发送给其他所有成员，使得其他成员修改其个人设置。使得社交网络成员可以同步接收个人设置的改变，提高用户信息的分享度。

引用次数（2）申请日 2008-09-08

US20100318571A1@隐私特征 @好友特征

用户可对其所发布的社交网络内容进行隐私设置，仅针对允许特定的好友公开该内容。

引用次数（21）申请日 2009-06-16

US20110023129A1@隐私特征

用于设置外部访问权限的方法，隐私设置包括对社交信息访问的规则，接收外部的访问请求，基于隐私设置返回请求所访问的社交信息，更新隐私设置，基于更新后的隐私设置返回请求所访问的内容。

引用次数（15）申请日 2009-07-23

US20120042392A1@隐私特征 @搜索特征@好友特征

用户可以查找目的用户，并根据目的用户的隐私设置来确定是否向该用户提供其联系方式如电子邮件、文本或者音视频。

引用次数（0）申请日 2010-08-16

US20110093506A1@隐私特征 @好友特征

第一用户请求一个或多个第二用户的相关信息，判断第一用户和第二用户之间的分离度，若小于预设阈值，则将第二用户的信息提供给第一用户。

引用次数（0）申请日 2010-12-22

Facebook 隐私设置分析如下：

信息的交流与个人隐私的保护似乎是一个矛盾，在网上发布的信息越多，就越有可能造成个人信息的泄露，但是从社交网络的角度来说，信息的交流不但是必不可少的，而且是越多越好，这样才能增加社交网络的生命力，于是，在不妨碍正常社交活动的条件下如何保护个人的隐私就成了 Facebook 面对的一个重要命题，第一个用户保护用户隐私的专利申请出现于 2006 年，这时距离 Facebook 发布刚刚两年，US20080046976A1 用于设置用户简档的隐私条件，用户简档可以说是 Facebook 最基本的用户数据，其中包括个人简历、联系方式等个人数据，以此为出发点也是非常自然的事情，在此基础上，更进一步的就是对访问用户数据的控制，这点对第三方应用来说特别重要，2008 年的 WO2008147564A1 针对这个问题提出用户可设置应用访问用户数据的权限，在解决了用户简档的访问控制之后，Facebook 在 2009 年又提出了用户发布内容的隐私设置，即用户可以设置仅允许特定的好友查看该内容，以上的用户简档于用户内容基本上构成了 Facebook 两个最基本保护的对象，而信息分享与访问请求则构成了 Facebook 主要的监控目标，在此后的申请中也基本包括在这个框架之中，如 2009 年的申请 US20110023129A1，同样是针对外部访问设置权限，2010 年的 US20120042392A1 则是在搜索用户时根据用户的隐私设置显示用户数据，同年的另一个申请 US20110093506A1，基于用户之间的社交距离来决定是否向对方提供用户的联系方式等个人信息。实际上，这种方式也是社交网络最为常见、最为自然的方式，关系越亲密，隐私自然相对也就越少；关系越疏远，隐私自然相对也就越多，这种基于用户之间亲密程度的隐私保护方式，一方面可以保证传送内容的有效性，即对方会感兴趣；另一方面又可以保证用户的私密性，即不会使本人大吃一惊，可谓一举两得。

3.2.2.15　事件提醒（见图 3-2-22）

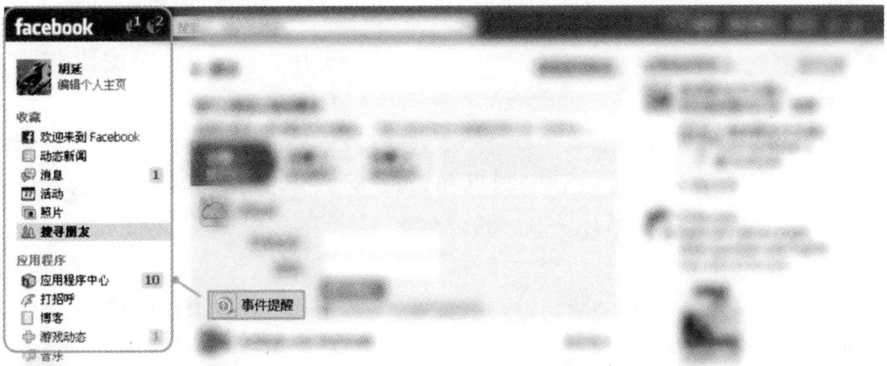

图 3-2-22　事件提醒

US20120166552A1@事件提醒

信息提供商和用户邮箱账号的运营商相关联；当信息提供商向用户邮箱账号发送

信息时，运营商向用户发送信息标识，用于提示用户。

引用次数（1）申请日 2010-12-23

US20120324042A1@ 事件提醒

社交网络用户模式的设置，如处于 social 模式，则所有的消息都自动通知给用户，且用户的部分或者全部通信（如位置信息、拍摄的图片等）都自动发送给系统，若处于 manual 模式，则在进行发送或者接收前需要得到用户的授权。

引用次数（0）申请日 2011-06-20

US20130054749A1@ 事件提醒 @ 用户简档

用于反向查找用户数据（例如呼入电话）的方法，接收一系列输入，确定输入是否与本地存储的用户简档相关，基于相关性展示用户简档的一部分，如果不相关，将输入传送给服务器，确定与输入相关的远程存储的用户简档，展示用户简档的一部分。

引用次数（0）申请日 2011-08-22

US20130051542A1@ 事件提醒 @ 用户界面

用于反向查找用户数据以及显示的方法，接收呼入的通信，使用呼入信息查询服务器的社交图，接收服务器返回的信息，在呼入屏幕上，将查询到的信息与呼入通信一起显示。

引用次数（1）申请日 2011-08-22

US20130054706A1@ 事件提醒 @ 标识特征

根据移动终端从服务器接收到的事件与用户密切程度对其进行不同的指示。

引用次数（0）申请日 2011-08-29

US20120124148A1@ 事件提醒

用于消息提醒，对刚刚接收到的消息和最近接收到的消息，从其发送者的简档中提取发送者图片，将消息与图片关联，按照时间顺序组织消息与图片以产生消息通知，将消息通知展示给用户。

引用次数（0）申请日 2011-10-28

US20130115980A1@ 事件提醒 @ 用户界面@ 移动应用

移动装置根据用户界面确定提醒模式，并发送包含提醒模式的消息给服务器，服务器根据该提醒模式发送提醒给移动装置。

引用次数（0）申请日 2011-11-04

WO2012149078A2@ 事件提醒

根据条件确定是否推送消息给客户端，当客户端打开允许推送时服务器推送消息给客户端，当客户端不允许推送时断开与服务器的连接。

引用次数（0）申请日 2012-04-26

WO2012177391A2@ 事件提醒 @ 移动应用

当用户手机处于锁屏低耗模式时、当手机收到用户相关的动态信息时将其显示在锁屏屏幕上。

引用次数（0）申请日 2012-06-06

Facebook 事件提醒分析如下：

在桌面系统领域，事件提醒几乎从来不是问题，这在很大程度上是因为桌面系统本身并不是作为通信工具来使用的。换句话说，即使有这种需要，各自应用也能很好地解决这个问题，在通知栏上跳动的小图标就能满足大部分应用的需要，但在移动系统领域，问题就有点不一样了，移动设备就是通信工具，每天都要接收大量信息，这里面有真有假，有急有缓，并且手机屏幕大小有限，所有应用都要争夺这 4~5 英寸的屏幕，即使采用扁平化图标，所能展示的信息仍然太少，业务繁忙的用户甚至会遗漏重要的信息，因而事件提醒在移动系统上就成为一项艺术了。Facebook 在 2011 年申请了用于确定来电身份的专利 US20130054749A1，对于呼入的电话，如果与社交网络中的某个用户相对应，那么将该用户的用户简档展示给接收者，US20130054706A1 则是根据事件与用户的紧密程度进行不同的指示，而这种紧密程度则是来自社交网络判断，比如用户关系、事件本身与用户的联系程度等，这是社交网络带来的优势，手机也许不知道这是你女友发来的消息，但社交网络很可能会知道，专利申请 US20130115980A1 与 WO2012149078A2 相类似，均是由移动终端预设一个消息提醒模式，然后服务器根据用户的提醒模式发送提醒给移动终端，当然 Facebook 也积极响应用户界面扁平化的趋势，于 2012 年申请专利 WO2012177391A2，直接将消息提醒显示在移动设备的锁屏界面上。

除了以上具有明显移动特征的事件提醒方式之外，Facebook 还申请了一些其他相关专利，例如 US20120166552A（2010）用于邮件提醒，US20120324042A1（2011）为用户设置了“防打扰”模式，US20120124148A1（2011）则是将消息发送者的图片与消息一起发送给接受者。

3.2.2.16 用户简档（见图 3-2-23）

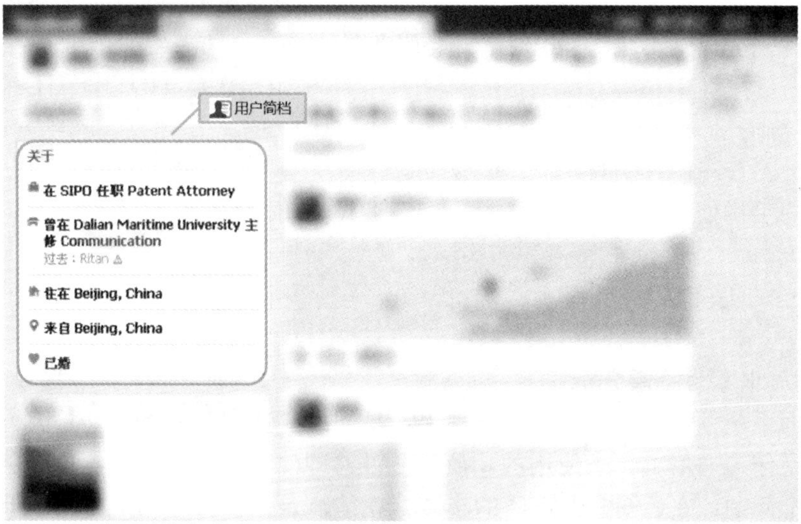

图 3-2-23 用户简档

US20120144280A1@ 用户简档

用于更新用户简档的方法，第一用户通过界面添加或者编辑与其简档相关的经历，从第一用户接收一个表明该经历与第二用户相关的第一标识，基于第一标识在第二用户简档里增加用以说明第二用户与该段经历有关的第二标识。

引用次数（0）申请日 2010-12-04

US20120144316A1@ 用户简档

用于更新用户简档的方法，第一用户通过界面添加或者编辑与其简档相关的经历，从第一用户接收一个表明该经历与第二用户相关的第一标识，基于第一标识在第二用户简档里增加用以说明第二用户与该段经历有关的第二标识。

引用次数（0）申请日 2012-12-04

US20120150955A1@ 用户简档

用于导入用户的地址簿，建立社交图，导入用户的地址簿，如果地址簿中的联系人与用户简档中的联系人精确匹配，则将地址簿中的联系方式导入，如果部分匹配，则向用户展示部分匹配的结果。

引用次数（0）申请日 2010-12-10

US20120158744A1@ 用户简档

用于更新用户设备的联系人的联系方式。从源接收联系人的联系信息，基于源确定联系信息的可靠性，基于可靠的联系信息更新多个用户设备中的联系人信息。

引用次数（0）申请日 2010-12-21

US20120303652A1@用户简档

第二用户在社交网络上设置自己的用户简档个人信息；当第一用户联系第二用户时，判断第二用户是否是社交网络用户；如果第二用户是社交网络用户，则将该联系信息形成数据结构发送到第二用户的用户简档中进行记录；第二用户可以设置是否分享其联系信息。

引用次数（0）申请日 2011-05-25

US20130030987A1@用户简档 @运营盈利

接收社交网络用户请求设计个性化简档的命令请求；从用户关联的账户中扣除预设的钱数；将用户请求的个性化简档给予显示。

引用次数（0）申请日 2011-07-27

Facebook 用户简档分析如下：

用户简档可是社交网络中最基本的用户数据，它主要包括用户的简历、自我介绍、联系方式等个人信息，Facebook 针对用户简档所提出的专利申请大都集中在用户简档的维护、更新与加工上，在 2010 年申请了 US20120144280A1，用于对用户简档的数据进行加工，从中提取出一份传记进行展示，US20120144316A1 则是用于自动对用户简档更新，即使用其他用户用户简档的更新内容来对本用户的用户简档进行更新，这样当好友在自己的用户简档里添加了一张照片或发表了一篇游记，那么这张照片或者游记中提到的用户简档就会自动更新，增加一个说明这段经历的标记。US20120150955A1 针对的是自动导入用户的地址簿，它会将用户导入地址簿中的联系人与社交网络中的联系人进行比较，精确匹配则导入，否则由用户选择，US20120158744A1 与其功能相似，根据所接收信息来源的可靠性更新联系人的信息，与之相反，2011 年的申请 US20120303652A1 用于向联系人发送自己的联系方式，即对方也是社交网络用户，同年的 US20130030987A1 则是定制用户简档，但是这是需要付费的。

3.2.2.17　时间线特征（见图 3-2-24）

图 3-2-24　时间线特征

WO2007076150A2@时间线特征

用于产生社交时间线，接收与社交网络用户之间关系相关的多个数据项，每个数据项相应具有一个时间标记，按照相关时间对数据项排序，按照排序后的数据项生成时间线。

引用次数（9）申请日 2006-12-26

US20130073984A1@时间线特征

用于时间线的展示，收集用户的事件数据（narrative data），每个时间数据与时间和用户相关，为时间段中的每一个选择一个或多个与该时间段相关的事件数据，基于所选择的时间数据为每个时间段产生多个时间线单元，从客户端设备接收目标用户的 profile 页请求，响应该请求，选择多个时间线单元，基于时间线单元产生时间线界面，将包括时间线界面的用户 profile 页返回客户端设备。

引用次数（0）申请日 2011-09-21

3.2.2.18 同步特征（见图 3-2-25）

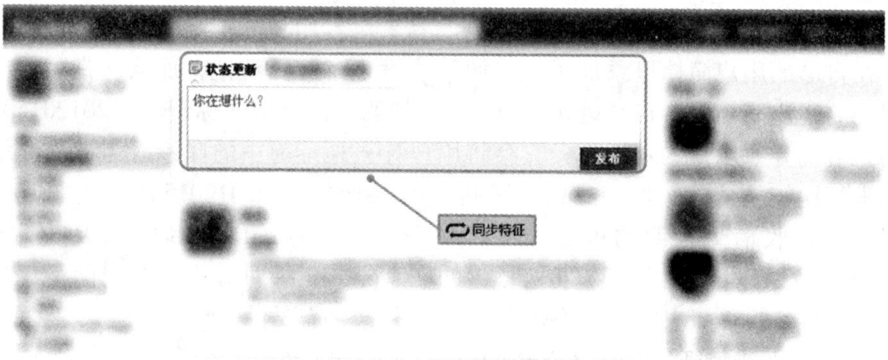

图 3-2-25 同步特征

US20130073613A1@同步特征

当便携式设备与客户设备进行连接后，开始主设备到与客户设备连接的便携设备的账户资料的自动同步。便于用户主机与客户机或便携设备的账户资料同步。

引用次数（0）申请日 2012-09-15

3.2.2.19　即时通信（见图 3-2-26）

图 3-2-26　即时通信

US20120198006A1@ 即时通信

会话服务器接收到用户终端进入休眠状态指示，会话服务器标识用户终端进入休眠状态并拆除和终端的逻辑链路，在用户休眠期间向其他用户维持终端为在线状态。

引用次数（0）申请日 2011-02-02

3.2.3　基础技术分析

3.2.3.1　网络特征

WO2010021862A1@ 网络特征 @ 第三方特征

用于为应用分配信道资源的方法，基于用户与引用交互确定用户与该应用的亲密程度，基于亲密程度为该应用分配信道资源，在一个时间间隔内阻止该应用超出其分配额度使用信道资源。

引用次数（0）申请日 2009-08-07

US20110044354A1@ 网络特征

用于评估资源的使用效率，用户发送多个应用请求，资源（例如 javascript、css、图片等）将被打包发送给用户以响应用户的应用请求，使用一个代价函数评估打包资源的使用效率（例如使用矩阵的形式），一个值表示性能获得的提升，一个表示由此产生的代价（例如对于用户请求 1、2，可以将资源根据请求 1、2 分别打包，也可以将 1、2 对应的资源一起打包，这样性能将提升，因为减少了一次请求，但代价也将增加，因为为一个请求打包了两个请求的资源，其效率取决于上述资源的相关程度），选择使代价函数最优的打包方式。技术问题与技术效果：提高系统响应用户请求的效率。

引用次数（14）申请日 2009-08-18

US20110055314A1@网络特征

目标结构文档检测第一结构文档开始连接的事件；第一客户应用向目标结构文档请求资源，目标结构文档执行该操作；关于目标结构文档的第二请求发送给远端服务器，远端服务器根据该请求对该目标结构文档进行修改。减少了本地打开的结构文档和远端服务器上结构文档之间信息的交互使用的资源，减少了用户资源消耗，提升了用户访问网络的体验度。

引用次数（14）申请日 2009-09-02

US20120072855A1@网络特征@即时通信@分类特征

用户通过第一通信信道与用户组的在线用户进行通信，比如即时通信；用户通过第二通信信道与组内在线或离线用户通信，比如将内容显示在组信息板上。

引用次数（1）申请日 2010-09-16

US20120278385A1@网络特征

用于在用户设备之间进行通信的方法，保持第一计算设备的连接集合，阻断第一计算设备上软件应用发出的与第二计算设备建立链接的请求，从可用连接集合中选择一个可用连接，基于可用连接建立软件应用与第二计算设备的连接。

引用次数（0）申请日 2011-04-28

US20120284393A1@网络特征

电子设备确定当前第一连接的网络带宽是否满足其数据传输，如果不满足数据传输条件，则预测未来某个时间段的网络带宽是否满足条件，到达该时间段时建立第二连接发送数据。

引用次数（0）申请日 2011-05-03

US20120331067A1@网络特征

第一用户通过其客户端设备访问远端主机的内容对象资源定位器时，一个或多个第二用户通过第二用户客户端设备也访问该远程主机该内容对象时，在第一用户的客户端显示该第二用户，并建立第一用户和第二用户之间的对话通道。

引用次数（0）申请日 2011-06-24

US20130018988A1@网络特征

处理器执行操作命令使得从数据库客户端接收一个开始传输信息请求；在向数据库服务转发开始传输信息请求前，向数据库客户端发送一个传输确认消息；然后向数据库服务器发送开始传输信息请求，并从数据库服务器获得传输确认消息。

引用次数（0）申请日 2011-07-12

US20130018989A1@ 网络特征

向数据客户端发送包括握手信息和第一认证信息的第一系列同步消息；从数据客户端接收包括授权信息和数据库信息的第二系列同步消息；向数据客户端发送确认信息。

引用次数（0）申请日 2011-07-12

US20120124146A1@ 网络特征

用于向用户发送消息的方法，基于用户之前在消息系统中的消息接收与发送，从多个消息信道中选择一个或多个信道向该用户发送消息。

引用次数（0）申请日 2011-08-08

US20130046879A1@ 网络特征

检测连接到网络的多个用户，确定每个用户的位置信息；确定每个特定区域用户的带宽是否满足用户的需求；如果该区域中的用户过多造成连接问题，则为该地区用户分配更多的带宽。

引用次数（0）申请日 2011-08-16

US20120173845A1@ 网络特征

一种用于存储图表数据的分布式存储结构，包括中心节点和边缘节点，中心节点和边缘节点存储每个节点的属性和标识，通过图表方式使它们进行有效的连接。

引用次数（0）申请日 2011-09-07

US20130102286A1@ 网络特征

基于通信特征计算数值确定消息是否紧急，如果紧急，则给予紧急指示。

引用次数（0）申请日 2011-10-19

US20130102287A1@ 网络特征

基于通信特征计算数值确定消息是否紧急，如果紧急，则给予紧急指示。

引用次数（0）申请日 2011-10-19

US20130115981A1@ 网络特征

从第一用户的移动装置接收包括移动装置可接收的消息资源消耗的消息，获取指向第一用户的一个或多个消息的服务指示，确定这些消息的值，并将其送入队列，当发送条件被触发时将其发送给所述移动装置，所述触发条件是基于资源损耗和所述一个或多个消息的值。

引用次数（0）申请日 2011-11-04

US20130117381A1@网络特征@移动应用

向用户移动装置发送消息时要参考用户移动装置的电力状态、无线网络状态和消息可能占用的资源损耗。

引用次数（0）申请日 2011-11-04

Facebook 网络特征分析如下：

社交网络构架于网络之上，用户所有的交互都有赖于各种通信网络的支持，因而网络技术对 Facebook 来说也是至关重要，Facebook 在网络技术方面的相关专利主要还是在网络的利用上，即如何运用网络来发送消息，2009 年 Facebook 申请了 WO2010021862A1，将信道资源跟用户与应用的交互频度联系起来，即用户常用的应用会分配更多的信道资源，而一般的应用则只会分配较少的信道资源，进而实现了信道资源的高效利用，同年的另一篇申请 US20110044354A 则是预测应用之间的联系，如果将联系强的应用所需资源一起打包传输，无疑能够提高网络利用效率，当前人们的通信手段越来越多，电话、短信、即时通信、邮件等，Facebook 也注意到了这种趋势，因而在通信手段上日益趋于多元化，Facebook 在 2010 年申请了用于多种信道资源管理的 US20120072855A1，其通过第一信道与在线用户通信，通过第二信道与离线用户通信；2011 年的申请 US20120278385A1 进一步建立了用户设备连接池，当用户需要建立连接时，将在连接池中可用的连接信道中进行选择，同年的 US20130046879A1 与 US20120173845A1 则为紧急消息分配了一个特定的信道，除了上面提到的信道资源之外，网络带宽也是一个重要的网络资源；2011 年的申请 US20120173845A1 提出当网络带宽不满足数据传输时，数据传输会暂时等待，直到带宽满足时再恢复，而专利申请 US20130046879A1 则是关注地区带宽的分配，即根据用户的位置信息，确定某个地区的带宽是否能够满足用户需要，如果该地区用户连接数量过多，则增加该地区的带宽分配。此外，Facebook 还有根据用户设备电能情况建立网络连接的例子，例如 US20130115981A1 与 US20130117381A1，当用户设备电力不足时，需要发送的消息将被推迟发送，直至用户设备能够保证通信连接的连续性时为止。Facebook 在忙于数据传输时也没忘记自己社交网络的属性，在 2011 年 Facebook 提出了为访问相同远端内容的两个用户建立对话信道，也许他们会彼此感兴趣。

3.2.3.2 大数据处理

US8219562B1@大数据处理

用于存取数量巨大的小数据对象，例如图片，先将多个数据存储在一个对象栈文件（object stack file）中，再将对象栈文件存储于辅存储装置（硬盘）中，这样可使存储的文件数量大幅度减少，同时为每个对象栈文件设置索引数据并将索引数据存储于主存储装置（内存）中，这样可提高访问数据对象的效率，访问数据对象时先使用索引数据中的关键字确定索引数中据数据对象存储位置（偏移量），再使用存储位置访问对象栈文件中的数据对象，而无须转换访问请求到 NSF 或 POSIX 命令。所要解决的技术问题：降低内存与硬盘之间的 IO 操作（因为元数据文件 metadata file 的大小随着数据对象数量的增多而增大，过大的元数据文件将不得不保存在硬盘上）。所要产生的技术效果：提高访问效率。

引用次数（1）申请日 2009-11-17

US20120066583A1@ 大数据处理

采用分层节点结构存储 HTML 页面的内容，从而有效的确定执行用户特定操作的 handler。

引用次数（0）申请日 2010-09-10

US20130018919A1@ 大数据处理

用于数据库切换的方法，数据库客户端提交查询请求，请求包括用户标识与数据库标识，判断相匹配的后端数据库，匹配包括用户标识匹配与数据库标识匹配，将请求发送到匹配的后端数据库。

引用次数（0）申请日 2011-07-12

US20130054859A1@ 大数据处理

用于管理应用所提交的服务请求的方法，以降低中断数量。

引用次数（0）申请日 2011-08-25

US20120173541A1@ 大数据处理

将社交网络中的用户数据存储在多个分布式缓冲存储器环之一的多个缓冲存储器节点之一中，并保存上述数据与存储该数据的节点之间的对应关系，当用户请求编辑上述用户数据时，根据该对应关系得到存储上述用户数据的节点，进而获取相应的数据进行编辑。其中，用户数据可以为图片、视频、评论等。

引用次数（0）申请日 2011-09-07

US20120173820A1@ 大数据处理

在第一缓存节点处接收请求，所述请求是用于添加第一节点和第二节点关系的，此处，第一节点被存储在一簇第一缓存节点中，第二节点被存储在一簇第二缓存节点中，在第一缓存节点处存储第一节点和第二节点的关系，发送消息给第二缓存节点以使第二节点存储第一节点和第二节点的关系。

引用次数（1）申请日 2011-09-07

US20130097180A1@ 大数据处理@ 标识特征

每一个用户节点连接多个属性节点，每个目标节点连接多个属性节点，计算所有通过属性节点连接的用户节点和目标节点的匹配系数，以确定某一属性节点与用户节点的相关度。

引用次数（0）申请日 2011-10-18

WO2012091844A1@大数据处理

对社交图数据进行排序以实现对数据的快速存取。

引用次数（0）申请日 2011-11-30

Facebook 大数据处理分析如下：

大数据通常是指用于可分析的海量数据，Facebook 作为一个社交平台，每时每刻都会积累下大量的请求、点击、发送、消息、图片等数据，这些社交数据是 Facebook 赖以生存的基础，也是与其他竞争者相比较的优势所在，但在产生价值之前，首先要能够使用它，Facebook 在 2009 年申请了存取海量图片数据的专利 US8219562B1，通过将图像索引数据保存在内容中进而提高了访问效率，2010 年申请了用于存储 HTML 页面的专利 US20120066583A1，此后 Facebook 在 2011 年提交了一系列用于处理社交图的专利申请 US20120173541A1、US20120173820A1、US20130097180A1、WO2012091844A1，社交图是 Facebook 为虚拟的社交网络建立的数学模型，可用于表示社交网络中发生的一切活动，产生的一切关系，但很显然，这个数据体量巨大，US20120173541A1 与 US20120173820A1 使用分布式缓存存储社交图数据，并保存存储节点与数据之间的对应关系，之后根据对应关系存取社交图数据，WO2012091844A1 提出了一种社交图数据的索引系统，能够提高社交图的存取效率，最后 US20130097180A1 则是用于基于社交图的计算用户节点与目标节点之间的相似度，除了以上关于社交图大数据处理的申请之外，Facebook 还申请了用于根据客户端请求切换数据库的申请 US20130018919A1。

3.2.3.3 产品架构

US20110055683A1@产品架构

判定请求的目标结构化文档的占用资源，目标结构化文档存储在缓存中；在呈现的结构化文档中嵌入第一可执行代码段和第一客户端应用程序；接入结构化文档的一个或多个资源；由第一可执行代码段执行呼叫相关联一个或多个处理功能的结构化文档；在高速缓存中更新第一客户端应用程序提供的内容。提高了减少用户等待程序执行时间的用户体验。

引用次数（17）申请日 2009-09-02

US20120110473A1@产品架构

用于联系其他用户的方法，通过激活目标用户的头像，自动获取目标用户的通信信道的远程数据，从远程数据中根据目标用户的上下文获取通信信道和通信信道信息，根据该通信信道建立用户与目标用户的连接。

引用次数（0）申请日 2010-11-02

US20120150941A1@产品架构

服务器记录用户的对话内容，基于对话内容抽取对话的关键字形成执行代码，将该执行代码发送给用户客户端上的浏览器，基于该代码进行页面浏览。

引用次数（0）申请日 2010-12-14

WO2012047396A2@ 产品架构

社交网络系统用户请求查找用户地址簿中联系人的通信信道信息；社交网络基于用户社交图谱和通信信息向用户按顺序提供通信信道。方便用户查找联系人。

引用次数（0）申请日 2011-08-25

WO2012064875A1@ 产品架构@ 网络特征

用于用户选择回复消息的通路，用户接收一个消息，基于对方之前的消息活动（例如当前所使用的通路，使用通路的统计结果、时间等）从多个通路（例如基于 Web 的、基于移动的、基于邮件的等）中选择一个或多个回复消息。技术问题与技术效果：降低消息发送者与消息接收者之间的通信延迟。

引用次数（0）申请日 2011-11-09

WO2012064876A2@ 产品架构

将特定用户之间的通过不同途径接收到的消息聚合在一个会话线程中呈现给用户，提高了消息呈现的有效性和用户友好程度。

引用次数（0）申请日 2011-11-09

WO2013028325A2@ 产品架构

将用户与他的特定好友之间的采用各种通信方式的通信记录聚合显示在一个界面内。

引用次数（0）申请日 2013-04-17

Facebook 产品架构分析如下：

产品架构包括的专利申请比较散乱，划分这一类别的目的在于希望能有一个类别涵盖与社交网络应用相关的、但与社交的联系又不那么紧密的特征，比如 2009 年的申请 US20110055683A1，用于加载 Facebook 的页面，2010 年的申请 US20120110473A1 通过点击目标用户头像获取目标用户的通信信道进而建立连接；2011 年的申请 WO2012047396A2 通过社交图帮助用户查找联系人的通信方式；WO2012064875A1 则是帮助用户选择与对方的联系方式，降低通信延迟；最后申请 WO2012064876A2 将用户之间通过不同途径传送的消息在一个会话时间线中展示给用户；WO2012064876A2 代表了一种新的消息展示方式——聚合展示；类似的申请还有 2013 年的 WO2013028325A2，将用户与其好友之间通过不同通信方式产生的记录整合到一个界面中。以上可以看出，上述专利虽然并不直接处理用户的社交活动，但却起到了重要的辅助作用。

3.2.4　另类的技术

US8206071B1

机柜螺栓。

引用次数（0）申请日 2009-07-01

US20110128699A1
数据中心。
引用次数（13）申请日 2009-11-30

US20110156480A1
内燃机。
引用次数（16）申请日 2009-12-31

US20110154842A1
从冷却装置接收冷却剂，冷却空气提供给服务器。
引用次数（17）申请日 2009-12-31

US20110161980A1
负载均衡器将请求分配给网络服务器池，如果网络服务器序列容量已满，则发出拒绝请求给负载均衡器，负载均衡器将请求发送给其他网络服务器。通过检测网络服务器的拒绝请求比率，可以判断并行进程数高低。
引用次数（19）申请日 2009-12-31

US20110161602A1
有关处理器线程执行方案。
引用次数（13）申请日 2009-12-31

WO2011011125A1
备用电源与服务器系统中的主板的直接连接。
引用次数（0）申请日 2010-06-14

US20120013186A1
服务器电力支持方案。
引用次数（0）申请日 2010-07-16

US20120041600A1
数据中心系统方案，尤其涉及服务器冷却。
引用次数（0）申请日 2010-08-10

US20120041600A1
程序调用方案。
引用次数（0）申请日 2010-08-10

US20120119585A1
为数据中心提供电力支持的方案。

引用次数（0）申请日 2010-11-17

US20120212905A1

一种电脑桌。

引用次数（0）申请日 2011-02-17

US20120212899A1

硬盘固定结构。

引用次数（0）申请日 2011-02-17

US20120212893A1

一种电脑桌。

引用次数（0）申请日 2011-02-17

US20120215359A1

电脑风扇控制方法。

引用次数（0）申请日 2011-02-21

US20120185835A1

在计算机设备上通过使用图表的方式标识静态资源，图表包括参数节点和传输节点，参数节点包括静态资源的多个参数，而传输节点表征静态资源的使用情况。

引用次数（0）申请日 2011-04-06

US20120278641A1

当第一通信设备和第二通信设备通信时，第二通信设备向第一通信设备发送一个 ping 命令，如果第一通信设备的主处理器处于睡眠模式下，则通过第二处理器对该 ping 命令进行响应。推送消息需要通过 ping 命令进行路径搜索，一般由主处理器处理。

引用次数（0）申请日 2011-04-28

US20120303767A1

主机配置连接。

引用次数（0）申请日 2011-05-24

Facebook 另类的技术分析如下：

该类别下的专利申请基本属于计算机硬件结构、数据中心硬件设施以及办公设施之类。由这类技术可见，Facebook 的关注不仅仅在于社交产品本身，其对硬件支撑也有所涉及。

3.3 收购/并购分析

3.3.1 统计分析

图 3-3-1 显示出了 Facebook 收购/并购的所有公司和受让的专利，以及涉及的时间和金额（部分）。本节将 Facebook 受让的全部发明专利作为数据源，从优先权日期、受让时间、转让公司等多个方面出发，对 Facebook 受让的发明专利进行专利分析。IBM 和美国在线 AOL INC 转让给 Facebook 的发明专利，涉及的领域较宽，只有一部分直接和社交网络相关，故本课题并未对上述两家公司转让的发明专利按照用户体验度进行技术分类。尽管 ADVERTISING. COM LLC、MAPQUEST INC.、TRUVEO INC.、THE RELEGENCE CORPORATION4 家公司已经分别被美国在线 AOL INC. 并购，但是上述公司的发明专利转让时，是以其原公司名称作为转让人，因此，对上述 4 家公司转让的发明专利进行技术分析时，并未将其合并到美国在线 AOL INC. 的发明专利中，而是作为单独公司进行分析。

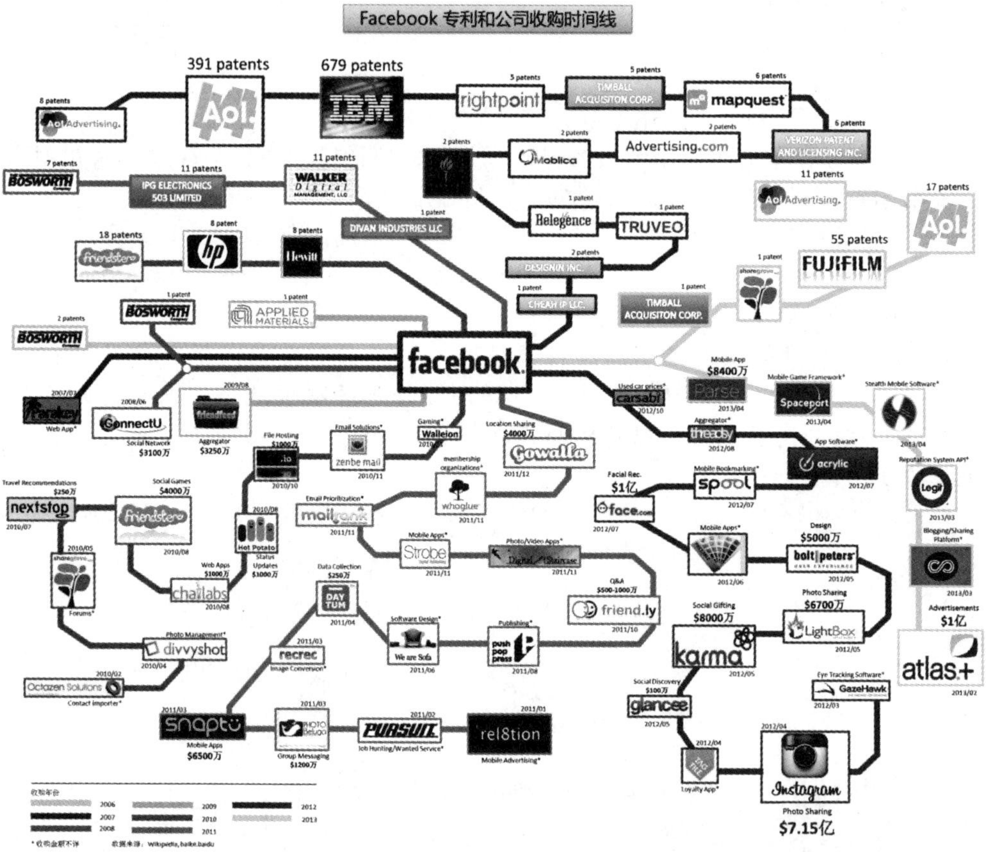

图 3-3-1　Facebook 收购并购 TimeLine

从图 3-3-2 可以看出，Facebook 一共收购了 1249 件发明专利。Facebook 在 2009 年仅仅收购 1 件发明专利，在 2010 年至 2013 年分别收购了 26 件、26 件、1111 件和 85 件发明专利，尤其是在 2012 年集中收购了 1111 件发明专利，这是因为 2012 年 2 月 1 日，Facebook 向美国证券交易委员会正式递交了首次公开募股 IPO 申请，并于 5 月 18 日完成上市。[1] 企业在 IPO 上市期间，遭到专利侵权诉讼的风险非常大。Facebook 为应对已经发生的或潜在的各种诉讼，在上市之前集中大规模收购专利。本章将对 Facebook 的专利收购/并购进行细节分析。

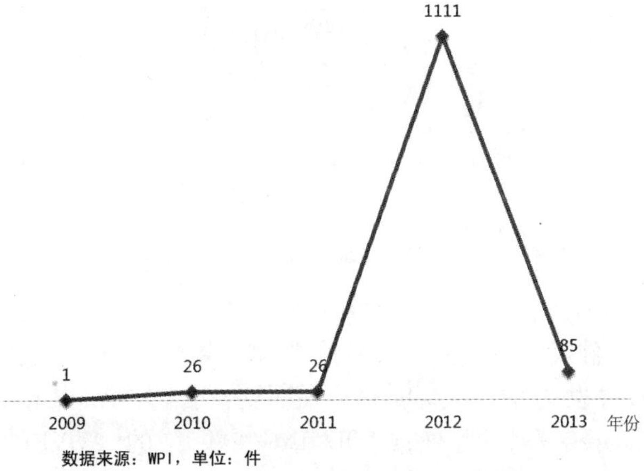

图 3-3-2　Facebook 收购专利时间

从图 3-3-3 可以看出，Facebook 收购优先权最早的 2 件发明专利的优先权是在 1991 年，这两件发明专利的转让人是美国在线 AOL INC.，技术方案涉及计算机之间的接口技术；优先权为 1993 年的两件专利申请的转让人分别是 IBM 和美国在线 AOL INC.，涉及在计算机上群发消息和获取消息的技术方案。而优先权比较多的年代集中在 2001 年至 2005 年，分别为 140 件、148 件、205 件、189 件和 207 件。2001 年至 2005 年是电子技术和互联网通信技术高速发展的阶段，Facebook 收购的发明专利的技术方案主要涉及电子设备构造、网络构造、信息交互、网络安全等技术。优先权在 2008 年以后的专利申请则大多数与社交网络的具体功能相关，例如即时通信、多媒体特征、移动应用等。由此可见，Facebook 收购专利紧随时代科技发展步伐。

[1] http://tech.sina.com.cn/z/facebook_ipo/，访问时间：2013-05-01。

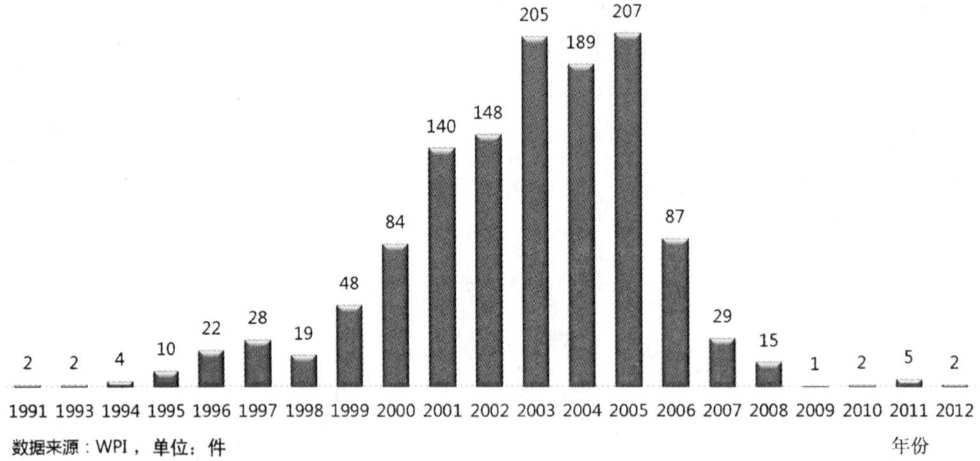

图 3-3-3　Facebook 收购专利的优先权

从图 3-3-4 可以看出，向 Facebook 转让发明专利最多的公司是 IBM，IBM 向 Facebook 直接转让了 679 件发明专利。第 2 名是美国在线 AOL INC.，数据显示 Facebook 从 AOL INC. 获得 408 件发明专利。AOL INC. 的子公司 AOL ADVERTISING INC. 转让给 Facebook 19 件发明专利，此外，AOL INC. 并购的 ADVERTISING. COM LLC、MAPQUEST INC.、TRUVEO INC.、THE RELEGENCE CORPORATION 公司也分别向 Facebook 转让了发明专利。第 3 名是富士公司 FUJIFILM CORPORATION，该公司向 Facebook 转让了 55 件发明专利。此外，从图中还可以看出排名靠前的首个社交网络 FRIENDSTER INC. 将其全部 18 件发明专利也转让给了 Facebook。每个转让公司的具体性质、业务以及发明专利涉及的技术主题将在下面的章节中进行详细的介绍和分析。

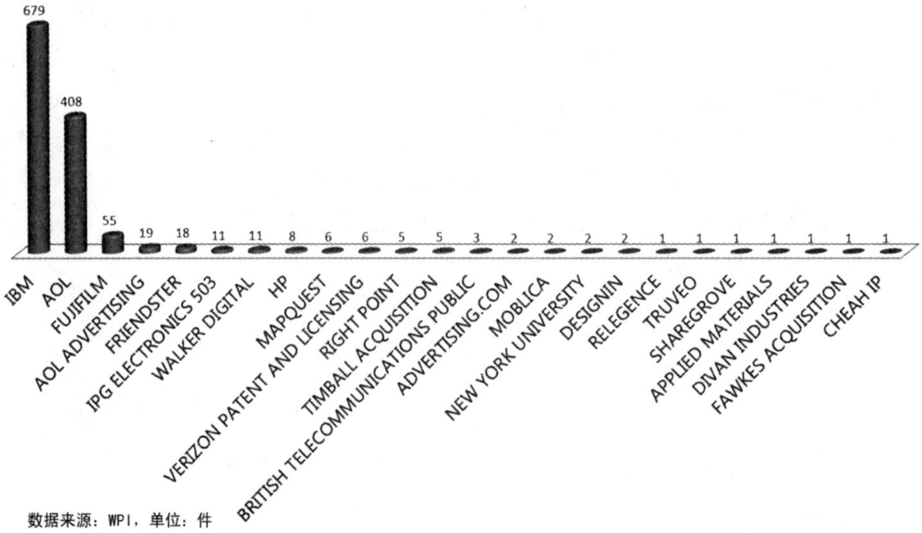

图 3-3-4　转让专利公司的专利转让数量

从表 3-3-1 可以看出，Facebook 在 2012 年受让的专利主要涉及以下公司：IBM、RIGHT POINT LLC、TIMBALL ACQUISITION CORP.、MAPQUEST INC.、VERIZON PATENT AND LICENSING INC.、ADVERTISING. COM LLC、MOBLICA LTD.、NEW YORK UNIVERSITY、THE RELEGENCE CORPORATION、TRUVEO INC.、DESIGNIN INC.、CHEAH IP LLC。Facebook 在 2009 年和 2010 年受让的分别是 APPLIED MATERIALS 的 1 件发明专利、FRIENDSTER INC. 的 18 件发明专利和惠普 HEWLETTP ACKARD 的 8 件发明专利。

表3-3-1　各公司转让给Facebook专利的数量和转让时间

单位：件

公司	2009年	2010年	2011年	2012年	2013年
IBM				679	
AOL				391	17
FUJIFILM					55
AOL ADVERTISING				8	11
FRIENDSTER		18			
IPG ELECTRONICS 503			11		
WALKER DIGITAL			11		
HP		8			
MAPQUEST				6	
VERIZON PATENT AND LICENSING				6	
RIGHT POINT				5	
TIMBALL ACQUISITION				5	
BRITISH TELECOMMUNICATIONS PUBLIC			3		
ADVERTISING.COM				2	
MOBLICA				2	
NEW YORK UNIVERSITY				2	
DESIGNIN				2	
RELEGENCE				1	
TRUVEO				1	
SHAREGROVE					1
APPLIED MATERIALS	1				
DIVAN INDUSTRIES			1		
FAWKES ACQUISITION					1
CHEAH IP				1	

专利的被引用频次可以识别专利的重要程度。重要的专利文献被大量的在后申请所引用，表明它们是影响力较大的专利，或者具有较高的技术价值。例如，从美国在线 AOL INC. 收购的专利 US5740549A，涉及广告发送的技术方案，其优先权为 1995 年，被引用了 1197 次，可见其技术方案的基础性和重要性。由图 3-3-5 示出的内容可知，收购发明专利被引用频次在 200 与 500 之间的发明专利为 4 件、在 100 和 200 之间的为 14 件。并且通过授权率可以看出收购的发明专利的整体技术方案的含金量，通过图 3-3-6 显示出的内容可知，Facebook 一共从其他公司收购了 1249 件发明专利，其中在美国已经授权了 1127 件，未授权

122 件，授权率高达 90.23%。通过对收购专利的被引用频次和授权比例可以看出，Facebook 收购的发明专利具有很高的质量，尤其是对 IBM 和美国在线 AOL INC. 的发明专利收购弥补了 Facebook 在基础技术上发明专利不足的短板。

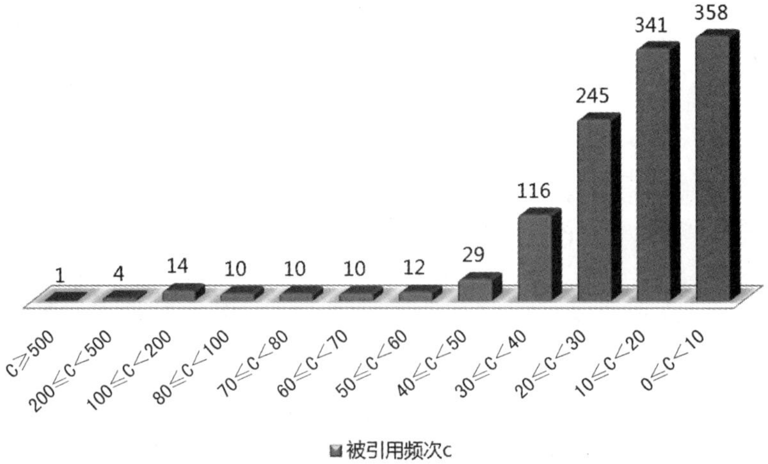

图 3-3-5 Facebook 收购专利的被引用频次（单位：件）

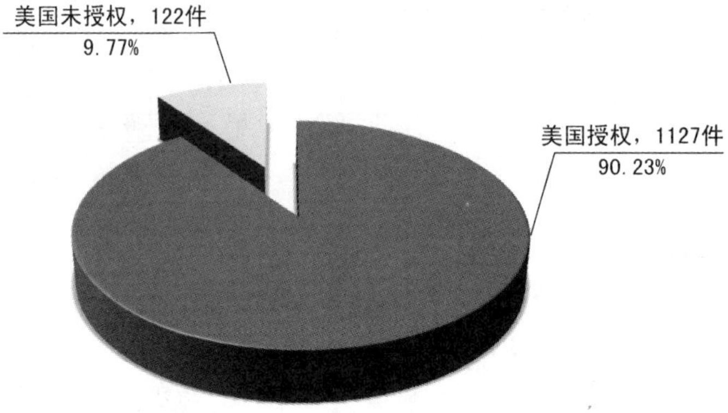

数据来源：WPI

图 3-3-6 Facebook 收购专利在美国的授权率

从图 3-3-7 和图 3-3-8 中可以看出，Facebook 从除 IBM 和美国在线 AOL INC. 之外的其他 21 家公司收购的 143 件发明专利中，涉及多媒体特征的发明专利最多，为 37 件，比重为 25.87%；移动应用为 22 件、位置特征为 12 件、运营盈利和网络特征分别为 11 件、用户界面为 10 件、标识特征和安全特征为 9 件、即时通信为 8 件、产品架构和好友特征分别为 3 件、搜索特征和第三方特征分别为 2 件、事件提醒 1 件、同步特征 1 件、隐私设置 1 件、用户简档 1 件。多媒体特征包括了音乐特征、视频特征和图片特征，这正是社交网络业务的核心业务，所以 Facebook 对多媒体特征进行了重点专利布局；移动应用方面是 Facebook 的技术弱项，但移动性是互联网的发展方向，随着移动用户数量的快速增长，占领移动市场至关重要，所以 Facebook 通过收购对移动应用进行了重点布局。

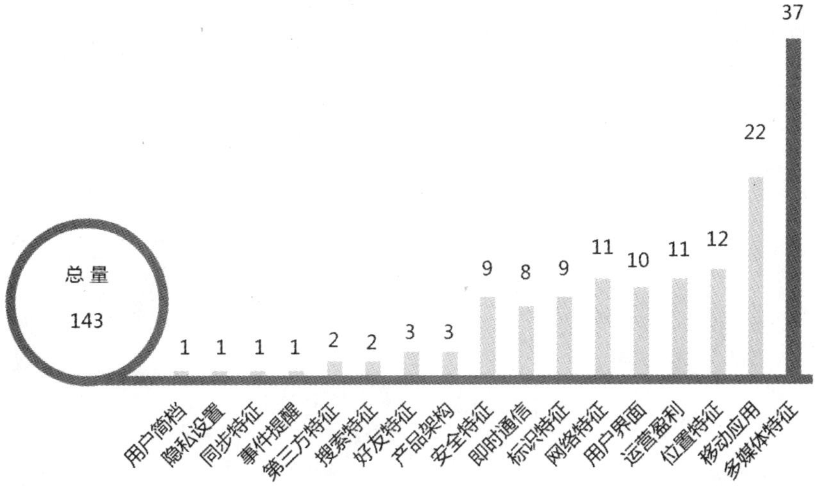

数据来源：WPI，单位：件　　注：上述统计不包括IBM、AOL INC.

图 3-3-7　Facebook 收购专利基于分类的数量分布

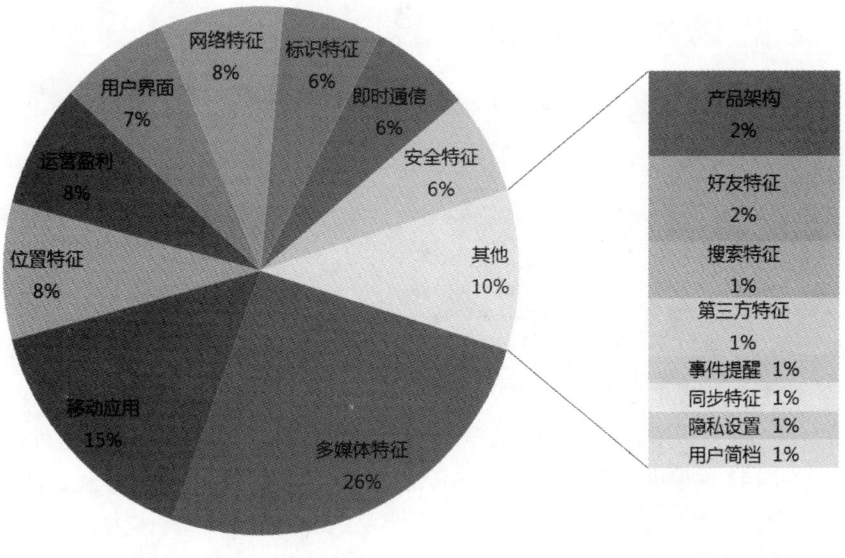

数据来源：WPI　　注：上述统计不包括IBM、AOL INC.

图 3-3-8　Facebook 收购专利的分类占比

从图 3-3-9 可以看出，Facebook 从除 IBM 和美国在线 AOL INC. 之外的其他 21 家公司收购的 143 件发明专利中，在安全特征领域，主要从 HEWLETTPACKARD 收购；在标识特征领域，主要从 FRIENDSTER INC. 收购；在第三方特征领域，主要从 FRIENDSTER INC. 收购；在多媒体特征领域，主要从富士公司 FUJIFILM CORPORATION 收购了 32 件；在好友特征领域，主要从 FRIENDSTER INC. 收购了 2 项；在即时通信领域，主要从 RIGHT POINT LLC 收购了 3 件；在网络特征领域，主要从 FUJIFILM CORPORATION 收购了 5 件；在位置特征领域，主要从 VERIZON PATENT

AND LICENSING INC. 收购了 6 件；在移动应用领域，主要从富士公司 FUJIFILM CORPORATION 收购了 14 件；在用户界面领域，主要从 IPG ELECTRONICS 503 LIMITED 收购了 7 件；在运营盈利领域，主要从 WALKER DIGITAL LLC 收购了 9 件。从图中还可以看到，收购的 FRIENDSTER INC. 公司的专利涉及的分类是最多的，包括安全特征、标识特征、产品架构、第三方特征、多媒体特征、好友特征、事件提醒、搜索特征、同步特征、位置特征、隐私设置和用户界面。同时要注意到 IPG ELECTRONICS 503 LIMITED 这家专利运营公司，专利涉及了安全特征、标识特征、好友特征、即时通信和用户界面。

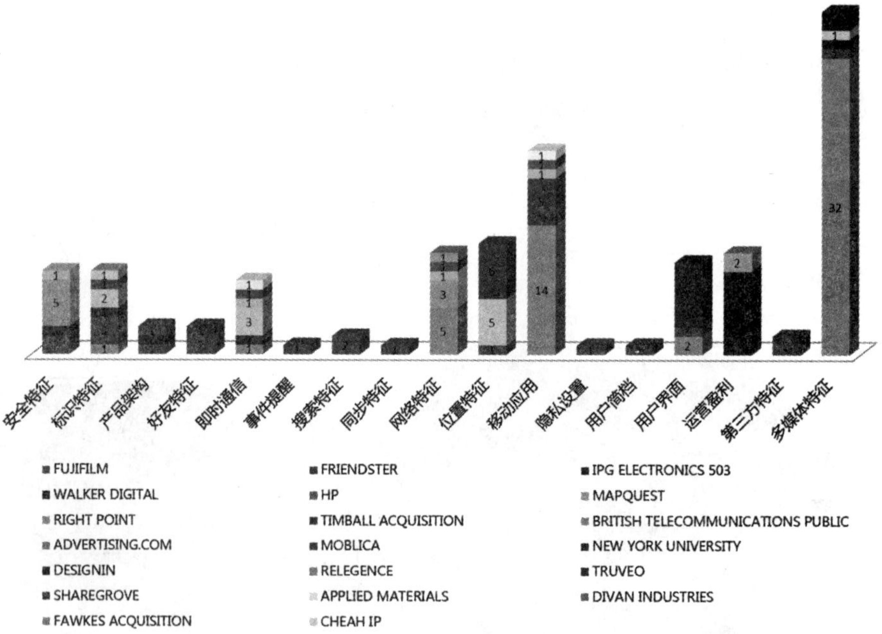

数据来源：WPI，单位：件

注：上述统计不包括IBM、AOL INC.

图 3-3-9 Facebook 收购专利中各个公司的分类数量

从图 3-3-10 可以看出，Facebook 从除 IBM 和美国在线 AOL INC. 之外的其他 21 家公司收购的 143 件发明专利中，Facebook 在 2009 年仅收购了 1 件专利，涉及移动应用；2010 年收购专利的数量虽然不多，但所涉及的分类较广，具体为安全特征、标识特征、产品架构、第三方特征、多媒体特征、好友特征、即时通信、事件提醒、搜索特征、同步特征、网络特征、位置特征、隐私设置和用户界面，其中，涉及安全特征的收购专利数量最多，共 7 件；2011 年收购专利涵盖安全特征、标识特征、产品架构、多媒体特征、好友特征、即时通信、网络特征、移动应用、用户界面和运营盈利，其中，涉及运营盈利和用户界面的收购专利数量较多，分别为 9 件和 7 件；2012 年收购专利涵盖产品架构、网络特征、用户简档、运营盈利、标识特征、多媒体特征、即时通信、移动应用和位置特征，其中，涉及位置特征的收购专利数量最多；2013 年收购专利涵盖标识特征、即时通信、用户界面、网络特征、移动应用和多媒体特征，其中，涉及多媒体特征的收购专利数量最多。

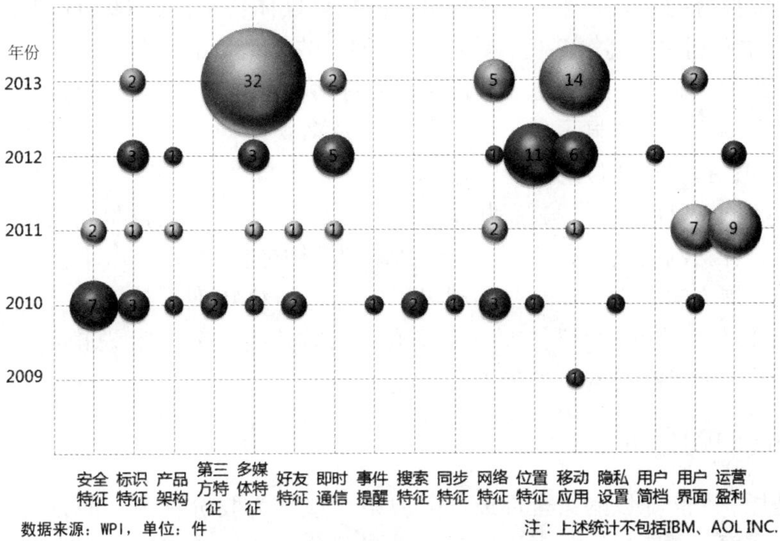

图 3-3-10 Facebook 收购专利基于分类的收购时间和数量分布

通过图 3-3-11 可以看出，Facebook 的自主专利覆盖了全部的 22 个分类，而收购的从除 IBM 和美国在线 AOL INC. 之外的其他 21 家公司收购的 143 件发明专利覆盖了 17 个分类，其中收购领域没有涉及博客特征、帮助支持、分类特征、大数据处理和时间线特征。Facebook 在多媒体特征、移动应用和即时通信领域，收购数量远大于自主专利数量，可以看出移动应用、即时通信是其自身的薄弱环节，其通过收并购积极的措施予以增强薄弱环节。

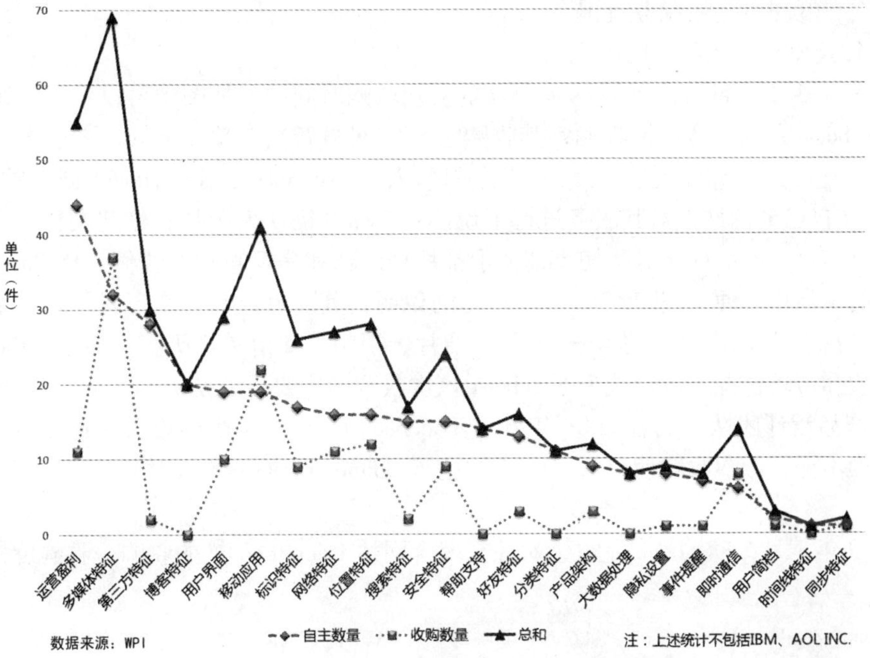

图 3-3-11 Facebook 收购专利与自主专利对比

Facebook 拥有的专利分类中，数量最多的是多媒体特征，共 69 件，其中自主研发 32 件，在自主专利中排名第 2 位，收购了 37 件，在收购专利中排名第 1 位，多媒体特征是社交网络的基础用户体验之一，Facebook 许多业务也是和多媒体特征密切相关的，例如图片的分享、信息的显示等，所以加强涉及多媒体特征技术自主研发和专利并购是非常重要的；排名第 2 位的是运营盈利，Facebook 自主研发 44 件，在自主专利中排名第 1 位，收购 11 件，在收购专利中排名第 4 位，这是因为运营盈利是社交网络收入的主要来源，社交网络电商化也是社交网络的发展方向；此外，由于移动化网络是互联网网络的发展方向，Facebook 在移动应用中自主研发 19 件，在自主专利中排名第 5 位，收购了 22 件，在收购专利中排名第 2 位，总数达到了 41 件，总排名第 3 位。对移动用户的吸引决定了社交网络的未来发展。

3.3.2 公司收购分析

收购是指一个企业以购买全部或部分股票（或称为股份收购）的方式购买了另一企业的全部或部分所有权，或者以购买全部或部分资产（或称资产收购）的方式购买另一企业的全部或部分所有权。是透过取得控制性股权而成为一个公司的大股东的过程。一般是指一个公司通过产权交易取得其他公司一定程度的控制权，以实现一定经济目标的经济行为。

收购公司购买的动机主要为[1]：①为了扩大生产规模，在横向收购时最为突出，因为收购双方主体均为同一市场生产相同的产品或提供相同的服务，收购可以扩大生产规模、拓展市场占有份额；②增强生产经营的稳定性；③优化产业结构、产品结构、资本结构；④企业融资的需要；⑤获取差额利润；⑥拓展企业经营范围；⑦改善企业财务状况；⑧减少企业税务负担。

3.3.2.1 Facebook 收购时间线

图 3-3-1 下半部分是 Facebook 具体的公司收购时间图，从图中可以看出，2007 年 7 月 Facebook 完成了第一笔收购，其收购了一家网络新兴企业 Parakey，[2] 收购价格约为 400 万美元。Parakey 是由火狐的两位创始人 Blake Ross 和 Joe Hewitt 创办的公司。Parakey 在自己的网站上对其服务进行了说明：“计算机令人厌烦；创建文件、查找文件、共享信息——为什么做一切事情似乎都那样乏味和违反直觉？我们希望 Parakey 能够让你的生活更方便。”根据 Parakey 自己的说明，其打算成为一个工具平台，能够操作用户硬盘上的一切事情，如电子邮件、照片、视频、食谱和日历等。根据 Parakey 公司的性质和市场情况，可以认为 Facebook 该次收购的主要目的是吸纳人才，强化 Facebook 的产品设计团队。而在 2008 年 6 月 Facebook 收购了存在诉讼关系的 ConnectUs，具体金额不详，该次收购使得 Facebook 摆脱了 ConnectUs 的创始人对其提出的多次诉讼的纠缠。

2009 年 8 月，Facebook 完成了对社交聚合网站 FriendFeed[3] 的收购，收购价格约为

---

[1] http：//wiki. mbalib. com/wiki/%E6%94%B6%E8%B4%AD，访问时间：2013-05-06。

[2] http：//baike. baidu. com/view/4716226. htm，访问时间：2013-05-07。

[3] http：//www. yizhanyou. com/news/r385617，访问时间：2013-05-07。

3250 万美元。FriendFeed 是由 4 名谷歌前软件工程师于 2007 年创办的，该公司创办的目的是使用户能方便地跟踪好友在 Facebook 和 Twitter 等多个社交网站上的活动。Facebook 进行 FriendFeed[1] 的收购时，同时雇用了包括 4 名联合创始人在内的 FriendFeed 全部 12 名员工，并让该 12 名员工加入 Facebook 技术和产品研发团队。由此可见，该次收购的目的显然是为了吸纳人才，强化 Facebook 的产品设计团队。

2010 年 2 月，Facebook 收购了一家规模较小的马来西亚软件开发公司 Octazen，[2] 具体金额不详。Octazen 是一家新兴的软件开发公司，它所研发的邮件系统一直被社交网站所使用，这种邮件系统可以使社交网站的用户更加方便的与其好友进行邮件往来。并且，在 Octazen 公司工作的两名高级工程师被 Facebook 所雇用。由此可见，该次收购的目的显然是对人才的收购，强化 Facebook 的产品设计团队，同时完善 Facebook 的邮件系统。

2010 年 4 月，Facebook 收购了邮件系统开发公司 Divvyshot，[3] 具体金额不详。Divvyshot 同样是一家用于社交网络邮件系统的开发公司，收购该公司的目的与之前的 Octazen 相同。完成收购后，Divvyshot 创始人 Sam Odio 担任了 Facebook 图片业务的产品经理。

2010 年 5 月，Facebook 完成了对文件共享服务公司 ShareGrove[4] 的收购，具体金额不详。ShareGrove 为朋友或同事提供了一个可实时互动分享内容的私密空间，其借助 Facebook Connect 技术创建了一种混合了电子邮件、Facebook 墙和集体聊天的模式的新服务，使得好友间能共同分享各种文件或其他内容等，Facebook 收购完成后留用了 ShareGrove 的员工。由此可见，Facebook 此次收购 ShareGrove 意在优秀人才对其服务的不断开发。

2010 年 7 月，Facebook 收购了旅游推荐网站 NextStop，[5] 收购价格约为 250 万美元。Nextstop 成立于 2008 年，其网站主要通过社交网络为用户提供旅行地点信息，其特点在于结合了社交推荐与搜索，同时还增添有声音系统和游戏元素。Nextstop 公司自主开发产品，并且开放平台让第三方开发者通过应用编程接口来为其提升用户体验。Facebook 此次收购是为了网罗位置服务业务开发人才。

2010 年 8 月，Facebook 收购了媒体科技创业企业 Chai Labs，[6] 收购价格约为 1000 万美元。Chai Labs 提供技术平台供编辑和记者使用，使出版商能够在不同垂直领域方便地定制界面友好的搜索网站，从而无缝地服务合作伙伴的编辑团队，帮助出版商建立、存储和传播内容。该次收购的目的是为吸纳人才和收购 Chai Labs 技术平台，强化 Facebook 产品设计团队和完善网站功能，Facebook 可以利用 Chai Labs 的业务特点与优势，与媒体进行更好的合作。

---

[1] http：//www. yizhanyou. com/news/r385617，访问时间：2013-05-07。

[2] http：//it. sohu. com/20120825/n351508036. shtml，访问时间：2013-05-18。

[3] http：//tech. sina. com. cn/i/m/2012-07-21/05557413368. shtml，访问时间：2013-05-16。

[4] http：//tech. sina. com. cn/i/m/2012-07-16/07557390914. shtml，访问时间：2013-05-16。

[5] http：//industry. caijing. com. cn/2012-06-19/111901257. html，访问时间：2013-05-13。

[6] http：//tech. sina. com. cn/i/m/2012-06-12/06377256104. shtml，访问时间：2013-05-14。

2010 年 8 月，Facebook 收购了社交活动服务公司 Hot Potato，❶ 收购价格约为 1000 万美元。Hot Potato 主要提供各种活动的“签到”（check-in）服务，该公司开发应用服务，特别是为 iPhone 手机开发移动应用的背后团队，由于其业务开发能力，在业内具有一定影响力。由此可见，Facebook 该次收购的目的是吸纳人才，强化 Facebook 的产品设计团队。

2010 年 10 月，Facebook 收购了文件分享网站 Drop. io，❷ 具体金额不详。Drop. io 允许用户通过网页、E-mail 或手机和好友私密交换文件。该次收购的目的是吸纳软件开发人才，强化 Facebook 的产品设计团队。

2010 年 11 月，Facebook 收购了创业公司 Zenbe Mail 旗下的电子邮箱产品业务，具体金额不详。但是该次并购并未购买该公司，仅仅购买了 Zenbe Mail 业务产品和 3 名工程师，可见，该次收购的目的是吸纳软件开发人才，强化 Facebook 的产品功能。

2011 年 1 月，Facebook 收购了移动广告创业公司 Rel8tion，❸ 具体金额不详。Rel8tion 主要从事移动广告技术的开发，以便于广告主针对手机用户的年龄、收入、性别、种族、受教育状况、婚姻状况以及从事行业等不同情况，而投放针对性更强的广告内容。Facebook 此举意在大幅加强其移动广告服务领域的实力，并借此获取更多移动网络广告收入。

2011 年 2 月，Facebook 收购了求职/招聘服务网站 Pursuit，❹ 具体金额不详。Pursuit 服务网站通过社交手段来推广职业招聘流程，能够让用户通过 Twitter、Facebook、LinkedIn 和 Pursuit 本身来为他人推荐就业机会，成功推荐他人的用户将获得现金和虚拟点数的奖励。Facebook 在 2012 年 11 月推出了 Social Jobs app，可见该次收购为 Facebook 推出求职招聘业务提供技术和人才保障。因此，可以认为该次收购的目的是吸纳人才和丰富产品。

2011 年 3 月，Facebook 收购了消息群发服务 Beluga，❺ 具体金额约为 1200 万美元。Beluga 是一家允许用户向家人或朋友发送群消息的公司，Facebook 随后推出的 Messenger App 正是由 Beluga 团队为其开发的。可见，Facebook 通过收购 Beluga 得到的人才可以使 Facebook 提高自己已有群服务和消息服务的用户体验度。

2011 年 3 月，Facebook 收购移动应用程序开发商 Snaptu，❻ 收购价格约为 6500 万美元。Snaptu 成立于 2007 年，为功能性手机开发应用程序，该公司员工于 2011 年年初帮助 Facebook 开发了功能性手机的 Facebook 应用程序，可见，其收购的目的明显是为人才的吸纳和抢占移动市场。

2011 年 3 月，Facebook 收购了将图片转换成 HTML 和 CSS 代码的技术团队

---

❶ http：//business. sohu. com/20120525/n344086940. shtml，访问时间：2013-05-16。
❷ http：//techcrunch. com/2012/05/24/facebook-bolt-peters/，访问时间：2013-05-16。
❸ http：//tech. 163. com/12/0516/02/81JFM1PD000915BF. html，访问时间：2013-05-17。
❹ http：//tech. 163. com/12/0505/14/80OF7U1Q000915BF. html，访问时间：2013-05-17。
❺ http：//tech. 163. com/12/0414/09/7V1S44ES000915BF. html，访问时间：2013-05-17。
❻ http：//www. ifanr. com/63534，访问时间：2013-05-17。

Recrec，[1] 具体金额不详。Recrec 主要从事将图片转换成 HTML 和 CSS 代码的技术，并且 Recrec 的员工具有很强的研发能力，可见，该次收购的主要目的是吸纳软件开发人才，强化 Facebook 的产品设计团队。

2011 年 4 月，Facebook 收购了纽约数据收集创业公司 Daytum，[2] 收购价格约为 250 万美元。Daytum 这家网站能够让用户记录自己的日常生活数据，该网站全部工作人员 3 人被 Facebook 雇用，目的显然是吸纳数据开发人才，强化 Facebook 的产品设计团队。

2011 年 6 月，Facebook 收购了荷兰软件设计公司 Sofa，[3] 具体金额不详。Sofa 以其 Mac 软件和电子商务产品而著称，Sofa 的特色工作包括从美工、图标到界面的所有设计。但是，Facebook 此次收购并未包括 Sofa 的两款主打产品：Kaleidoscope 和 Versions，Sofa 的这两款软件将继续销售。可见，Facebook 此次收购的目的不在于该公司的产品，而是为了吸纳软件开发人才，强化 Facebook 的产品设计团队。

2011 年 8 月，Facebook 收购了电子书制作商 Push Pop Press，[4] 具体金额不详。电子图书制作商 Push Pop Press 是由前苹果职员 Kimon Tsinteris 和 Mike Matas 创立的，其产品功能在于帮助作者和出版商将实物图书转变成 iPad 和 iPhone 友好格式。Facebook 这次收购看准的是 Push Pop Press 开发互动媒体的技术和创意，准备通过这一次的整合提升 Facebook 用户的内容分享体验度。

2011 年 10 月，Facebook 收购了社交问答网站 Friend. ly，[5] 具体金额不详。Friend. ly 是一家类似于 Formspring 的依靠 Facebook 建立的社交问答网站，该网站可帮助用户更多地了解他们的朋友和寻找新朋友。而问答功能是社交网络的主要功能之一，并且 Facebook 在问答功能上也进行了大量专利申请，可见，Facebook 收购 Friend. ly 的主要目的在于网罗人才和完善自身网站功能。

2011 年 11 月，Facebook 收购了移动视频和图片编辑应用开发商 Digital Staircase，[6] 具体金额不详。Digital Staircase 是一家移动视频和图片编辑应用开发商，在收购前，Digital Staircase 已经开发出了很多用于视频录制和图片编辑的应用，MovieCam 是其开发出的一款用于 iPad 和 iOS 系统的摄像机应用。这款摄像机应用的功能包括：8 倍数码变焦、暂停和继续录制功能、增强对比、允许用户增添 18 种摄像效果以及摄像过滤等。StereoCam 是公司开发的另一款 iPhone 应用，它能帮助用户迅速创建立体图像。由于移动用户在社交网络用户所占比例不断提高，因此，Facebook 该次收购的主要目的是通过移动应用开发和收购人才抢占移动市场。

2011 年 11 月，Facebook 收购了 HTML5 应用交付网络 Strobe，[7] 具体金额不详。Strobe 开发的技术用于帮助开发者制作和发行使用 HTML5 技术的应用程序，以运行在

[1] http：//tech. qq. com/a/20111129/000482. htm，访问时间：2013-05-21。

[2] http：//www. techweb. com. cn/business/2011-12-30/1137303. shtml，访问时间：2013-05-21。

[3] http：//tech. qq. com/a/20111109/000068. htm，访问时间：2013-05-21。

[4] http：//www. 36kr. com/p/58803. html，访问时间：2013-05-21。

[5] http：//www. cyzone. cn/a/20111011/216837. html，访问时间：2013-05-22。

[6] http：//tech. 163. com/11/0803/02/7AGFT0NG000915BF. htm，访问时间：2013-05-22。

[7] http：//tech. sina. com. cn/i/2011-06-10/11005633077. shtml，访问时间：2013-05-22。

各种不同设备如智能手机、平板电脑和台式机上。可见，该次收购的目的是组建一支移动技术开发者团队，支持其在智能手机和平板电脑扩大产品的研发。

2011 年 11 月，Facebook 收购了 MailRank，❶ 具体金额不详。MailRank 两名员工曾担任克林顿实验室（Linden Lab，《第二人生》虚拟游戏开发商）技术主管，Facebook 雇用了这两名员工，可见，该次收购是看中了 MailRank 的技术开发人员。

2011 年 11 月，Facebook 收购了巴尔的摩的软件厂商 WhoGlue，❷ 具体金额不详。WhoGlue 专门为会员制组织如大学同学会网络开发社交网软件，其技术可以在一个较大的网络中建立许多小型私有网络，可以被应用于子网功能如在 Facebook 全站更大范围内整合 Facebook 群组的内容，而且不会侵犯到用户隐私。社交网络的隐私安全问题一直是用户的关心重点，可见，Facebook 该次收购的目的是吸纳人才，强化 Facebook 的产品设计团队，完善 Facebook 社交网络功能，提高用户对网站的体验度。

2011 年 12 月，Facebook 收购了基于 LBS 服务的公司 Gowalla，❸ 收购金额约为 4000 万美元。Gowalla 成立于 2009 年，诞生之日起就定位于签到服务，其与 Foursquare 进行硬碰硬地竞争，但一直没能赢过 Foursquare，始终屈居第 2 位。在该次收购过程中大部分 Gowalla 的员工将随同 CEO Josh Williams 加入 Facebook，Gowalla 并购后的业务融入到 FacebookTimeLine 功能中。Gowalla 是人们讲故事的地方，Facebook 的 TimeLine 则用来呈现人们一生中重要时刻的故事，可见，该次收购的目的显然是吸纳人才，强化 Facebook 的产品设计团队，完善 Facebook 社交网络功能，开拓移动市场。

2012 年 3 月，Facebook 收购视线追踪公司 GazeHawk，❹ 具体金额不详。GazeHawk 公司进行视线追踪技术只需要使用网络摄像头，广告商与网站优化人员可以使用该技术寻找所需信息。可见，Facebook 对 GazeHawk 的收购，可以更好地追踪用户关注点，完善产品功能。

2012 年 4 月，Facebook 收购了移动应用 Tagtile 和其开发团队，❺ 具体金额不详。TagTile 提供的忠诚度解决方案，就是在商家的收银台上放一个白色的小盒子，消费者只需要拿着装有 TagTile App 的智能手机往小盒子上一靠，就能即时获取优惠，同时完成打卡及获取商家积分的动作。Facebook 这次的收购针对过去手机应用端不足的部分作出了有效补充，抢占了移动市场。

2012 年 5 月，Facebook 已收购了位置发现应用 Glancee，❻ 金额约为 100 万美元。Glancee 不仅提供签到功能，还试图帮助用户发现其他与他们有着共同兴趣的用户，Facebook 通过该次收购进一步加强了移动产品。

2012 年 5 月，Facebook 收购照片分享服务 Lightbox 开发团队，❼ 金额约为 6700 万

---

❶ http：//roll. sohu. com/20120401/n339782469. shtml，访问时间：2013-05-22。
❷ http：//tech. qq. com/a/20111230/000426. htm，访问时间：2013-05-23。
❸ http：//tech. 163. com/11/0321/02/6VKUB2E1000915BF. html，访问时间：2013-05-23。
❹ http：//tech. 163. com/12/0309/12/7S5EOG89000094L5P. html，访问时间：2013-05-23。
❺ http：//tech. sina. com. cn/i/2011-03-02/07595234454. shtml，访问时间：2013-05-24。
❻ http：//tech. sina. com. cn/i/2011-02-26/04155221089. shtml，访问时间：2013-05-28。
❼ http：//tech. qq. com/a/20110126/000142. htm，访问时间：2013-05-28。

美元。Lightbox 服务是针对谷歌 Android 而设计，它是类 Instagram 的一个照片分享服务，它有各种效果和过滤镜，可以给用户带来各种类型的照片处理效果及图片分享。在 Instagram 发布 Android 版之前，已经有数百万的用户喜欢用 Lightbox 分享照片。相对于 PC 端，Facebook 在移动领域进展缓慢，而移动广告市场业务不断增长，进行相关人才性收购，不仅能让 Facebook IPO 之路走得更好，同时也将有助于 Facebook 移动领域的发展。可见，此次收购表明了 Facebook 将加大移动方面统治的决心。

2012 年 5 月，Facebook 收购了消费者体验研究公司 Bolt | Peters 公司，❶ 金额约为 5000 万美元。Bolt | Peters 主要研究消费者体验好感度，通过该次收购 Facebook 可以更好地跟踪用户对产品的体验度，更好地改进其产品功能。

2012 年 5 月，Facebook 收购了社交化礼物赠送移动服务商 Karma，❷ 收购价格约为 8000 万美元。Karma 能够根据用户 Facebook 中的好友信息、新鲜事、生日提醒、关键字等进行筛选，通过语义分析等方式将那些需要用户送礼物的信息推荐给用户，同时屏蔽其他的垃圾信息。通过对 Karma 的收购破解了 Facebook 向电子商务进军的难题，这对 Facebook 来说将是一笔很重要的交易，使得 Facebook 收入多元化。

2012 年 6 月，Facebook 收购了移动应用软件公司 Pieceable，❸ 具体金额不详。Pieceable 开发的一款程序很受人们欢迎，它不仅可以让普通用户在 Web 浏览器里预览 iOS 应用程序，也可以让开发人员在该应用里展示他们开发的 iPhone 和 iPad 应用程序。Pieceable 的服务已经提供了大约 80 万个应用程序的开发，并帮助 Facebook 构建一个 Web 应用程序，用以查看自己在移动方面改进的应用程序，同时帮助 Facebook 与 iOS 更好的整合集成，将有助于 Facebook 移动领域的发展。可见，此次收购的目的是吸纳移动应用软件开发人才，为占领移动市场作了重要准备。

2012 年 6 月，Facebook 收购以色列面部识别技术公司 Face. com，❹ 收购价格约为 1 亿美元。Face. com 创建于 2007 年，是一家面向桌面平台和移动平台提供面部识别技术的科技公司。该公司被 Facebook 收购后，Facebook 将接收 Face. com 的全部员工及核心技术。由于 Facebook 的图片早已支持脸部识别标示功能，可见，此次收购 Face. com 的目的是吸纳人才，进一步完善 Facebook 好友的 Klik 应用。

2012 年 7 月，Facebook 收购了旧金山创业企业 Spool，❺ 具体金额不详。Spool 主要从事移动书签服务的开发，而 Facebook 当时正致力于改进其网站的移动内容消费方式。并且 Spool 团队在移动软件开发方面有着丰富的经验，热衷于开发易于消费的内容。可见，此次收购是为了获得 Spool 的人才，完善其网站移动内容消费方式。

2012 年 7 月，Facebook 收购了温哥华的 Mac 和 iOS 应用开发商 Acrylic Software，❻ 具体金额不详。Acrylic 只有两名员工，他们将加入 Facebook 位于旧金山的设计团队。

---

❶ http：//www. 36kr. com/p/6090. html，访问时间：2013-05-29。

❷ http：//tech. qq. com/a/20100821/000074. htm，访问时间：2013-05-29。

❸ http：//news. imeigu. com/a/1281920284615. html，访问时间：2013-05-29。

❹ http：//www. cyzone. cn/a/20100709/157813. html，访问时间：2013-06-04。

❺ http：//www. cyzone. cn/a/20100527/152535. html，访问时间：2013-06-04。

❻ http：//wenku. baidu. com/view/a0450df2ba0d4a7302763aaa. html，访问时间：2013-06-04。

Facebook 旧金山设计团队开发了包括 RSS 阅读应用 Pulp 和安全数据库应用 Wallet 等知名应用。可见，此次收购是为了获得 Acrylic 的人才，获取 Acrylic 开发的技术及用户数据。

2012 年 8 月，Facebook 收购了应用开发商 Threadsy，并将其作为一家独立公司运营，❶ 具体金额不详。Threadsy 开发了社交分析工具 Swaylo，Swaylo 使用户能了解自己在社交网络上所发布的消息、分享的内容和喜欢的对象得到哪些人，以及受到多少关注。可见，此次收购，Facebook 可以为其用户开发类似的服务，利用这类服务有助于 Facebook 分析用户行为，提供个性化服务，并完善自己网页的功能和提高用户体验度。

2012 年 10 月，Facebook 最终收购了 Instagram 公司，❷ 收购价格高达 7.15 亿美元。Instagram 推出了精美的应用程序，让使用者可以轻松上传朋友和宠物的照片，在网络上分享之前还可以先用滤镜修整照片。Facebook 目前位于社交网络的龙头地位，部分原因为 Facebook 本身的相片分享功能可以吸引使用者。如果对 Instagram 放任不管，Instagram 未来可能转型为平台，提供 Facebook 社交网络相同的功能，变成 Google 等其他对手收购的目标。在收购 Instagram 公司的同时，Facebook 还收购了二手车交易网 Carsabi 完善其网站功能。

2013 年 2 月，Facebook 对收购微软 Atlas 广告业务平台交易谈判已接近尾声，❸ 收购价格为 1 亿美元。广告发布方和广告代理机构可以利用 Atlas 将广告投放到网站上，并对自己的在线网络广告表现作出评估。包括 AT&T 等大型品牌都已经在利用 Atlas 为自己的在线广告活动提供服务并进行追踪。此次收购能够帮助 Facebook 更好的同谷歌旗下的 DoubleClick 展开直接竞争，同时又可以避免自己从头开始构建该产品的研发投入。除此之外，该次收购还表明 Facebook 致力于建立一个第三方广告网络，为 Facebook 带来大量收入。

2013 年 3 月，Facebook 收购了社交创业公司 Storylane，❹ 具体金额不详。Storylane 创办于 2011 年，该公司为自己定义的使命是“帮助人们更好地表达自己以及自己的兴趣，改进彼此做业务的方式，寻找真爱，结交新朋友”。与 Twitter 等服务允许用户以简短的信息相互交流不同的是，Storylane 鼓励用户“讲长故事”。作为收购协议的一部分，Facebook 将获得由 5 名员工组成的 Storylane 团队，其中包括 CEO Jonathan Gheller。但是，Facebook 不要求获得 Storylane 的用户数据，并将 Storylane 服务关闭。可见，这是一起面向人才的交易。

2013 年 3 月，Facebook 收购了 Legit 公司，❺ 具体金额不详。Legit 的产品用于创建信誉系统 API 接口，以帮助用户跨网络使用自己的个人信誉信息，第三方服务供应商可以安装 Legit 的 API 接口，来了解用户的信誉情况，从而增强双方进行深入互动的信任度，尽量避免欺诈现象的发生。该公司联合创始人 Jeremy Barton 和 Rob Boyle 也随公

❶ http://tech.163.com/10/0220/11/5VVBO7O4000915BF.html，访问时间：2013-06-04。

❷ http://tech.sina.com.cn/i/2009-08-11/07413340126.shtml，访问时间：2013-06-04。

❸ http://tech.qq.com/a/20070721/000008.htm，访问时间：2013-06-11。

❹ http://www.sootoo.com/content/401770.shtml，访问时间：2013-06-11。

❺ http://www.86pe.cn/html/gqzx/touzizixun/binggouzixun/17631.html，访问时间：2013-06-11。

司加入 Facebook，两名创始人在设立衡量网民信誉指标方面的能力对 Facebook 很有吸引力，可见 Facebook 收购 Legit 的目的是获得人才。

2013 年 4 月，Facebook 收购了移动软件创业公司 Osmeta，❶ 具体金额不详。Osmeta 成立于 2011 年 8 月，总部位于美国加州山景城，创始人是前谷歌和 IBM 高管 Amit Singh 和前 IBM 高管 Mark Smith。这家公司有 17 名员工全部为工程师，他们过去的东家有雅虎、VMware、谷歌和 IBM 等。Osmeta 公司尚未推出一款产品，但它研究的是跨设备的移动产品，可见，这是一起面向人才的交易。

2013 年 4 月，Facebook 收购了 HTML5 游戏平台 Spaceport. io，❷ 具体金额不详。Spaceport. io 的技术使游戏开发者能利用 Javascript 开发在所有智能手机操作系统上运行的游戏，向用户提供与原生应用相似的体验和更快的速度。借助 Spaceport. io 的技术，Facebook 能迅速地开发移动游戏产品，避免被更灵活、奉行移动优先战略的创业公司或其他社交网络公司赶超。

2013 年 4 月，Facebook 收购了美国应用开发服务 Parse，❸ 收购价格为 8400 万美元。Parse 是一家"移动后端即服务"创业公司，创立于 2011 年。Parse 的服务帮助移动开发者在云计算系统中存储数据，管理账号登录信息，处理推送通知，并在云计算系统中运行订制的代码。促使 Facebook 收购 Parse 的主要原因是其对占领移动领域的兴趣。Parse 为 Facebook 实施移动优先战略提供了新途径，使 Facebook 能迅速获得大量移动应用开发者。Facebook 将继续销售和管理 Parse 的后端服务，获得新的收入增长点。

由此可见，Facebook 在 2007 年 7 月 19 日至 2013 年 4 月共收购了 45 家公司，其中 2013 年 6 家（Atlas 广告业务平台交易谈判已接近尾声）；2012 年 13 家；2011 年 14 家；2010 年 9 家；2009 年 1 家；2008 年 1 家；2007 年 1 家；其每一笔收购都有其特定的目的和意义，或为收购人才，或为占据市场等，为公司快速、持续发展提供有力支持。

3. 3. 2. 2　Facebook 几笔重要的收购

Facebook 在上述 45 家收购中，每一笔收购的目的和意义以及重要性都是不同的，为了更好地分析 Facebook 公司收购对其发展的战略意义，以下根据收购金额、收购公司是否具有专利，以及被收购公司的业务和市场等几个因素选取 5 家企业进行重点分析。

1. Instagram 是极具价值的资产

Instagram 是一家只有 13 名员工的小公司，位于美国旧金山，由凯文 · 斯特罗姆和迈克 · 克里格联合创办。2010 年 10 月，Instagram 登录 Appstore，其提供一个运行在 iOS 平台上的移动应用，用户可以通过它随时将抓拍下的图片进行有趣的优化和分享。仅仅上线一周，Instagram 就收获了 10 万注册用户，覆盖了 50 多个国家的 700 家网络社区。2012 年 4 月，Instagram 登录谷歌安卓智能手机系统，用户超过 3000 万，再次实现了爆炸性增长。直到被收购前，还有消息称 Instagram 即将完成一笔 5000 万美元的新一

❶ http：//tech. qq. com/a/20130411/000100. htm，访问时间：2013-06-11。

❷ http：//tech. qq. com/a/20130424/000051. htm，访问时间：2013-06-12。

❸ http：//tech. sina. com. cn/i/2013-04-26/11458285564. shtm，访问时间：2013-06-12。

轮融资，公司估值达到5亿美元，可见市场对Instagram的发展十分看好。[1]

如果说Facebook是一本百科全书，那么Instagram只能算是一本袖珍字典，它没有网站主页，一切操作都只能通过移动设备进行。通过Instagram开放的产品可以看出，Instagram拥有对产品热忱和专注的特质。Instagram从始至终都知道自己在做什么、想做什么、用户需求什么，并且十分投入的专注自己的产品。Instagram团队完全由技术极客组成，用Python这种高级的语言进行开发，并且在Tumblr上及时更新他们的技术成果。正是具有这种专注的精神和高效的工作，这群“技术控”将产品做得十分符合用户的需求和习惯。

马克·扎克伯格[2]对这次收购发表了自己的看法，在其个人主页上称：“这对Facebook是一个重要的里程碑，因为其是我们有史以来第一次收购有这么多用户的产品和公司。但如果我们未来进行类似的交易，也不会有很多。”

社交网基金创始人卢·肯纳也对此次收购发表评论称[3]：“Instagram不仅仅对于Facebook来说是非常具有价值的资产，对于Twitter而言也同样具有相当意义。而我能肯定谷歌也对这家公司十分感兴趣。所以从某种程度上说，这次的收购既是一次进攻，也是一次防守。对于任何想要与Facebook竞争的企业而言，Instagram是极具影响力的资产。”

由此可见，Facebook此次收购不仅收购了Instagram的工作团队，强化Facebook的产品设计团队，还拥有了Instagram现有的或潜在的巨大用户数量。更重要的是，为其首次公开招股IPO做好了准备，同时可以有效的防止Instagram未来可能转型为社交平台，提供与Facebook社交网络相同的功能，变成其竞争对手，或被Google等其他对手收购。

2. 收购Atlas加强其广告功能

Facebook网站对用户大部分功能是免费开发的，其收入主要来源于广告业务，因此对Facebook而言，广告营收是创收的重中之重。长期以来，Facebook广告效果一直受到质疑。[4] 在Facebook 2012年5月首次公开招股IPO数天前，通用汽车宣布停止在Facebook上投放广告。为了防止客户进一步损失，Facebook推出了一系列工具，并与其他公司达成合作协议，以向广告客户证明在其网站上投放广告物有所值。

Atlas是一款广告服务产品，可以帮助广告主购买和管理广告，该产品最初是由微软在2007年斥资60亿美元收购aQuantive时一并拿下的业务。市场研究公司eMarketer的资料显示，[5] 在规模达150亿美元的美国在线显示广告市场上，谷歌以15.4%的市场份额排在首位，Facebook以14.4%的市场份额居于次席。可见，Facebook此次收购微软的Atlas在线广告平台，有助于增强其在在线显示广告市场上与谷歌的竞争力，提供

[1] http：//tech.163.com/12/0423/11/7VP9L0T70009387I.html，访问时间：2013-06-13。

[2] http：//tech.163.com/12/0410/04/7UMVEK0G000915BF.html，访问时间：2013-06-13。

[3] http：//tech.163.com/12/0410/05/7UN2UBSH000915BF.html，访问时间：2013-06-13。

[4] http：//tech.qq.com/a/20130301/000019.htm，访问时间：2013-06-14。

[5] http：//www.businessinsider.com/facebook-finally-acquired-microsoft-atlas-to-take-on-google-2013-02，访问时间：2013-06-14。

其在线显示广告收入，因此，对广告效果评估平台 Atlas 的收购对 Facebook 意义重大。收购完成以后，Facebook 雇用了大部分 Atlas 员工，并使其依然留在西雅图工作，可见此次收购也有吸纳人才的目的。

Facebook 在主页上声明中称，Atlas 能让广告商更好地了解到自己的广告营销活动效果如何，并会帮助他们比较在 Facebook 上的、以及在其他平台的广告投放效果。现在，Facebook 已经在自己网站上对许多广告商使用 Atlas 来评估网站广告的效果。可见，Facebook 收购 Atlas 之后，通过其监测分析系统以及 UI，对广告营销活动有了更全面的了解。

3. Face. com 分辨是否有两片相同的叶子

人脸与指纹、虹膜等具有的这种惟一性，使其具有了侦测、识别等方面的应用价值。尽管人脸识别已经在多个行业积累起日趋成熟的技术，但其在互联网上的大规模应用，要首推 Facebook 平台。❶ 目前，每天上传至 Facebook 的照片数量已经达到 3 亿多张。借助人脸识别技术，Facebook 能自动识别出用户上传照片中的人物，然后提示用户加上标签；而在此之前，用户只能手动完成为好友照片加上标签的动作，对于拥有大量照片的用户来说，这一操作颇为烦琐。

Face. com 公司是一家为 Facebook 提供照片面部侦测及识别技术的以色列的初创企业。Face. com 成立于 2007 年，主要提供用于扫描用户照片来识别脸部的桌面和移动产品，能让用户姓名与照片的匹配变得更加容易。Face. com 主要开发了在 Facebook 平台上使用的第三方应用程序 Photo Tagger 和在 Twitter 平台上使用的 Celebrityfindr，Celebrityfindr 能帮助用户迅速侦测到名人愿意公开的照片。在相关于自动识别出用户上传照片中的人物和提示用户加上标签的技术方面，Face. com 进行了专利申请。在公开号为 US2011/0182485A1 的美国申请中，Face. com 在独立权利要求 1 中请求保护："一种对应人与人之间关系的方法，包括：处理多个照片和相关内容信息，相关内容信息包括创建多个候选人列表，候选人根据一定优先级关系在该列表中排序，候选人是与在照片中的一个人具有事先定义的关系；使用在所述多个照片中的可视感知元素和相关内容信息的多维信息；至少部分基于所述优先级关系搜索和所述一个人事先定义关系的多个候选人。"在随后的公司收购时，该专利也进行了相应的转让，受让人为 Facebook，这就使得 Facebook 在自动识别出用户上传照片中的人物和提示用户加上标签的技术方面得到了有效保护。

Facebook 在公司博客上发布了有关该交易的正式声明❷："我们的任务是而且一直都是找到新的、令人激动的方式来让脸部识别技术变得有趣，使其成为人们生活的一部分内容，将卓越的技术与日常消费品结合到一起。如果你也像我们一样，那么 Facebook 会是你每天日常生活中的组成部分。我们与好友和家人保持联系，分享来自我们日常生活的有趣的（或是平凡的）体验，而很可能最重要的一点是，我们会分享大量的照片。"Face. com 同样发表了声明："我们热爱制造产品，而且就像我们在 Facebook

---

❶ http：//tech. sina. com. cn/i/2012-07-07/01127358976. shtml，访问时间：2013-06-14。

❷ http：//tech. qq. com/a/20120619/000018. htm，访问时间：2013-06-14。

中的朋友们那样，我们认为移动设备是人们生活的一个至关重要的组成部分，他们既能通过移动设备来创造和消费内容，又能与其社交图谱分享内容。通过与 Facebook 进行直接的合作并加入其团队，我们将有更多机会来创造令人惊喜的产品，这些产品将为消费者所用——这正是我们一直都希望去做的事情。”

同时，还要注意到在 2010 年 7 月，Facebook 已经自主开始小规模测试人脸识别功能，其目的是希望以此简化用户在照片上标识好友的操作，可见，此次收购的目的是进一步完善 Facebook 人脸识别功能，而不是引进人脸识别功能。随后在 2010 年 12 月，Facebook 宣布将在照片标签功能中引入面部识别技术。事实上，在收购 Face. com 之前，Facebook 已经与这家创业公司开展了接近两年的合作。由此可见，Facebook 对 Face. com 的了解是很深入的。

4. Karma 帮助 Facebook 进军电子商务

Karma 成立于 2011 年，是旧金山的一家社交礼品应用开发商，公司仅有 15 名员工。Karma 允许用户通过手机在其产品目录下选购礼品。礼品获赠方将接收 Karma 发送的通知短信，如果获赠方接受礼物并输入邮寄地址后，Karma 将告知获赠方提取礼物的网址。[1]

收购后的 Karma 可以通过搜索 Facebook 上的个人简介向用户发送提醒消息，告知近期好友生日，提高了 Facebook 的社交元素，丰富了 Facebook 的移动产品。对 Karma 完成收购后，Facebook 于 2012 年 9 月宣布推出一个新的工具，允许用户为朋友购买实体礼物。当用户的朋友生日快到时，Facebook 会提醒用户给朋友发生日祝福，之前只是允许用户发虚拟的礼物，现在则允许用户购买实体礼物送给朋友，用户可以用信用卡进行支付，而接受方需要提供其线下实际地址。礼物的发送形式可以通过朋友的 timeline 或者私信给予对方，收到信息的用户可以打开看一下预览，随后的几天里收到实际礼物。这是 Facebook 对用户在社交网络里是否有购买意愿的最新尝试，也是其在移动战略上的最新布局。[2] 这些礼物多种多样，涵盖了从蛋糕到太阳镜等不同商品，Facebook 将获得一定比例的分成。

很多著名公司已经和 Facebook 进行了合作，例如纽约的眼镜公司 Warby Parker，其公司联合执行官表示：“如果我们看到更多的消费者愿意通过 Facebook 这个平台赠送礼物，那么我们将愿意开一家真实的 Facebook 店，并且允许人们使用 Facebook 来进行交易。”现在已经有超过 100 家合作伙伴进驻 Facebook 的这个礼物交易平台，星巴克是其中最大的一个合作伙伴。

同时可以注意到，2010 年 7 月，Facebook 宣布，将于 2010 年 8 月 1 日关闭虚拟礼物商店 Facebook Gifts。Facebook Gifts 于 2007 年年初上线，经过 3 年多的运营，Facebook 现决定关闭该虚拟礼物商店。可见，该项业务的前景并不明朗。虽然，目前商品交易在 Facebook 的营收中只有非常小的一部分，其大部分营收都来自网站的广告，但是商品交易平台也为 Facebook 提供了新的收入来源。

---

[1] http：//tech. qq. com/a/20120519/000034. htm，访问时间：2013-06-15。

[2] http：//www. 36kr. com/p/156221. html，访问时间：2013-06-15。

5. Snaptu 开启 Facebook 国际收购

Snaptu 成立于 2007 年，它主要为功能手机开发应用程序。Snaptu 推出低端手机 Facebook 程序，它已经可以在全球 2500 种不同的移动设备上使用，占全部移动设备的 80%。尽管 Snaptu 的程序是免费下载的，但公司可以通过获得流量费分成。[1] 这是 Facebook 成功完成第一笔跨国收购，[2] 并且可以看出 Facebook 对手机移动业务十分重视，该笔收购也是 Facebook 进行跨国收购的开始。

3.3.2.3　Facebook 收购启示

通过对 Facebook 上述收购过程的分析可以很清晰地看出，其收购目的主要包括以下几种：

第一，通过收购企业来吸纳人才，强化 Facebook 的产品设计团队，进而为用户提供更好的产品或功能。Facebook 的大多数收购都属于此类，因为 Facebook 这样的平台型企业，不仅在于业务上的多元化，而更在于核心平台的不断完善和提升，这时候人才对公司的发展起着至关重要的地位。并且，由于社交网络固有的特性也使得人才更加可贵。例如，Facebook 对求职/招聘服务网站 Pursuit 的收购，为其随后在 2012 年 11 月推出了 Social Jobs app 打下技术基础和人才的保证。

第二，通过收购企业来完成在移动互联网上的布局，开拓市场，增加用户数量。移动化代表着互联网的未来，这不仅在于手机上网的全面普及，目前已经有近一半的用户通过移动设备访问 Facebook，而且移动互联网领域已经呈现出不同于传统互联网的全新的生态系统。苹果公司成功开启了整合硬件和软件、终端和云端、供应商和消费者的盈利模式；谷歌对摩托罗拉的收购等，也显示出其对产业链上下游全面整合的意图。在这种趋势和背景下，Facebook 自然需要迅速抢占移动市场，对 Beluga、Snaptu 等的收购都是其在移动互联网领域的布局之作。例如，Facebook 推出的 Messenger App 是由 Facebook 收购的 Beluga 团队为其开发的。

第三，通过收购相似领域公司或具有互补性公司来完善或丰富自己的业务，同时防止竞争对手进行收购。例如，Facebook 对微软 Atlas 在线广告平台的收购，用于增强在线显示广告市场上与谷歌竞争的实力，并防止谷歌对其进行收购；对 Instagram 的收购，一方面防止其未来可能转型为平台，提供 Facebook 社交网络相同的功能，变成其竞争对手；另一方面有效的对自己的业务进行完善。

第四，通过收购来挖掘社交网络的商业价值，增加社交网络的收入来源。例如，Facebook 收购社交化礼物赠送移动服务商 Karma 后，Facebook 于 2012 年 9 月宣布推出一个新的工具，允许用户为朋友购买实体礼物，这就使得社交网络收入多元化发展。

3.3.3　专利收购/并购分析

密集掀起的专利诉讼、收购背后，是以专利许可、转让、经营为核心的知识产权运营业务正在发生的深刻变化，其新的运营模式亦应引起国内公司的关注。专利大战

---

[1] http：//mobile. 51cto. com/news-249865. htm，访问时间：2013-06-17。

[2] http：//it. people. com. cn/GB/42894/196086/14189976. html，访问时间：2013-06-17。

和对市场的占据的需要已经使得专利越来越有价值，事实上，一种不同于产品收购和人才收购的专利收购已经在全球开展。这就使得拥有自己专利组合的创业公司价值大大提高，并且成为更受欢迎的潜在收购对象。图 3-3-1 上半部分显示出了 Facebook 收购/并购专利涉及的公司以及购入的专利数，本小节将对几笔重要的专利收购/并购进行分析。

3.3.3.1 收购 Friendster 发明专利奠定基石

Friendster 社交网络是社交网络服务鼻祖，[1] 成立于 2002 年，早于 Facebook 和 MySpace 等其他知名的社交网站，位于美国加利福尼亚州。在推出之后悄然走红，一直被 SNS 业界称为全球首家社交网站，此后大批的模仿者破茧而出，在全球范围内包括中国都掀起了 SNS 网站热潮，但是之后在美国很快就失去了优势。Friendster 是第一个用户超过 1 亿的社交网络，一半以上都是亚洲的用户。该网站的创始人曾在 2003 年拒绝把网站卖给谷歌被业内人士认为是一个极大错误，2009 年年底 Friendster 被马来西亚网络支付巨头 MOL Global 收购。2011 年 7 月 1 日重新改版后再度上线，主打社交游戏。

马来西亚 MOL Global 以 3950 万美元收购 Friendster 时，Friendster 拥有的 7 项发明专利和 11 项发明专利申请均转至 MOL Global 名下。Facebook 与 MOL Global 进行谈判，通过以一项估价为 4000 万美元的交易收购了上述专利，[2] 上述专利于 2010 年 8 月 24 日在美国进行了转让。

Friendster 在 2003 年 6 月 16 日申请了第一个发明专利，其 18 项发明专利中已经在美国授权 14 项，授权比例高达 77.8%，并且其技术方案涵盖了 19 个分类，其中，好友特征 6 项；搜索特征 5 项；标识特征 4 项；第三方特征 4 项；安全特征、同步特征、隐私设置、广告特征和多媒体特征各 2 项；产品架构、事件提醒、图片特征、位置特征、用户界面、运营盈利、博客特征、用户简单、隐私特征和移动应用各 1 项（此处的分类指专利涉及的四级分类）。

表 3-3-2 显示出了 Friendster 转让专利信息，通过该表可以看出，Friendster 发明专利申请是涉及社交网络发明专利中较早的一批发明专利，并且通过其授权比重可以看出，Friendster 发明专利具有很强的创新性。其施引专利计数值有 5 项高于 50、7 项高于 20 低于 50，可见其专利重要程度较高。由此可以推断，Facebook 花 4000 万美元购买 Friendster 这些基础性发明专利其实并不昂贵，如果 MOL Global 或者其他公司利用上述专利起诉 Facebook，Facebook 付出的代价也许更高。特别是 Facebook 进行 IPO 时会面临更多的专利诉讼，因此这笔收购消除了 Facebook 隐藏在其核心技术后面的知识产权问题。MOL Global 购买的 Friendster 已经风光不再，并且 Facebook 已经开始抢占 MOL Global 所在的东南亚社交网站市场，然而这笔专利交易已令 MOL Global 在投资 Friendster 数月后就收回了投资。

---

[1] http://baike.baidu.com/view/1097369.htm，访问时间：2013-06-18。

[2] http://en.wikipedia.org/wiki/Friendster，访问时间：2013-06-18。

表 3-3-2　Friendster 发明专利信息

公开号	概要（中文）	特征分类	特征分类	特征分类	优先权日	美国是否授权	施引专利计数
US20050021750A1	收集在线用户的与他人之间社交的数据；根据该社交数据为第一用户和第二用户在多种联系中建立最有效的联系方式	标识特征	好友特征		2003-06-16	是	156
US20050278443A1	追踪社交网络好友之间的动作，基于该动作预测用户的个人偏好，将事先设置的内容（例如广告）发送给用户	标识特征	运营盈利	广告特征	2004-06-14	否	54
US20050267940A1	包括存储多个用户信息的用户数据库、用户之间关系的关系数据库，以及第一服务器和第二服务器使用上述数据进行操作，组成社交网络	产品构架			2004-05-26	否	48
US20060247940A1	社交网络存储每个用户的个人兴趣，基于个人兴趣为用户进行匹配打分	标识特征	好友特征		2005-04-28	是	34
US20080065701A1	第一用户设备追踪第二用户的个人信息的变化，即时向第一用户提示该变化	事件提醒			2006-09-12	否	30
US20100180032A1	用户建立和名单，由社交网络和用户黑名单导出灰名单，由社交网络和灰名单导出白名单对于消息传送，消息到达用户的路径不经过黑名单与灰名单上的用户，对于访问授权，如果用户的白名单上的成员在服务商的用户数据库中，那么授权该用户进行访问，对于搜索，搜索结果不包括那些未经白名单上的用户连接到搜索发起用户路径传送的	安全特征	搜索特征		2004-07-22	是	17

续表

公开号	概要（中文）	特征分类	特征分类	特征分类	优先权日	美国是否授权	施引专利计数
US20080065604A1	用于实时更新社交网络用户的主页面（landing page），用户在第三方网站对主页面的内容进行更新，社交网络系统接收到用户的更新消息，通知其好友用户主页面更新，接受好友访问用户主页面的请求，分别从社交网络服务器以及第三方服务器获取主页面数据，将上述两种数据组合发送给用户好友	同步特征	博客特征		2006-09-12	是	33
US20060021009A1	当网络中的传输路径需要经过的中间节点属于第一个体的黑名单用户时，避开这些节点来传输，以解决SPAM问题，从而确保安全	安全特征			2004-07-22	是	70
US20100257459A1	更新会员信息设置的方法，用户通过接口输入会员属性信息和联系方式，根据用户的输入确定该用户与其他用户的关系，并更新数据库	隐私设置	用户简档		2004-05-26	是	13
US20060004892A1	基于其他用户使用网站的次数对搜索结果进行排序，并对结果中次数超过一定值的结果标注标签，上述其他用户为请求搜索的用户在社交网络中具有的分离度小于阈值的好友	搜索特征	标识特征	好友特征	2004-06-14	是	44

续表

公开号	概要（中文）	特征分类	特征分类	特征分类	优先权日	美国是否授权	施引专利计数
US20100185610A1	根据用户在第三方网站数据库中的身份标识确定用户在社交网络数据库中的身份信息，并提取与该用户有关系的社交网络成员身份信息与关系信息，将上述信息返回给第三方网站	搜索特征	广告特征	第三方特征	2004-06-14	是	4
US20050267766A1	基于某一用户建立与该用户的关系图，关系图中的用户根据设置关系层数确定是否与请求建立联系的用户成为好友	好友特征	隐私设置		2004-05-26	是	55
US20060004789A1	社交网络的数据库存储与第二数据库共享的维护信息，第二数据库的经营者使用社交网络信息；接收一个请求确定数据库中是否记录个人信息，确定其他数据库中的记录是否存在个人信息；返回一个指示关系	第三方特征	同步特征		2004-06-14	是	31
US20080222199A1	为源自第三方的媒体存储源ID 和内容 ID，将该视频包含在社交网络的网页中，从而方便管理第三方多媒体数据	第三方特征	多媒体特征		2007-03-06	是	15
US20070005750A1	管理在线社交网络注册用户之间的好友关系，允许用户搜索与该用户的分离度小于特定阈值的用户 ID，对于与其分离度大于等于阈值的用户显示无法找到	好友特征	搜索特征	隐私特征	2003-06-16	是	25

续表

公开号	概要（中文）	特征分类	特征分类	特征分类	优先权日	美国是否授权	施引专利计数
US20050235062A1	用于管理好友间上传图片，计算好友间的距离，B 提交向 A 的简档上传图片的请求，当距离小于 A 设定的阈值，则允许 B 上传图片，如果距离小于等于 1，则直接将图片上传至 A 的简档，如果距离大于 1，则将图片上传至队列中，等待 A 的确认	图片特征	好友特征		2003-06-16	是	83
US20060058958A1	将地球划分成并行的小区，根据移动装置所在的位置和其所在的小区进行邻近搜索，避免了距离计算，提高了搜索的效率和精度	位置特征	搜索特征	移动应用	2004-09-14	是	12
US20100162375A1	一种构建 landing page 的方法，在该页面上显示个人信息、好友信息以及来自第三方的多媒体	用户界面	多媒体特征	第三方特征	2007-03-06	否	14

3.3.3.2 Facebook 专利诉讼频发

2012 年 2 月 1 日，Facebook 向美国证券交易委员会正式递交了首次公开募股 IPO 申请，并于 5 月 18 日晚上市，发行价 38 美元，开盘 42.05 美元，收盘 38.23 美元。[1]对于计划上市的公司来说，提出 IPO 申请就意味着其必须努力展示出能够带来丰厚回报以及承受较低风险的能力，因此这些企业会极力避免出现影响公司创新形象的专利诉讼；如果避免不了，就希望通过和解速战速决，而这一想法却被一些公司所利用。比如 2004 年在 Google 进行 IPO 前，雅虎就通过专利诉讼为自己换取了相当多数量的 Google 股票。在此次 Facebook 提出 IPO 申请后，雅虎又故技重演，在美国加利福尼亚州北部地区的联邦地方法院对 Facebook 提起专利侵权诉讼。面对 Facebook 当时的迅猛发展态势，在付费搜索、展示广告和社交网络领域拥有关键专利的雅虎对 Facebook 展开专利围剿也在意料之中，雅虎选择围剿的时间点恰恰是在 Facebook 提出 IPO 申请之

[1] http://tech.sina.com.cn/z/facebook_ipo/，访问时间：2013-06-18。

后。[1] 同时，随着Facebook资金实力的不断强大和注册用户的不断增多，Facebook迅速成为社交网络的巨头，但与此同时其也越来越频繁的成为专利攻击的靶子。

起诉Facebook的公司类型可以分成3大类[2]：专利运营公司（Site Update Solutions LLC、MacroSolve Inc.、Princeton Digital Image Corporation、Droplets Inc.、Abridge Technology、Unified Messaging Solutions LLC、SimpleAir Inc.、API Technologies、LLC、PA Advisors LLC）；中小企业（Pragmatus AV LLC、Walker Digital LLC、Interval Licensing LLC、Mekiki Co. Ltd. et al、Promotional Technologies LLC、Easyweb Innovations、LLC、FotoMedia Technologies LLC、Auto - Completion Solutions LLC、Summit 6 LLC、Indacon Inc.、Wireless Ink Corporation、WhoGlue Inc.、Leader Technologies Inc.、CROSS ATLANTIC CAPITAL PARTNERS INC.）；知名互联网企业Yahoo。

Facebook或许还将面临其他老牌企业的专利潜在威胁。如在数据和文件管理、信息存储方面，谷歌创建了一些数据库并公布了其在数据库领域取得的部分成果，包括Facebook在内的很多公司都使用了这些信息来创建自己的数据中心，而谷歌的很多专利都与关键的数据创新中心有关。谷歌和Facebook在搜索服务、数据中心、社交网络服务等方面已展开直接竞争，不排除谷歌以数据方面专利侵权来对Facebook提起诉讼以遏制其快速发展。并且甲骨文、IBM和微软等老牌企业花费了数十年时间申请了大量与文件管理和信息存储相关的技术专利，Facebook对与这些技术相关的开源软件的免费使用也存在风险。一旦老牌企业决定使用这些专利武器，Facebook将面临巨大挑战。

3.3.3.3 面对IPO上市后的风险专利储备

截至2011年12月，Facebook仅拥有56项授权专利和503项正在申请的专利，并且73%的专利申请是在近18个月内提出的。[3] 另外，在已授权的56项专利中，有39项是Facebook通过收购所得。换句话说，自2004年创立的8年间，Facebook自己所拥有的专利寥寥无几。专利数量的薄弱和专利防御能力有限使Facebook成为一些为了提高自己的知名度或趁机索要高额专利许可费的中小企业或专利运营公司攻击的靶子，因此Facebook急需为IPO上市后应对各方面专利诉讼做好准备。2012年3月12日，雅虎公司Yahoo正式对Facebook提起诉讼，指控Facebook侵犯了其10项专利，并要求3倍的损失赔偿金。2012年3月23日，Facebook向IBM购买了679项专利；2012年4月23日Facebook宣布，向微软购买了437项专利。由此可见，在发明专利储备上，Facebook通过购买IBM和微软的大量发明专利迅速武装自己。

Facebook和微软达成一项协议，Facebook将以5.5亿美元的价格从微软收购发明专利。[4] 根据统计，Facebook购买了微软从AOL INC.购得的437项专利，此外，还将令Facebook获得微软从AOL INC.购买的所有专利的使用许可权。[5] 本报告附录中标引了

[1] http://cdnet.stpi.narl.org.tw/techroom/pclass/2012/pclass_12_A056.htm，访问时间：2013-06-18。

[2] http://www.cnii.com.cn/hygl/2013-05/09/content_1145075.htm，访问时间：2013-06-19。

[3] http://it.people.com.cn/GB/17731525.html，访问时间：2013-06-19。

[4] http://www.rtdot.com/news/761，访问时间：2013-06-19。

[5] http://techdaily.com.my/2012/0425/4452_2.html，访问时间：2013-06-21。

统计出的由专利权人美国在线 AOL LNC. 变更为 Facebook 的 437 项发明专利。通过对 AOL INC. 的 437 项专利进行分析，发现该 437 项专利涉及即时信息、电子邮件技术、浏览器、搜索引擎和多媒体技术等相关技术。

这项交易将大大提高 Facebook 在专利界的地位，Facebook 法律总顾问 Ted Ullyot 称："今天与微软达成的协议代表着 Facebook 一项重要的收购交易，这是我们为构建知识产权组合来在长期内保护 Facebook 利益的过程中所采取的另一个重要步骤。"同时也要注意到该笔收购能够成交的重要原因之一就是微软是 Facebook 的股东，在前者宣布与 AOL INC. 达成专利购买协议时，就已有分析人士猜测微软会与 Facebook 达成协议。❶ 此外，这对微软来说也是件大事，原因是这项交易将令微软在第一时间就收回为购买 AOL INC. 专利而支付的 10 亿美元费用中的一部分。微软执行副总裁兼法律总顾问 Brad Smith 称："今天与 Facebook 达成的协议将使我们可以收回购买 AOL INC. 专利所耗费成本的一半还强，同时又能实现我们希望在 AOL INC. 专利拍卖程序中达成的目标。正如我们在本月早些时候所说的那样，我们对 AOL INC. 专利进行竞标并最终胜出的目的在于获得 AOL INC. 全部专利组合的长期授权和特定专利的所有权，借此来为我们现有的专利组合提供补充。"❷

Facebook 的另外一笔重大专利收购来自与国际商业机器公司 IBM 之间的发明专利交易。根据统计，Facebook 已经购买了 IBM 的 679 项发明专利，在报告附录中进行了标示，通过对这些专利分析可以看出其覆盖的范围比较广，包括半导体、搜索、数据传输等多个方面，估计金额高达数亿美元。❸ 这可以缓解 Facebook 专利不足的问题，为包括与雅虎在内的专利诉讼预做准备。

3.3.3.4 灵活的专利防御策略

1. 收购第三方专利用于诉讼反击

2012 年 3 月 12 日，雅虎公司 Yahoo 在美国加州圣荷西联邦法院指控 Facebook 侵犯了其 10 项专利：US6907566、US7100111、US7373599、US7668861、US7629590、US7599935、US7454509、US5983227、US7747648、US7406501。该专利涉及即时通信、广告特征、隐私设置、网络特征等技术方面。2012 年 4 月 3 日，Facebook 提出确认不侵权以及雅虎专利权无效外，并抗辩 Yahoo 侵犯其 10 项专利：US7827208（Facebook）；US7945653（Facebook）；US6288717（RIGHT POINT LLC、标识特征）；US6216133（IPG ELECTRONIC 503 LIMITED、好友特征）；US6411949（IPG ELECTRONIC 503 LIMITED、标识特征）；US6236978（NEW YORK UNIVERSITY、用户简档）；US7603331（NEW YORK UNIVERSITY、用户简档）；US81036111（NEW YORK UNIVERSITY、产品架构）；US8005896（CHEAH IP LLC、即时通信）；US8150913（CHEAH IP LLC、即时通信）。

从 Facebook 提出该 10 项发明专利来看，仅有 2 项是 Facebook 自行研发的，其余 8 项是通过购买获取的专利权，其中 3 项来自纽约大学 NEW YORK UNIVERSITY，1 项来

---

❶ http：//www.cnetnews.com.cn/2012/0410/2087526.shtml，访问时间：2013-06-21。

❷ http：//www.leiphone.com/aol-sells-800-and-300.html，访问时间：2013-06-21。

❸ http：//game.people.com.cn/GB/48644/48662/17555130.html，访问时间：2013-06-21。

自RIGHT POINT LLC，2项来自IPG ELECTRONIC 503 LIMITED，2项来自CHEAH IP LLC。该10项专利涉及好友特征、标识特征和即时通信等内容。Facebook采用了和当年Google不同的策略，进行积极应诉，以Facebook强大的现金换取专利子弹。2012年7月7日，Yahoo和Facebook双方达成一项内容广泛的战略协议，作为双方专利诉讼和解的一部分，协议包括扩大广告合作以及部分重要专利相互授权等。[1]

Facebook从RIGHT POINT LLC购买了5项专利，其中3项涉及即时通信、2项涉及标识特征，转让日为2012年3月30日。Facebook从IPG ELECTRONIC 503 LIMITED购买了11项专利，涉及安全特征1项、标识特征1项、好友特征1项、即时通信1项和用户界面7项，转让日为2011年12月22日。

根据报道，[2] RIGHT POINT LLC是一家在纽约的高智公司，隶属于全球最大的专利授权公司"高智发明"，成立于2000年，由微软前CTO Nathan Myhrvold创立。在其股东结构中，微软、苹果、谷歌、思科、亚马逊等知名公司赫然在列。高智发明已成为国际专利交易中的"巨鳄"，根据高智发明公司的自我介绍，他们是一家促进创新工作的公司。比如说，他们会和顶尖的发明家合作、在发明的过程中，给发明家以资金支持，而发明家则将"专利权"作为回报，然后，高智发明公司再依靠这些"专利权"向其他公司收取专利授权费来获得收入。高智发明说自己的使命是推动"发明型经济"，是保护发明人的好公司。但是事实上，也有人认为，高智发明和创新或者发明无关，但和保护创新、保护发明有关。美国两位大学教授对高智发明公司进行了跟踪式调查发现，高智发明先是一次性付给小公司一部分钱，之后再从自己每一次从这个专利获得的收入中，分一部分给小公司。而当高智发明发现某家企业侵权时，就会毫不犹豫的将对方告上法庭。根据报道[3]可知，IPG ELECTRONIC 503 LIMITED也是一家类似于高智发明的专利运用公司。

Facebook从CHEAH IP LLC购买的两项专利是为同族的系列申请，涉及即时通信。CHEAH IP LLC坐落于加利福利亚州，也是一家专利运用公司。[4]

2. 收购起诉公司持有的发明专利

由美国旅游电子商务网站Priceline.com联合创始人Jay S. Walker控股的公司Walker Digital LLC在2010年10月24日在美国特拉华州地区法院提起，指控Facebook侵犯了它的专利US5，884，272。Walker Digital在诉讼中指出，Facebook窃取了它的一项发明专利，这项专利技术可以帮助用户实现匿名通信。Walker Digital还指出，公司的3名员工共同开发了一套系统，使得用户可以更加高效地管理和控制个人信息的发布，而Facebook无偿使用了该系统。Walker Digital是一家以专利运用为主的公司，创

---

[1] http：//cdnet. stpi. narl. org. tw/techroom/pclass/2012/pclass_ 12_ A056. htm，访问时间：2013-06-22。

[2] http：//www. pcworld. com/article/254685/yahoo_ claims _ facebook _ bought _ patents _ to _ countersue _ it. html% 20% 20% 20http：//www. techdirt. com/articles/20120427/14531318690/yahoo - says - facebooks - countersuit - doesnt-count-since-facebook-bought-its-patents. shtml，访问时间：2013-06-22。

[3] http：//newsandinsight. thomsonreuters. com/Legal/News/2012/06_ -_ June/Stealth_ patent_ troll_ s_ IP_ prompts_ $300_ million_ row/，访问时间：2013-06-22。

[4] http：//www. corporationwiki. com/California/Woodland-Hills/cheah-ip-llc/47409757. aspx，访问时间：2013-06-22。

办于 1994 年，该公司已经拥有超过 400 项已授权和仍在审查的美国和海外专利。除起诉 Facebook 之外，其他的被告还包括亚马逊、eBay、沃尔玛、索尼、团购网站 Groupon 等。Walker Digital 称上述被告均侵害了公司的专利。Walker Digital 还自称每年经由过程专利授权可以或许取得跨越 2 亿美元的间接营收。[1] Walker Digital LLC 公司在 2010 年至 2011 年，向 Facebook 提起了 3 次专利侵权诉讼。2011 年 7 月，Facebook 收购获得 Walker Digital LLC 公司的 11 项专利，其中运营盈利 9 项、产品架构 1 项和图片特征 1 项。最后 Walker Digital LLC 和 Facebook 达成和解。

3. 收购与业务相关的发明专利

基于位置服务是社交网络中重要服务之一，是社交网络必不可少的技术方案，因此，Facebook 分别从 MapQuest 和 VERIZON PATENT AND LICENSING INC. 收购了 6 项涉及位置特征的发明专利。MapQuest 是一个美国地图、加拿大地图和世界地图信息网站。它显著的特点是为用户提供驾驶路径和行车距离查询，MapQuest. com 可即时生成地图和方向指示。[2] 而 VERIZON PATENT AND LICENSING INC. 是 Verizon 的子公司，专门从事专利运用工作。Verizon 是美国最大的本地电话运营商，是大西洋贝尔公司在 2000 年并购 GTE 公司后的产物。该公司是美国最大的地方电话公司，也是位居 AT&T 之后的第二大电信公司，Verizon 与 Vodafone 的合资公司——Verizon 无线通讯公司是美国最大无线通信运营商之一。

而移动市场是社交网络的主要发展方向，具有巨大的商业价值，因此 Facebook 在移动应用上也进行了相应的收购。从游戏开发商 MOBLICA LTD. 收购了 2 项涉及移动应用的发明专利、从移动软件开发商 TIMALL ACQISITION CORP 收购了 5 项涉及移动应用的发明专利、从富士 FUJIFILM CORPORATION 收购了 13 项涉及移动应用的发明专利、从应用材料公司 APPLIED MATERIALS INC. 收购了 1 项涉及移动应用的发明专利，以及从英国通信 BT 收购了 1 项涉及移动应用的发明专利。而多媒体数据处理也是社交网络的重要业务，因此，Facebook 从富士 FUJIFILM CORPORATION 收购了 33 项涉及多媒体特征的发明专利、收购了社交网站软件开发商 DESIGNIN INC. 1 项涉及图片特征的发明专利。

因此，专利已不仅仅是一个企业技术实力和创新能力的象征，已逐渐成为被企业灵活运用的竞争武器，专利布局处于短板的企业将会不断面临来自竞争对手和“专利流氓”的专利攻击。Facebook 通过在关键技术领域的专利布局积极扭转自己在专利竞争中的劣势，不断提升自己和竞争对手抗衡的资本。

3.4 核心发明人

图 3-4-1 显示出了 Facebook 申请量最多的 6 位核心发明人以及其申请专利涉及的分类。其中，Erick 的申请量最多，申请共涉及 14 个分类，其中以搜索特征申请量最大，其次为用户界面，在博客特征、第三方特征、多媒体特征以及事件提醒也均有数

[1] http：//www. walkerdigital. com/about-us_ what-we-do. html，访问时间：2013-06-22。

[2] http：//www. gfwz100. com/shenghuofuwu/jiaotongyunshu/www. mapquest. com. html，访问时间：2013-06-23。

量相当的申请，其余的申请则分布在标识特征、好友特征、位置特征、分类特征、移动应用、产品架构和大数据处理上。由此可见，Erick 不但以搜索研究为主，还涉猎很多其他方面的研究。

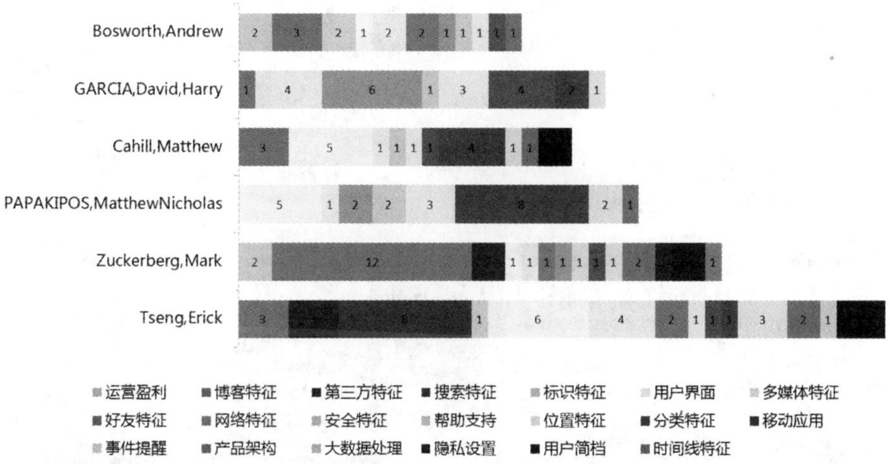

数据来源：WPI

图 3-4-1　Facebook 核心发明人专利涉及分类分布

事实上，Erick 在 2010 年 5 月加入 Facebook 前曾在 Google 工作过 4 年，具有丰富的搜索方面研发经验，Erick 加入 Facebook 后担任移动产品部的头儿，❶ 而且申请专利涉及的分类较广与其担任的职务可能有很大关系，移动产品是一个综合产品，会涉及与社交网络相关的各方面特征。

Mark 作为 Facebook 的 CEO，其申请量紧随 Erick 其后，且其申请也涉及了多达 14 个分类，并且主要集中在博客特征，其次是运营盈利和第三方特征。由此可见，正如第 3.2.1.2 节分析的那样，博客特征、运营特征和第三方特征是作为 Facebook 整个产品的三大基本载体存在的，Mark 的专利申请正是集中在这三个特征上，而对于其他 9 个特征则均有少量涉足。

Nicholas 的总申请量排在第 3 位，他的申请涉及 8 个技术分类，其中以移动应用最多，其次是用户界面、位置特征、网络特征、安全特征、事件提醒和产品架构，从涉及的分类可以看出，Nicholas 的主要研究方向为移动社交。

Harry 作为发明人申请的专利则主要集中在第三方特征，其次是标识特征和分类特征。

Cahill 的发明则主要集中在用户界面上，用户界面是产品与用户的接口，用户界面是客户对产品最直接的感受，而 Cahill 则恰好是 Facebook 的客户服务部主管。❷

Andrew 的申请量虽然排在 6 个人的末尾，并且其发明也没有在哪个分类上特别突

❶ http：//www. crunchbase. com/person/erick-tseng，访问时间：2013-06-24。

❷ http：//www. zoominfo. com/#！ search/profile/person？ personId = 1461810413&targetid = profile，访问时间：2013-06-25。

出，然而，Andrew 对于 Facebook 而言是非常重要的人物。Andrew 在 2006 年加入 Facebook 后担任工程主管，他在 2004 年从哈佛毕业后加入微软并一直工作到加入 Facebook 前。他在 Facebook 发明了 News Feed，并且至今在 Facebook 都承担着重要角色。

图 3-4-2 显示出了各分支申请量最多的发明人，Erick 在搜索特征、用户界面以及多媒体特征均是核心发明人，而 Mark 毫无意外地在博客特征中处于核心地位。此外，Harry 也在多媒体特征以及网络特征中处于核心地位。另外，运营盈利是 Jared，标识特征是 Lindsay，第三方特征是 Steven，帮助支持是 Blake，位置特征是 Jed。

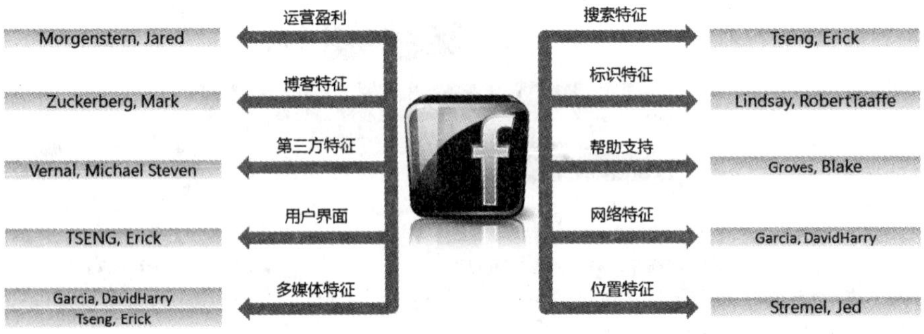

数据来源：WPI

图 3-4-2　Facebook 各分支核心发明人

3.5　外观设计

检索时间：2013 年 4 月 8 日

检索入口：USPTO

检索方法：在 USPTO 外观检索界面[1]输入检索式 APT/4 AND AN/FACEBOOK

检索结果：截至检索日，Facebook 共有 4 个外观设计专利，分别为 USD652424S、USD653258S、USD653671S、USD671551S。

所述 4 个外观设计专利均涉及用户界面的设计。除 USD671551S 外，其余三篇均于同日即 2010 年 2 月 3 日申请，且发明人均为 Matthew Cahill 和 Mark E. Zuckerberg，而 USD671551S 是于 2010 年 12 月 3 日申请，发明人为 Peter Deng、William Joseph Flynn、Josh Wiseman 和 Matthew Cahill。

下面分别介绍 Facebook 的 4 个外观设计，需要特殊说明的是，图中的所有虚线并非 Facebook 请求保护的设计。

图 3-5-1、图 3-5-2 和图 3-5-3 分别显示出了 Facebook 同日申请的 3 个外观设计的附图。从三组图可以看出，Facebook 对其用户界面设计进行了递进式的保护。首先，USD653671S 保护了横向项目条框以及条框内的 3 个图标，USD2424S 在此基础上进一

[1] http：//patft. uspto. gov/netahtml/PTO/search-adv. htm，访问时间：2013-06-25。

步保护了搜索框以及包含搜索框的底部开放的矩形框，接着 USD652581S 进一步保护了用户界面左侧的区域划分以及部分图标，还有所述矩形框右下角的框和图标。由此可见，Facebook 在对用户界面的保护是逐级递进的，实现了由大到小的保护范围。

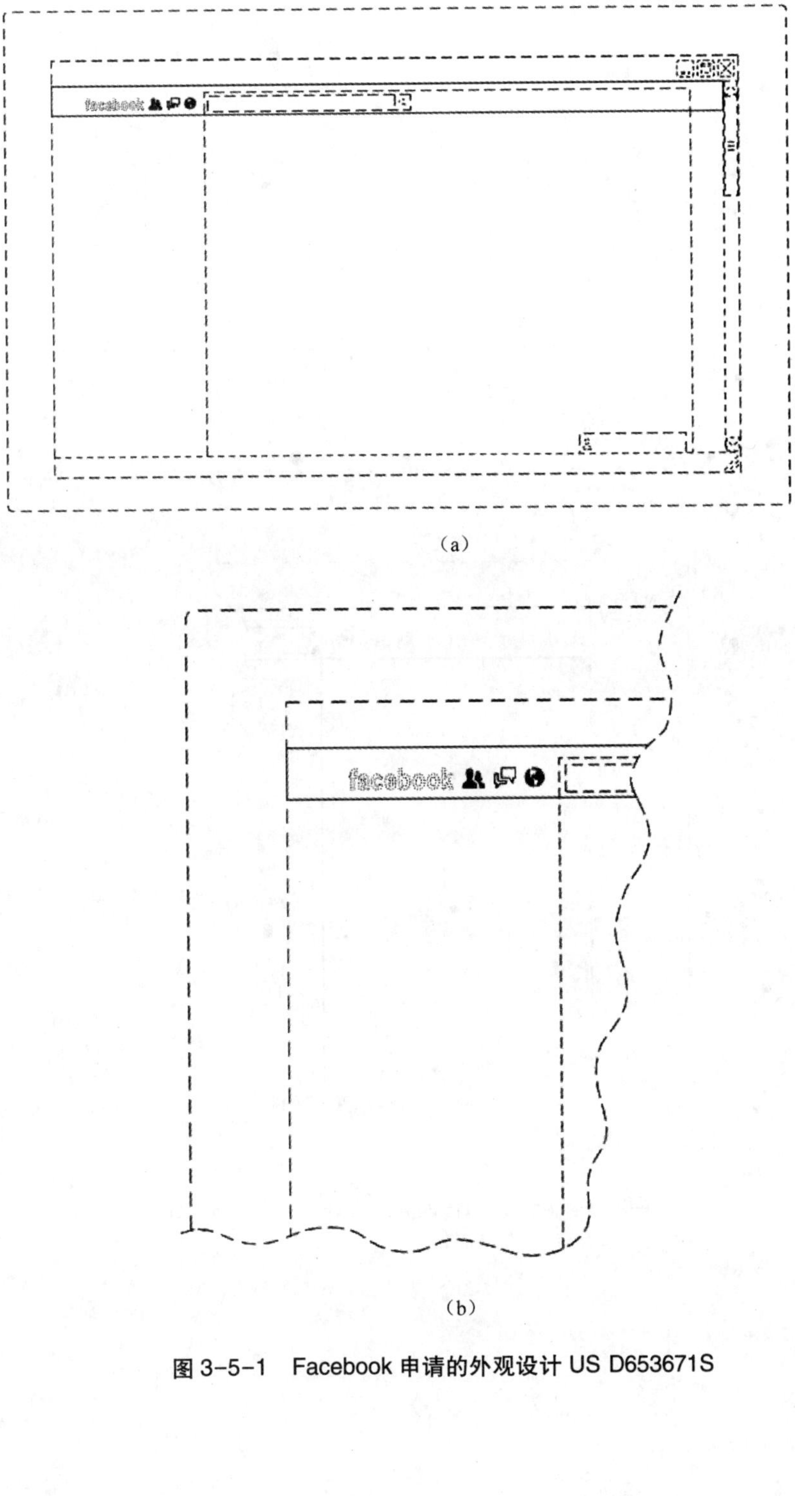

图 3-5-1　Facebook 申请的外观设计 US D653671S

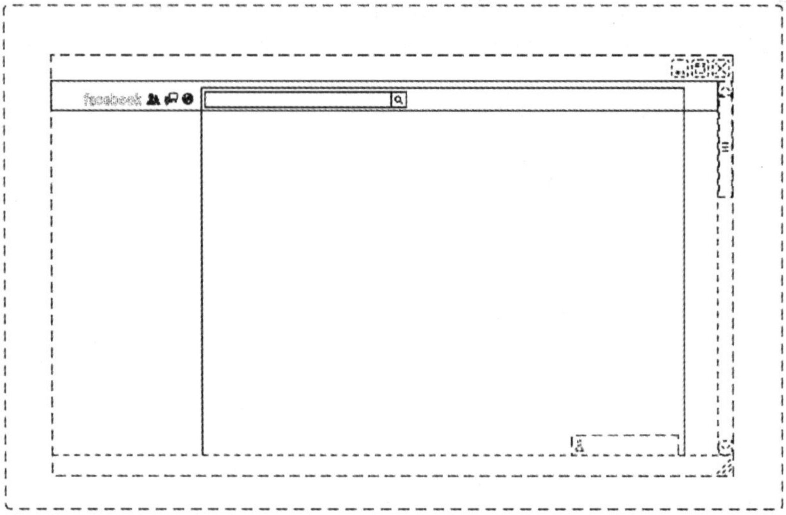

（a）

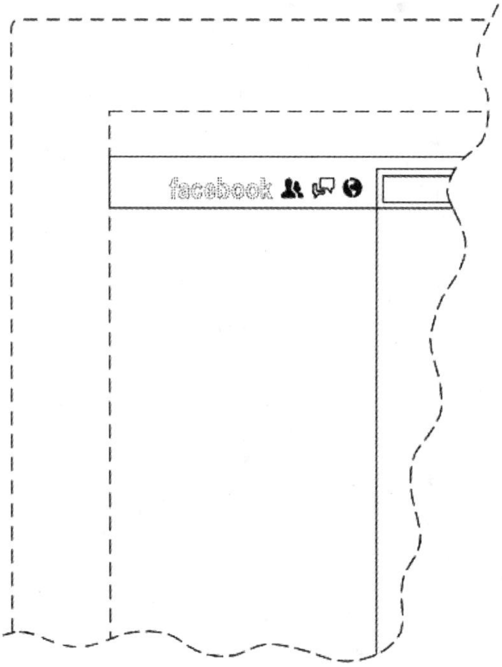

（b）

图 3-5-2　Facebook 申请的外观设计 US D652424S

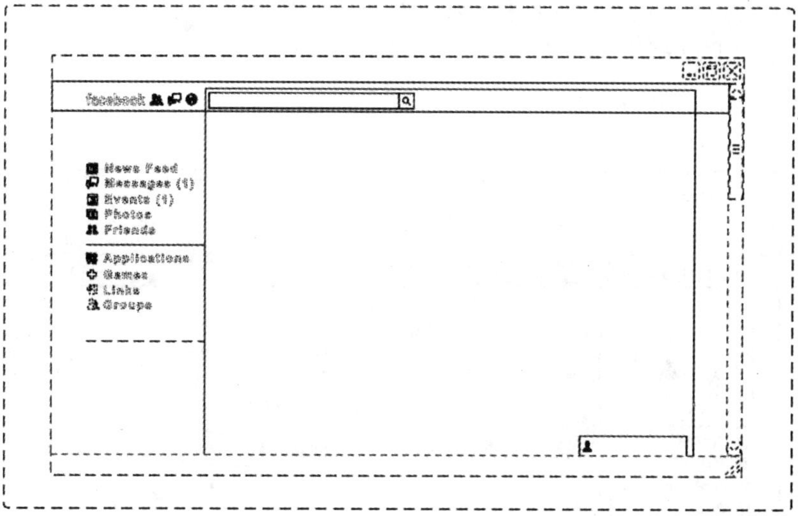

（a）

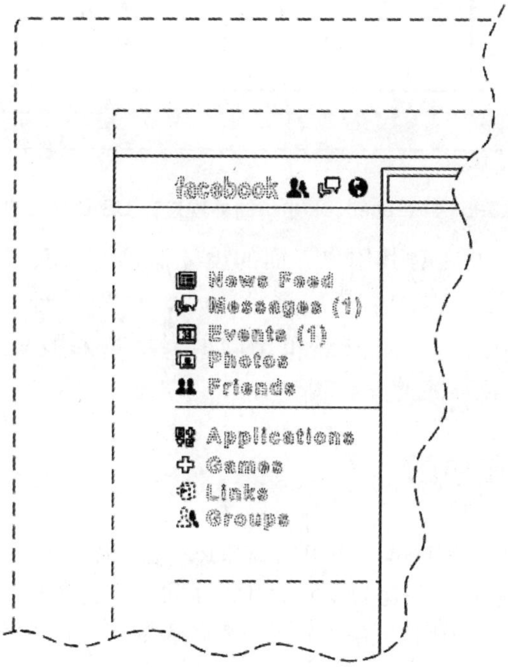

（b）

图 3-5-3　Facebook 申请的外观设计 US D653258S

图 3-5-4 显示出了 Facebook 的另一个外观设计 USD671551S。事实上，该用户界面的设计也是基于图 3-5-3 显示出的用户界面，并在其基础上进一步对用户界面进行了丰富，具体增加的内容可参见图中的实线部分。

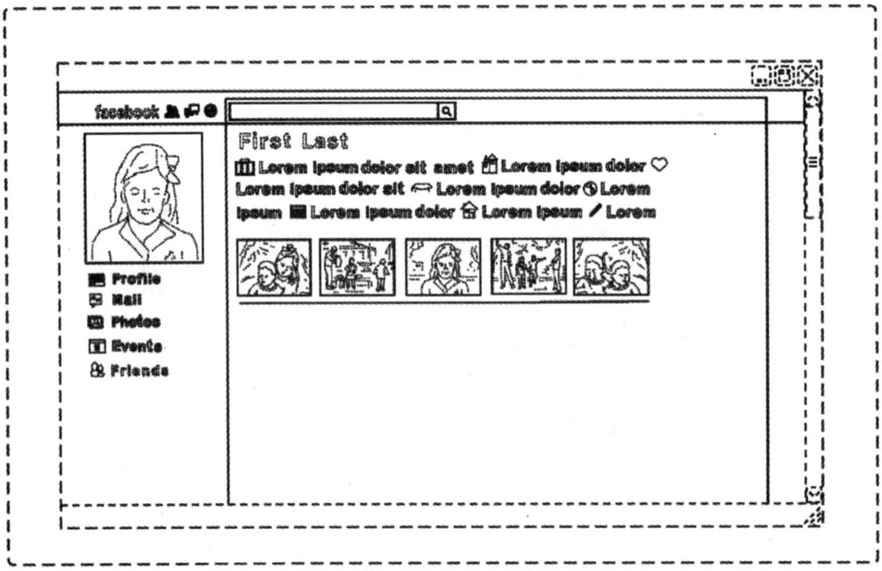

图 3-5-4　Facebook 申请的外观设计 US D671551S

综上所述，Facebook 在对其用户界面的设计保护上采取了逐级递进式的保护策略，首先对基本设计进行保护，然后逐渐添加设计项目进去，并分别予以保护，这种保护策略将使其在保有最大保护范围的前提下也能够对其各种设计细节分别予以保护。

3.6　Facebook 在中国

表 3-6-1 显示出了 Facebook 在中国申请的专利情况。从表中可以看出，Facebook 在中国一共申请了 20 个专利，均为发明专利，时间跨度为 2006~2011 年，目前无一被授权。在其申请的 20 个专利中，有 3 个处于视撤状态，有 6 个被驳回，有 11 处于公开状态。

表 3-6-1　Facebook 在中国专利申请专利一览表

序号	申请号	发明名称	法律状态	特征分类 1	特征分类 2	特征分类 3	特征分类 4
1	200880017086	用于访问互联网应用的个性化平台	视撤	第三方特征	用户界面		
2	200680052317	用于社会映射的系统和方法	视撤	好友特征			
3	200680052495	用于产生社会时间表的系统和方法	视撤	时间线特征			
4	200780034021	用于产生针对基于 WEB 的社交网络的成员而个性化的基于动态关系的内容的系统及方法	驳回	好友特征	分类特征	标识特征	
5	200780051830	用于自动定位基于 Web 的社交网络成员的系统和方法	驳回	位置特征	用户简档	移动应用	隐私设置
6	200880107455	在社交网络中确定广告目标	驳回	运营盈利	广告特征	用户简档	标识特征
7	200880119336	社交网络上的社区翻译	驳回	帮助支持			
8	200880019930	个性化的社交网络应用内容	驳回	第三方特征	用户简档		
9	200880114546	在社交网络网站中传送与来自其他域的活动有关的信息	驳回	第三方特征	博客特征	好友特征	
10	201080007785	使用社交信息对用户会话进行认证	公开	安全特征	好友特征		
11	200880103393	用于为软件应用提供社交上下文的平台	公开	第三方特征	安全特征		
12	200880017190	用于为与用户简档相关联的应用提供隐私设置的系统和方法	公开	隐私设置	第三方特征		
13	201080026200	社交网络中的选择性的内容可访问性	公开	隐私设置	好友特征		
14	201080014059	为了广告的推断定向而利用社交网络中的信息	公开	运营盈利	广告特征	好友特征	标识特征
15	201080032872	将有关本地机器的信息传达给浏览器应用	公开	安全特征			
16	201080035737	收集关于社交网络化服务中的连接的信息	公开	大数据处理	搜索特征		
17	201180014426	利用来自社交网络系统的内容个性化社交网络系统之外的 Web 页面	公开	第三方特征	用户界面		
18	201180020125	包括社交网络系统之外的网页的社交图	公开	第三方特征	标识特征		
19	201180017998	在社交网络系统中传输关于来自另一域的活动的信息	公开	运营盈利	广告特征	第三方特征	
20	201080033507	备用电源与服务器系统中的主板的直接连接	公开	另类的技术			

说明：表 3-6-1 中的特征分类是课题组在阅读文献后给出的 4 级分类，各分类定义以及分类方法请参见本章第 1 节。

从 Facebook 在中国申请的专利内容看，申请最多的是设计第三方特征的专利，有 6 个；其次是运营盈利，有 3 个；剩下的零散的涉及安全特征、帮助支持、大数据处理、好友特征、时间线特征、位置特征、隐私设置以及另类的技术。由此可见，虽然 Facebook 在中国进行的专利布局不大，但是能够看出其非常看重中国市场的第三方，力求通过专利将第三方接入保护起来。Facebook 其次看重的是在中国的盈利模式，这也符合一个社交网络公司发展的特点。

从 Facebook 在中国申请专利的时间看，其分布在 2006~2011 年，并且在 2008 年的申请量最多，有 7 篇；其次是 2010 年，有 6 篇。2006 年，正是 Facebook 向互联网开放的一年，可见，Facebook 在最初就已经开始注意到了中国市场，而 2008 年正是 Facebook 推出简体中文版的一年，在这一年，Facebook 各方努力希望进入中国市场，但未能如愿，然而，从 2010 年的数据看，Facebook 似乎从未放弃过中国市场，即便前期的专利布局遇到了麻烦，但是 Facebook 似乎仍然在继续努力。

表 3-6-1 中显示 2012 年没有申请，是 Facebook 真的没有申请还是申请了但尚未公开，也许，Facebook COO Sheryl Sandberg 在 2013 年公开的言论也许能给出些许启示，Sheryl 表示：Facebook 对中国市场抱有巨大兴趣，仍在想方设法进入中国，中国市场的潜力尚未得到挖掘，Facebook 不会将这一市场拱手让给本地竞争对手。❶

3.7 小 结

专利对 Facebook 这类社交企业意味着什么？从统计数据可以看出，Facebook 现在拥有的绝大多数专利均是来自其收购，而这其中，又以其在 IPO 前购买的专利为最多，两个最大的卖家 IBM 与 AOL 也并非社交网络企业，Facebook 究竟想从他们身上得到什么？答案很简单，为了安全，为了上市，所以我们说，专利归根结底还是商业手段。通过对 Facebook 自主申请专利的分析，我们还发现很难将其众多的专利按照技术特征进行分类，或者说 Facebook 专利的技术特征并不是很明显，实际上关键点往往只是一个 idea，而正是这样一个 idea，划分了社交网站酷与不酷的区别。简单来说，Facebook 就是通过专利来保护这种对其至关重要的 idea，这还得益于美国相对宽泛的专利保护客体，使 Facebook 这种专利策略成为可能，那么，哪些东西对 Facebook 来说是至关重要的？通过专利统计，我们可以看到，排在第 1 位的是运营盈利，也就是广告；排在第 2 位的是博客特征，也就是信息的推送与分享；第三方特征虽占据第 3 位，但从其内容看，分属于信息的导出与导入，广告和消息推送也是其目的，广告是 Facebook 的盈利模式，毫无疑问，独特的商业方法将使 Facebook 在同行业的竞争上更具优势，而信息的推送与共享则是 Facebook 基本的交互方式，这也是其吸引用户的利器，但正如前文所说，很难在这两类申请中发现高深的技术手段，另外，相同的申请却很难在中国现有的专利法体系下得到授权，这从 Facebook 在中国零授权率中也能看出一二，虽说可以使国内社交企业有一个相对宽松的竞争环境，但同时也使他们很难保护自己的 idea，不知这对中国的社交企业是祸还是福。

---

❶ http：//news. pconline. com. cn/335/3350712. html，访问时间：2013-06-26。

第4章
SNS 潜行者 Voxer

Voxer 是一家来自美国旧金山的移动应用开发公司，前身是 RebelVox。2011 年 3 月更名为 VOXER，❶ 旗下拥有语音对讲应用 Voxer。该公司成立于 2007 年，其创始人是 Tom Katis（图左）和 Matt Ranney（图右）。目前，VOXER 具有 41 名员工，❷ 这些员工拥有不同的技术背景，来自不同的公司如 Danger，Android，Twitter，Apple 等。❸

据报道，Tom Katis 曾经作为士兵在阿富汗执勤，开发 Voxer 应用的 idea 来自他在阿富汗的一次作战经历，当时他正在激烈的战火中协调增援部队和医疗队，急需与所有相关人员即时通话，但政府发放的对讲机没法满足他的需要，例如，传统的对讲机中，一个信道每次只能有一个消息被发送，如果每个队使用同样的信道，则通信会变得拥挤和混乱；消息的传送无法得到保证，接收者在听取消息后也无法再次查阅该消息；此外，传统的对讲机也无法区分会话优先级。正是由于这样的经历，所以，Tom Katis 想要开发一种可以同其他士兵交谈的更好的技术，在他和他的开发团队的共同努力下，Voxer 在 2011 年 5 月推出 Voxer 的苹果 iOS 操作系统标准版本；2011 年 11 月推出安卓操作系统标准版本；2013 年 5 月推出 WINDOWS PHONE 8 的 Beta 版。参见图 4-1-1，从整体来看，Voxer 的界面较为简洁，但功能却非常强大，一经推出，便立即获得了用户的关注，短短几个月的时间便拥有了上百万的用户，甚至在苹果 APP STORE

---

❶ http：//www. insideview. com/directory/voxer-llc，访问时间：2013-06-22。

❷ http：//www. voxer. com/team. html，访问时间：2013-06-22。

❸ http：//en. wikipedia. org/wiki/Voxer，访问时间：2013-06-22。

中的社交网络排名中取代 Facebook 名列第 1 位。❶ 根据 CNN 在 2012 年 5 月的报道，Voxer 的用户遍布世界各地，尤其在美国、墨西哥、加拿大、德国、英国等地具有庞大的用户群，截至 2012 年 2 月，Voxer 拥有 250 万的日活跃用户。

图 4-1-1　Voxer 使用界面

Voxer 可以为用户提供即时语音、文本、照片等信息的发送与接收服务。其中，信息的呈现又分为两种模式，一是随着消息的渐进接收立即进行媒体的播放；二是用户接收到消息后可在任何时间如推迟一定时间后查看。当然，参与会话的用户可以在上述两个模式之间无缝的切换；另外，用户可以同时参与多个会话，并对这些会话进行优先级的排序；会话的所有消息即用户发送的消息和接收到的消息都将被存储在设备中以方便后续查看；当用户从一个会话切换到另一个会话时，还可以以较快的速度播放所切换到的会话的历史消息，从而尽快跟上该会话；用户还可以在离线的情况下录制消息，在其所使用的手机连接到网络后自动发送上述消息。以上仅仅是列举了 Voxer 的众多功能中的部分功能。值得一提的是，对于 Voxer 的几乎所有功能和相关传输技术，Voxer 都进行了专利布局，这些专利/专利申请分别从不同的角度、不同的保护范围对上述功能进行保护。

此外，用户还可以将自己的对话分享到 Facebook 和 Twitter。通过 Facebook 提供的“查找朋友”功能，当用户首次登录 Voxer 后，它会自动给你推荐一些朋友关注。然而，继 2013 年 1 月 Facebook Messenger 推出语音功能后，Facebook 开始限制与其有竞争关系的应用访问其用户数据，首先拿语音对讲应用 Voxer 开刀。❷ 这也从一个侧面说明 Voxer 在语音对讲领域所引起的关注。

2012 年 4 月，Voxer 依靠其大量的日活跃用户以及几乎能够让对方实时收到语音信息的专利实时语音流技术完成了一轮 3000 万美元的融资，这次投资由 Institutional Venture Partners 与 Intel Capital 领投，并有如 SV Angel、CrunchFund 这样的众多天使资金

❶ http：//thenextweb. com/apps/2011/12/08/the-1-social-networking-app-on-apples-app-store-isnt-facebook-its-voxer/，访问时间：2013-06-22。

❷ http：//www. 36kr. com/p/200870. html，访问时间：2013-06-01。

跟投。

2013 年 8 月，Voxer 将业务扩展到了企业级客户，推出了 Voxer Pro For Business，该产品为企业提供了一个桌面企业通信系统，该系统有管理员控制权限，而且有一个可视化企业网络实时地图，管理员可以在地图上定位员工的具体位置，然后进行管理。2013 年 10 月后，该产品将对每一用户每月收费 9.95 美元。[1]

以上介绍了 Voxer 所创造的辉煌历史，但 Voxer 似乎仅仅在国外风生水起，对于国内的社交网络用户甚至社交网络行业的从业人员，Voxer 都没有很高的知晓度。然而，国内社交网络企业尤其是移动社交企业如果想要走出国门，进一步推广其市场，则必须对这家公司给予足够的重视，因为虽然 Voxer 晚于 Whatsapp 推出产品，但其专利布局却远远早于其产品，大部分申请的最早优先权可追溯到 2007 年；且通过对其专利文件的简单阅读就能够发现，这家公司在利用专利对其产品和技术保护方面有着独到的思路和策略。正是基于上述原因，课题组花费了大量的精力对 Voxer 进行研究和剖析，希望能给国内企业带来一些启发。

4.1　分析方法

作为社交领域的初创公司，Voxer 与传统社交网络公司在很多方面都有较大的不同。以 Facebook 为例，其产品形态具有多元性和开放性，因此，所申请的专利也五花八门，涉及社交网络的各个方向，如广告、地理位置、多媒体应用等；此外，还有很多专利申请的技术并未体现在其产品中。而 Voxer 这家公司的产品线以及产品形态相对来说较为单一，所申请的专利也大都围绕旗下的 Voxer 应用展开，几乎可以说，Voxer 申请的专利组合起来就构成了 Voxer 应用的“使用说明书”和“技术说明书”。

对于这样一家专注移动社交通信的公司，本课题对其建立了技术分类体系，从专利申请量趋势、授权量/授权比例趋势、最早优先权等多个维度进行总体分析，并从临时申请和继续申请的角度，详细分析这些专利/专利申请之间的引用关系，给出各个分类的技术发展特点。最后，对核心发明人、申请策略和撰写特点进行了分析。

4.1.1　数据来源

检索时间：2013 年 4 月 8 日

检索入口：世界专利索引数据库（WPI 数据库）

检索方法：以 Voxer 创始人为检索词在发明人字段检索，并以 Voxer 和其曾用名 RebelVox 为检索词在申请人字段进行检索，对上述两部分的检索结果取并集作为最终的检索结果。

检索结果：75 项专利申请

4.1.2　相关约定

课题组在研究过程中，发现 Voxer 的专利族在 DWPI 数据库中存在以下问题。

---

[1] www.kuailiyu.com/article/3692.html，访问时间：2013-06-28。

1. 临时申请、正规申请引起的专利族标引：

Voxer 的大部分专利/专利申请都是在少数几个临时申请的基础上提出的正规申请或者是上述正规申请的继续申请或者部分继续申请，而各国的专利制度对优先权的规定又存在较大差异，这就在客观上导致 DWPI 对专利族进行标引时存在不一致。部分情况下，将在同一个临时申请的基础上提出的正规申请标引为一个专利族，在另外一些情况下则分别标引为独立的专利族。例如，US8401582B2 和 US8401583B2 为同日提交的申请，均是在 2008 年 4 月 11 日提交的申请号为 61/044272 的临时申请的基础上所提出的正规申请，DWPI 将上述二者标引为一项专利。然而，在类似的情况下，US8270950B2（公开号为 US20100144321A1）和 US20100144320A1 为同日提交的申请，均是在 2009 年 1 月 30 日提交的申请号为 61/120288 的临时申请的基础上所提出的正规申请，DWPI 中却将上述二者标引为两个不同的专利项。

2. 进入不同国家/地区的权利要求不尽相同引起的专利族标引：

例如，EP2080340A1 与 EP2080342A1 的权利要求请求保护的技术方案完全不同，前者更侧重于终端侧媒体的呈现，而后者更侧重于媒体的传输，如传输的速率、优先级等，但上述两件申请在 DWPI 库中却属于同一个专利族；又如，公开号为 US20090103549A1 和 US20090003247A1 的美国专利申请分别请求保护了不同的技术方案，而相应的方案在进入中国国家阶段时记载在同一篇专利申请（CN101822023A）中，即 CN101822023A 实际上分别与上述两篇美国申请构成了同族。然而，DWPI 数据库中，仅将 CN101822023 与 US20090003247A1 标引为一个专利族，而 US20090103549A1 独立成为一个专利族。

正是由于上述客观上的不一致，课题组认为，若简单地依赖于 DWPI 目前对专利族的归类进行后续的统计分析，得出的结论必然有失偏颇，不能反映真实的情况。因此，在对 Voxer 进行研究时，课题组采用了拆分专利族的方法，即对同一项专利中的不同件专利均进行了单独的分析。

在具体分析过程中，课题组进一步发现，Voxer 在进入中国时，通常会在同一个申请中记载多个独立权利要求，这些独立权利要求往往对应于不同的技术分类，因此，很难以一篇申请为单位进行统计分析。此外，申请文件/授权文本所采用的语言不尽相同，而课题组人员语言阅读能力所限。基于上述两个原因，在第 4.2 节对 Voxer 专利/专利申请进行统计分析、第 4.3 节进行基于分类的分析以及第 4.4 节进行已授权专利分析时，以每一项申请中的所有 US 同族、EP 同族为数据基础；每一项申请中的所有 CN 同族则在第 4.8 节进行单独分析。

4.1.3 分类定义

在对检索得到的数据集按照第 4.1.2 节中所述的方法进行整理，得到 US 和 EP 同族共 91 件。在对这 91 件申请进行精读和精标引的基础上，将 Voxer 的所有申请划分为 6 个分类，参见表 4-1-1，分别为呈现及会话类别、传输、特殊语音会话、数据同步、界面及会话组织、其他，表中每一条目括号中的数字表示在该分类或者子分类下的文献数量。在 6 个分类中，呈现及会话类别、界面及会话组织是用户使用 Voxer 这个应用时能够直接体验到的功能；而传输和数据同步则涉及具体的技术，基于传输技术可以给用户带来更好的实时体验，然而这些技术相对于用户是屏蔽的，即用户仅能感受到采用了这些技术后获得的使用体验，而并不知晓体验背后的技术支撑。特殊语音会话使得用户可以采用更广泛的方式获得实时语音对讲的服务。在其他分类中，给出了 Voxer 申请的一些很有意思的专利。

表 4-1-1　Voxer 专利申请的 6 大分类

<table>
<tr><td rowspan="15">Voxer
专利申请
6 大分类</td><td>一级分类及数量</td><td>二级分类及数量</td></tr>
<tr><td rowspan="4">呈现及会话类别（32）</td><td>会话的呈现模式（24）</td></tr>
<tr><td>多个会话的呈现（5）</td></tr>
<tr><td>跟上会话（1）</td></tr>
<tr><td>会话类别（2）</td></tr>
<tr><td rowspan="4">传输（31）</td><td>时间敏感媒体的即时交付（16）</td></tr>
<tr><td>传输协议（4）</td></tr>
<tr><td>传输模式（8）</td></tr>
<tr><td>底层传输（3）</td></tr>
<tr><td rowspan="2">特殊语音会话（13）</td><td>传统通信设备（2）</td></tr>
<tr><td>邮件（11）</td></tr>
<tr><td rowspan="2">数据同步（12）</td><td>数据同步过程（10）</td></tr>
<tr><td>数据同步底层技术（2）</td></tr>
<tr><td>界面及会话组织（4）</td><td>—</td></tr>
<tr><td>其他（6）</td><td>—</td></tr>
</table>

4.2　专利统计分析

对 Voxer 申请专利的统计分析主要基于申请时间、优先权日、申请数量和技术分类 4 个维度。此处需要声明以下几点：

（1）如果同一申请同时涉及多个技术分类，则在其涉及的各技术分类下分别计数；

（2）对于涉及多个技术分类的文献，在图中的“合计”中仅计数为 1；

（3）此处申请时间是按照申请日进行的统计，而非优先权日；

（4）由于其他涉及的 6 篇专利的特殊性，此处文字部分的具体统计分析不涉及该部分，仅以示出供参考。

图 4-2-1 显示出了 Voxer 专利申请在技术分类、申请时间两个维度上的分布。

从图中可以看出，在 Voxer 申请的 6 个技术分类中，涉及传输技术的申请量最大，其次是呈现及会话类别技术，紧接着是界面、特殊语音会话以及数据同步技术。由此可见，对于 Voxer 而言，最重要的就是传输技术和呈现技术，这与 Voxer 应用本身的技术特点是相符的。Voxer 作为一款即时通信应用，数据传输和数据呈现是该应用的两大技术支撑，而界面、数据同步以及特殊语音会话均是作为辅助技术存在。

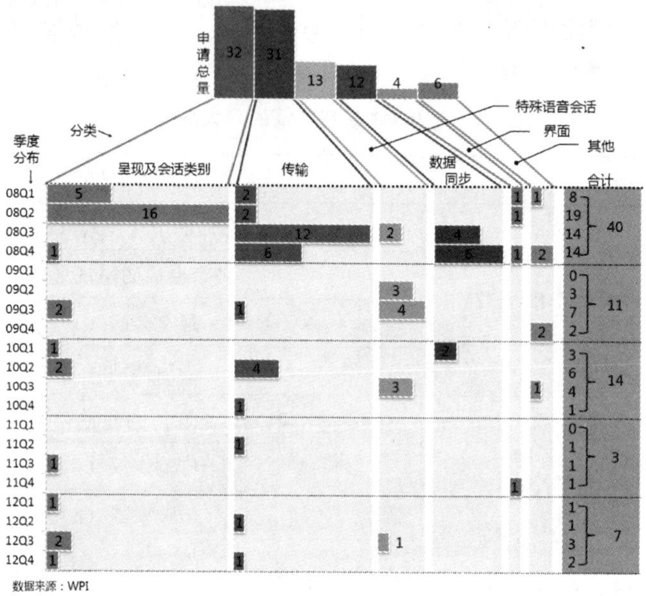

图 4-2-1 Voxer 专利申请分布

从 Voxer 专利申请的年份分布看，2008 年的申请总量最多，有 40 件之多，占其申请总量 75 件的一半以上。从 Voxer 专利申请的季度分布看，其申请量最高的是 2008 年第 3 季度，其次是同年的第 2 季度。同时从图中可以看出，在申请量最多的 2008 年第 3 季度，其主要申请的是涉及传输的专利，而申请量第二多的同年第 2 季度申请量最多的是涉及呈现及会话类别的专利，并且从分类的纵向时间分布看，2008 年第 3 季度是整个涉及传输分类申请量最多的季度，而同年的第 2 季度也是整个涉及呈现及会话类别申请量最多的季度。此外，涉及数据同步和界面的专利申请也是在 2008 年申请量最大。由此可见，2008 年对于 Voxer 而言是其对即时通信技术进行专利布局至关重要的一年，尤其是该年的第 2 季度和第 3 季度。

回头看图 1-1-1 SNS TimeLine，Voxer 在 2011 年才上线，而且至今该应用涉及的大部分功能均是基于其申请的 75 件专利，其很多专利埋伏了长达 3 年之久，这与很多其他涉及即时通信的公司进行短线专利布局甚至不布局存在很大的不同，Voxer 进行如此长线的专利布局的目的暂时还不得而知，然而其专利布局意识还是值得国内公司学习的。

2009 年，Voxer 未就传输、数据同步和界面继续申请专利，而是集中在呈现及会话类别和特殊语音会话方面进行了专利申请。由此可见，Voxer 在这一年未就其传输、数据同步和界面作进一步的研发，而是集中对呈现技术进行进一步丰富并着手发展特殊语音会话技术。而在 2010~2012 年间，Voxer 未就任一分类进行特殊的大量的申请，而是对除同步技术外的其他技术分类进行了几乎均匀的申请。可见，Voxer 在这 3 年间只是对其原有技术进行了微调整，未对其技术进行大的改变。

图 4-2-2 是在图 4-2-1 基础上显示出的 Voxer 专利授权布局。由图中的颜色分布可以看出，Voxer 在美国专利商标局获得的授权量要大于在欧专局获得的授权量。

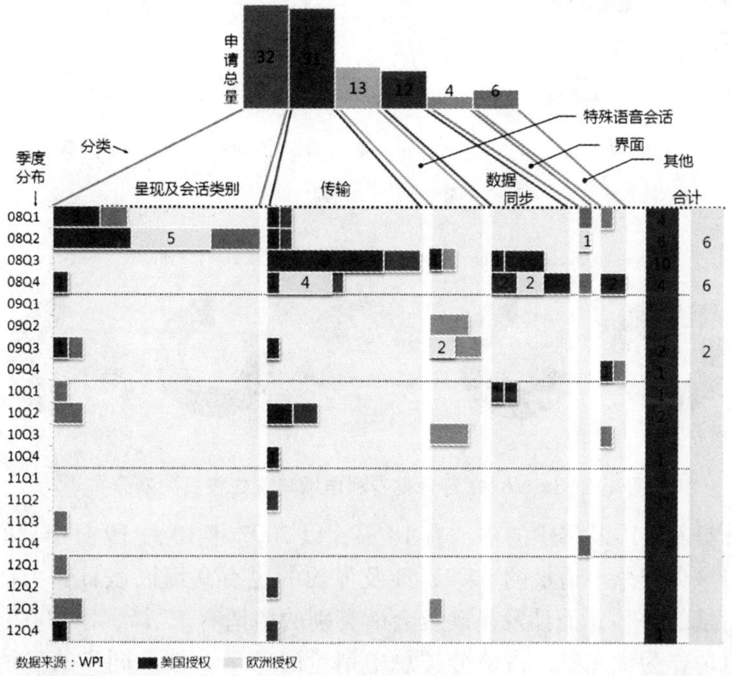

图 4-2-2　Voxer 专利授权分布

各分类比较而言，在美国，涉及传输的专利授权量最高，也是授权比例最大的，有超过一半的涉及传输的专利申请获得了授权；其次是涉及呈现及会话类别的专利，数据同步和界面的授权量基本持平，特殊语音会话的授权比例是最低的。由此可见，在美国，传输与呈现是主要的专利壁垒，值得特殊关注。

在欧洲，各技术分类的授权量基本差不多，从授权比例上看，传输的授权比例最低，其次是界面和特殊语音会话，再次是呈现及会话类别和数据同步。由此可见，在欧洲，暂无某个特别大的技术壁垒，然而其在欧洲的专利布局依然值得关注。

图 4-2-3 显示出了 Voxer 各分类专利申请所要求的优先权的分布。

由该图可以看出，Voxer 申请专利涉及的优先权日集中在 2007 年 6 月 28 日和 2007 年 10 月 19 日，这两日提交的均为美国临时申请。由此可以看出，Voxer 的专利布局时间可以向前再推半年，即早在 2007 年 6 月 28 日，Voxer 即以临时申请的形式在美国进行了专利布局。并且由整体分布看，这两日提交的临时申请以接续申请、部分接续申请或其他形式被延续到后面大部分的专利申请中。

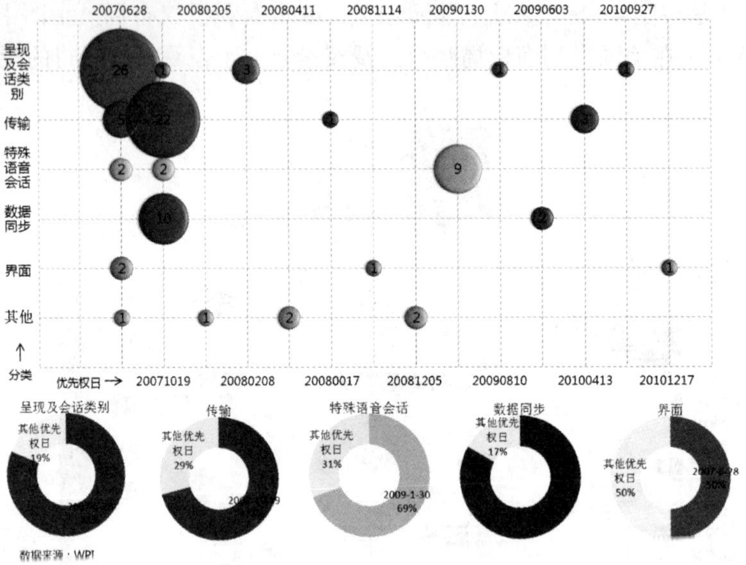

图 4-2-3　Voxer 各分类专利申请与优先权日关系分布

从技术分类看，涉及传输的申请有 18 篇，以 2007 年 10 月 19 日申请的临时申请作为优先权，占该分类总申请量的 64%；涉及界面的也有 9 篇以该日作为优先权日，占该分类总申请量的 69%；而涉及呈现及会话类别的申请有 17 篇，以 2007 年 6 月 28 日申请的临时申请作为优先权，占该分类总申请量的 71%，涉及同步的申请也有 9 篇以该日作为优先权日，占 75%；此外，特殊语音会话有 8 篇是以 2009 年 1 月 30 日作为优先权日，占该分类总申请量的 62%。由此可见，Voxer 的 4 大分类的大部分专利申请均以 2007 年 6 月 28 日或 2007 年 10 月 19 日为优先权日，基于此，这些申请之间必然存在很好的延续性，而且由此也可以看出，Voxer 更像一位国际象棋大师，在迈出第一步时就已算好了未来的多步。

在对图 4-2-3 分析的基础上，图 4-2-4 具体给出了享有每个优先权日的具体专利申请的公开号和申请日。图中的树枝是按照茂盛程度从下到上排列的，从图中可以看出，以 2007 年 6 月 28 日作为优先权日的申请数量最多，以 2007 年 10 月 19 日作为优先权日的申请数量其次，这两个优先权日几乎构成了大树的主体，因此，可以着重关注大树上这两个树枝上的专利申请，其余 5 个优先权日相较于前面两个优先权日要晚一些，虽然现在还没有很多的申请在这些枝干上，但是不能排除 Voxer 今后可能在其基础上进一步提出申请，应保持持续关注。对这些专利申请的具体分析请参见第 4.3 节。

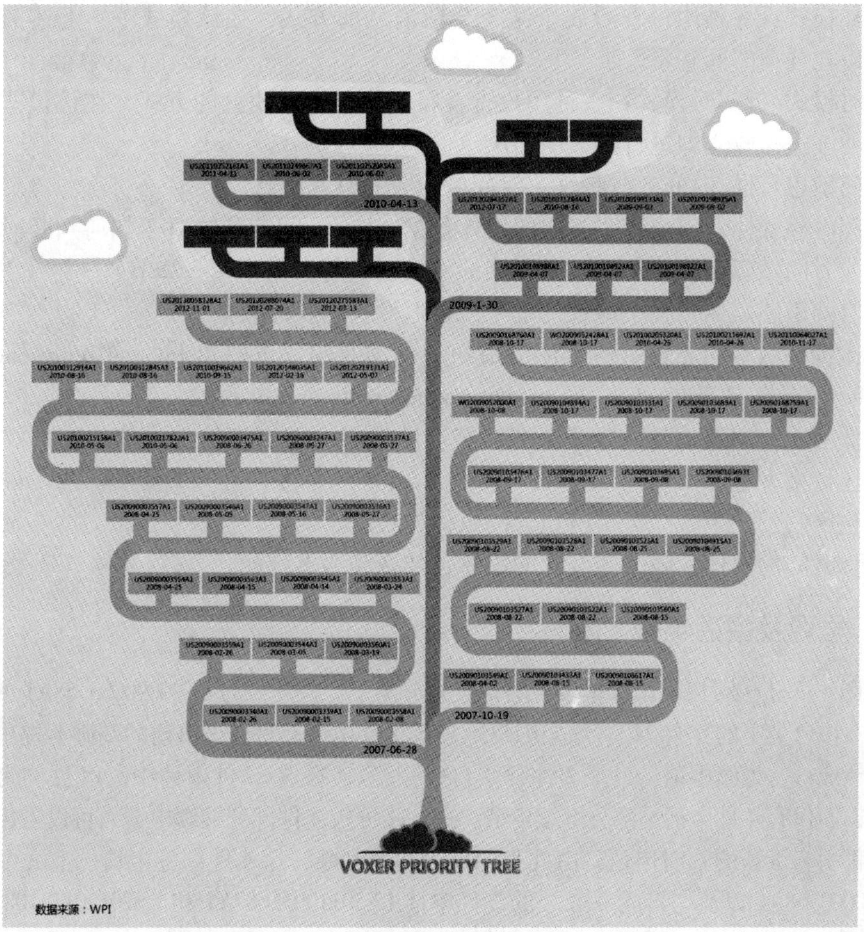

图 4-2-4　Voxer 专利申请最早优先权引用关系

4.3　基于分类的分析

本节将对 Voxer 的所有申请按照分类进行详细分析。基于这样的分析方式，我们可以清晰地看到这样一家美国的本土企业的技术演进和专利战略。在进行详细分析之前，根据 Voxer 专利文件或者专利申请文件中的记载，对下文将要出现的术语进行以下解释。

消息：从一个用户到另一个用户的通信的单位。每个消息由某种媒体例如语音或视频组成。每个消息被分配某些属性，包括：发送消息的用户、所属的会话、时间戳、媒体有效载荷等。

媒体：从发送节点向接收节点传输/传送的音频、视频、静止图片、文本、GPS 信息，或者位置数据、传感器数据，或者上述一者或多者的组合。

会话：由存在于两个或多个用户之间的、按照时间排列的一系列消息组成。用户通过在实时模式或者时移模式中查看消息或创建并发送会话消息来参与会话。新创建的消息或定义新的会话，会被添加到现有的会话中。

时移模式：一种用户查看属于某个会话消息的方式，在该模式下，上述消息被接收后可以在任何时间查看。

实时模式/近实时模式：一种用户查看属于某个会话消息的方式，在该模式下，随着消息的渐进接收立即进行媒体的播放。

时间敏感特性/时间即时特性：时间敏感或非时间敏感。

时间敏感媒体：需要即时发送的媒体数据。Voxer 的专利中对于如何判断时间敏感媒体和非时间敏感媒体给出了几种不同的方式（具体参见第 4.3.2 节）。

非时间敏感媒体：在一定程度上可以推迟发送的媒体数据。

全比特率版本：源自所述媒体被最初编码的时候（the full bit rate representation of the media is derived from when the media was originally encoded）。

较低的比特率版本：通过降低有效载荷的质量，即对于给定时间长度的媒体采用较少的比特来发送。

打包区间：一个数据包中所包含的媒体的长度。

基于时间的媒体：随时间变化的媒体，如音频或者视频。

4.3.1 呈现及会话类别

从图 4-3-1 中可以看出，呈现及会话类别分类中，公开号为 US20090003558A1 的申请是核心，在该分类下的其余 24 件美国申请中，有 22 件申请都是在该申请的基础上提出的完全继续申请或部分继续申请，另外 2 件则“自成一家”；在这 22 件申请中，18 件均为完全继续申请，而仅有 4 件申请是部分继续申请。进一步分析 4 件部分继续申请，可以看出，几乎每一件都引入了新的临时申请，由此我们可以初步判断，这 4 件部分申请、上文中提到的 US20090003558A1 以及“自成一家”的 2 件申请 US20110035687A1 和 US20120114108A1 分别对应了 Voxer 对于呈现及会话类别的不同研究方向或者阶段性进展，构成了呈现及会话类别分类下的核心申请。

呈现及会话类别分类可以分为 4 个子分类。

1. 会话的呈现模式

将会话呈现给用户的方式。在 Voxer 的专利/专利申请中，根据用户的选择，会话可以以实时模式或者时移模式进行呈现。此外，由于所有会话的记录都将存储在存储器中，因此，在时移模式中，还提供重放、播放加快、播放减慢、向后跳跃、向前跳跃、跳过静音部分、跟上最近接收的媒体、或跳到最近接收的媒体、索引、搜索、转录和翻译等功能。

2. 多个会话的呈现顺序

当用户同时参与多个会话时，如果在一段时间内有多个会话接收到新消息，则这些会话在呈现时可以基于特定的参数进行排序，如基于用户设定的优先等级。

3. 跟上会话

当用户同时参与多个会话时，若该用户在某段时间内一直处于一个会话的界面，而在这段时间内，其他会话分别接收到多个媒体消息，此时，如何使得用户可以尽快的跟上这些会话？这一个分类下的专利/专利申请给出了答案。

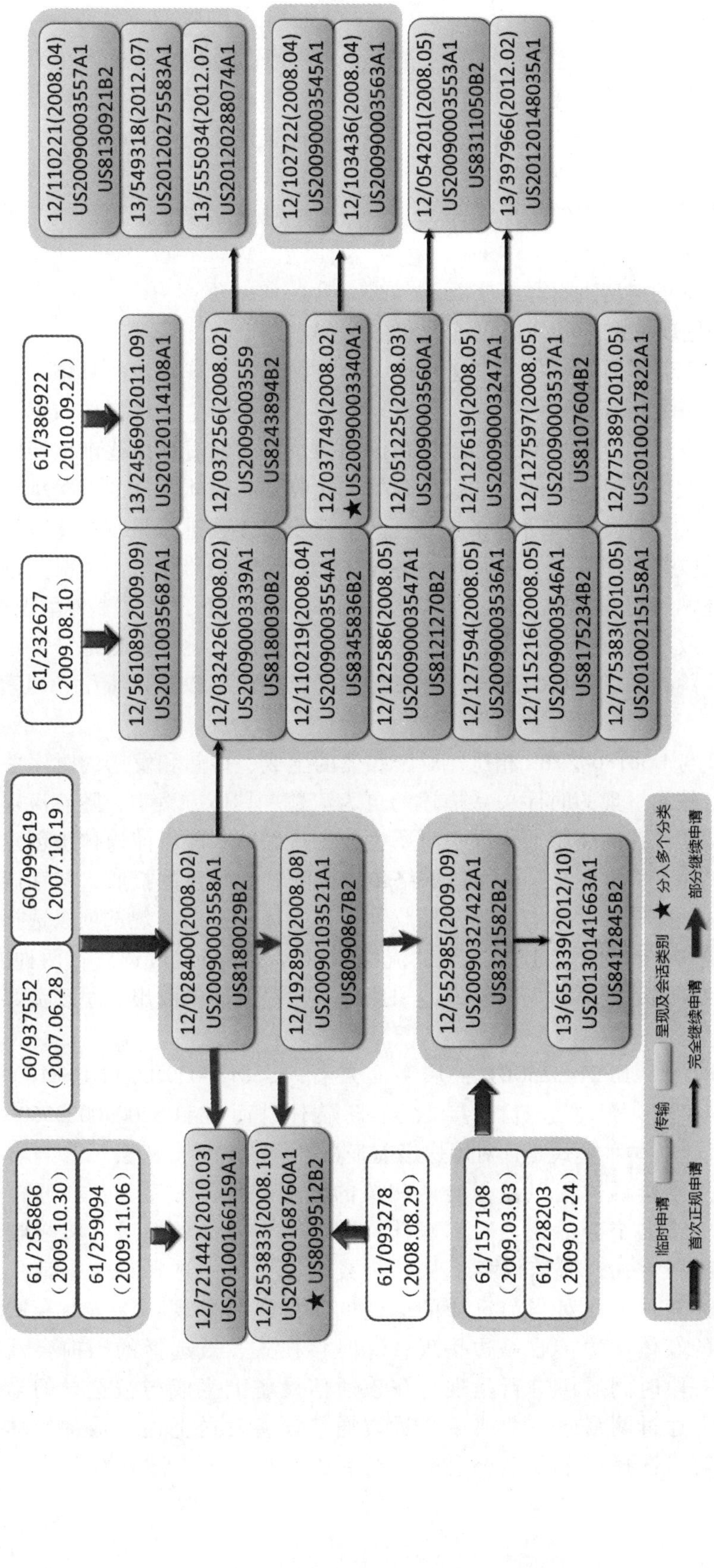

数据来源：WPI

图 4-3-1　呈现及会话类别分类中申请的引用关系

4. 会话类别

Voxer 主要给出两种会话类别，分别是消息会话和通话会话。其中，在消息会话下，收发双方不需要提前建立连接即可发送消息，而在通话会话下，会话双方中的一方首先发送进行通话会话的请求，在另一方同意后，连接建立完成，然后双方以全双工的方式进行会话。

可见，对于会话在客户端的呈现，Voxer 提供了非常强大的功能，可以说几乎可以满足用户的任何需求。

下文将针对具体的申请进行详细分析。

4.3.1.1 会话的呈现模式

US8180029B2 记载了通信设备上发送媒体、接收媒体、呈现媒体的具体过程。具体来说，在通信设备上随着媒体的生成，逐渐地、持久地存储生成的媒体数据；将生成并存储的媒体数据逐渐地通过网络传输；在该通信设备上通过网络逐渐地接收媒体数据，逐渐地、持久地存储接收的上述媒体数据，接收到的媒体数据的首次呈现可以有以下两种方式：①实时模式即随着媒体通过网络逐步被接收进行呈现；②时移模式即在媒体数据被接收并存储后的一段时间后将媒体数据从存储器中取出并对其进行呈现。还可以在上述两种呈现模式之间进行切换。在时移模式下，提供多种呈现选项，如暂停、重放、播放加快、播放减慢、向后跳跃、向前跳跃、跳过静音部分、跟上最近接收的媒体、或跳到最近接收的媒体。对于存储的媒体还可以提供索引、搜索、转录和翻译等功能。

US8180030B2 与 US8180029B2 相比，对于媒体的生成、存储和发送的时序关系以及媒体的接收、存储和呈现的时序关系描述的更为清楚。具体方案为：随着流媒体的生成，逐渐地、持久地存储使用通信设备时所生成的流媒体；随着流媒体被创建并逐渐地、持久地存储时，将上述流媒体通过网络传输；随着流媒体的接收，与存储模块配合逐渐地、持久地存储从远端通信设备接收到的流媒体；提供呈现选项以选择性地呈现所接收到的流媒体，对于上述接收到的流媒体，第一次呈现可选以下两种方式，随着流媒体的接收即进行呈现的实时模式，和从持久性存储器中取出并呈现流媒体的时移模式。

US20090003560A1、EP2143250B1 ：从字面来看，US8180029B2 和 US8180030B2 中，实时模式和时移模式是针对接收到的媒体，而在 US20090003560A1 和 EP2143250B1 中，上述两种模式是针对用户当前正在进行的会话，从会话参与者的角度更为清晰地描述了会话过程以及与会话相关的功能。具体方案为：在通信设备上逐步接收与一个或多个会话相关联的媒体；随着上述媒体的接收，将接收到的媒体存储到通信设备上；在通信设备上从一个或多个会话中选择一个会话作为当前会话；通过下述两种方式对当前选择的会话的媒体进行呈现：①实时模式，被选择的当前会话的媒体一边接收一边呈现；②时移模式，被选择的当前会话的媒体被接收之后的一段时间后再进行呈现；在该通信设备上生成与被选择的当前会话相关的媒体，并通过网络向一个或多个远端通信设备发送上述生成的媒体。在群组会话中，还可以选择一个或多个会话参与者，仅呈现与上述选择的参与者相关的媒体。在群组会话中，来自不同参与者的媒体将按照时间顺序呈现；在时移模式下，还可以选择一个呈现开始点。

US20090003545A1 提供了实时模式下的会话暂停功能以及在暂停后恢复媒体的呈现方式。具体方案为：在所述第一通信设备上创建媒体；通过所述网络发送在所述第一通信设备上所创建的媒体；通过所述网络在所述第一通信设备上接收与所发送的媒体相关的媒体，所发送的媒体和所接收的媒体构成在所述第一通信设备和通过所述网络发送媒体的一个或多个参与者之间的会话；在所述第一通信设备上存储与所述会话相关的所发送的媒体和所接收的媒体；在所述第一通信设备上提供再现选项，用于以接近实时的模式或时移模式再现所述会话的所接收的媒体，其中所述第一通信设备：①当所述媒体通过所述网络被接收时，以所述接近实时模式再现所述会话的所接收的媒体；②当所述媒体通过所述网络被接收时，不立即再现所述媒体的时移模式；通过选择所述时移模式，暂停以所述接近实时的模式的所述会话的所述媒体的再现；以及在暂停所述会话之后恢复所述会话的所述媒体的再现。

US20090003563A1、EP2171971B1、EP2147536B1（母案 EP2080340B1、分案 EP2375686A2、分案 EP2393259A2）的方案大同小异，都提供了实时模式和时移模式的切换功能。以 US20090003563A1 为例，具体方案为：在第一通信设备上创建媒体；通过网络发送在所述第一通信设备上创建的媒体；通过所述网络在所述第一通信设备上接收与所发送的媒体相关的媒体，所发送的媒体和所接收的媒体构成在所述第一通信设备和通过所述网络发送媒体的一个或多个参与者之间的会话；在所述第一通信设备上存储与所述会话相关的所发送的媒体和所接收的媒体；在所述第一通信设备上提供再现选项，用于以接近实时的模式或时移模式再现所述会话的所接收的媒体，其中所述第一通信设备：①在所述媒体通过所述网络被接收时，以所述接近实时的模式再现所述会话的所接收的媒体；②当所述媒体通过所述网络被接收时，不立即再现所述媒体的时移模式；以及使对所述会话的媒体的再现能在所述接近实时的模式和所述时移模式之间来回转换。

US8345836B2 与前述申请的不同在于，发送端在发送前检测接收端的可用状态信息。通信终端产生一个待发给接收端且包括由通信装置建立的语音媒体的消息；接收接收端在网络中的可用状态信息指示；当可用状态信息指示接收端在网络上可用，则随着语音媒体的生成，逐渐发送包含上述语音媒体的消息；随着语音媒体被从网络上的接收端接收，该通信装置逐渐接收包括语音媒体的消息；以如下两种方式逐渐地存储语音媒体：①当语音媒体被创建并逐渐发送时逐渐存储向外发送的消息；②当语音媒体消息被逐渐接收时逐渐存储语音媒体；选择性地、逐渐地以如下两种方式首次呈现接收到的消息中的语音媒体：③随着基于时间的媒体被接收，以近实时方式呈现；④从存储器取出语音媒体进行呈现。

US8121270B2 给出了通信设备上的两种呈现模式，并记载了媒体的生成与传输相关的内容。随着媒体的生成，通过网络逐渐地传输包含在发出消息中的媒体；所述媒体在生成时采用支持近实时通信的传输协议；逐渐地存储在本地生成并被逐渐编码的媒体，还用于逐渐地存储在本次创建的媒体；以如下方式选择性地呈现接收到的消息媒体：①实时模式即随着通过网络的接收进行呈现；②时移模式即在媒体数据被接收并存储后的一段时间后将媒体数据从存储器中取出并对其进行呈现。另一个独立权利要求中，给出了能够提供直播通信（live communication）的方案。

US20090003536A1 通过网络在通信设备上接收与一个或多个会话相关的媒体；对于使用所述通信设备创建的媒体进行编码，被编码的媒体与所述一个或多个会话相关；当所述媒体通过所述网络被接收时，在所述通信设备上存储与所述一个或多个会话相关的所接收的媒体以及与所述一个或多个会话相关的所编码的媒体；在所述通信设备上选择所述一个或多个会话中的一个作为当前会话；以及在所述通信设备上以下列模式呈现与所选择的当前会话相关的媒体：①接近实时的模式，其中与所选择的当前会话相关的所接收的媒体在被接收时被逐步呈现；②时移模式，其中与所选择的当前会话相关的所接收的和编码的媒体在被编码和接收之后的一个时间被呈现；以及通过所述网络向一个或多个远程通信设备发送与所选择的当前会话相关的所编码的媒体。用户可以在一个或多个会话中转换所选择的当前会话。

EP2137923B1 随着媒体在通信装置上生成，逐渐地对生成的媒体进行编码；随着媒体的生成，逐渐地、持久地存储编码后的媒体；随着媒体的生成，从该通信装置通过网络逐渐地传输编码后的媒体；在该通信装置处通过网络逐渐地接收媒体；随着媒体的接收，逐渐地、持久地存储接收到的媒体；随着媒体的接收，以实时呈现模式逐渐地呈现所接收到的媒体。

US8321582B2 记载通过网络进行多个参与者之间的会话，该会话包括在会话参与者之间的随时间变化的媒体的双向交换：①随着要发送的媒体在通信设备上生成，在通信设备上逐渐地存储该媒体；随着媒体的接收，在通信设备上存储通过网络从其他参与者接收到的媒体；②在通信设备上显示会话消息记录，其中包括消息气泡，每个气泡代表接收到的消息或者发送出去的消息；③在通信设备上提供呈现选项，其中，随着消息通过网络或者存储器接收，以实时模式逐渐地呈现会话的消息；④在实时模式和时移模式之间选择性的转换会话参与度，其中，实时模式下，随着媒体从网络上接收即进行呈现；而在时移模式下，从存储器中取出媒体进行呈现。

US8412845B2 与 US8321582B2 技术方案类似，但仅限定以可视化表示来显示会话历史记录，因此，其保护范围比 US8321582B2 大。

US20110035687A1 通过通信设备的浏览器和通信应用配合使得用户可以以实时模式和时移模式参与会话，还可以在上述两个会话之间切换，从而在实时模式时同步地呈现媒体，而在时移模式时异步地呈现媒体。

US20100217822A1 中记载在第一通信设备上，随着媒体被创建，逐渐地对创建的媒体进行编码，随着媒体被编码，逐渐地存储编码后的媒体；随着媒体被编码和存储，逐渐地通过网络传输编码后的媒体；在第一通信设备上，逐渐地通过网络接收媒体，随着上述媒体的接收，逐渐地存储接收到的媒体；随着上述媒体的接收且媒体在第一通信设备上可用时，逐渐地呈现所述接收到的媒体，其中，逐渐地传输生成的媒体和逐渐地呈现接收到的媒体使得第一通信设备以实时模式进行通信；或者，从存储器中取出媒体进行呈现，使得第一通信设备以时移模式进行通信。

US20100215158A1 在 US20100217822A1 的基础上，进一步限定：根据一个或多个呈现选项，可以在实时模式和时移模式之间无缝地切换。

US20120275583A、US20120288074A1 中记载随着媒体的生成，逐渐地在第一通信设备处存储上述生成的媒体，逐渐地将上述生成的媒体从第一通信设备发送到第二通信设备，从而第二通信设备获得上述消息的完整拷贝以及可以以接近实时的方式选择性地复查上述消息。

4.3.1.2　多个会话的呈现

US8311050B2 限定用于呈现所定义的一组会话相关的媒体的优先等级；至少部分地基于该优先等级对接收到的分别与多个会话相关联的媒体进行排序；在通信设备上基于排序的顺序对媒体进行播放；其中，以接近实时的模式或者时移模式呈现排序结果中位于第一顺序的媒体，而其他不是第一顺序的媒体则以时移模式呈现。

US8175234B2 在通信设备处通过网络接收与两个或多个会话相关联的媒体；同时随着上述媒体的接收，呈现接收到的媒体；在通信设备上分别为两个或多个会话创建媒体；将创建的媒体通过网络发送给一个或多个会话参与者；存储与每个会话相关的创建和接收的媒体；从两个或多个会话中选择一个会话，从一个选择的时间点开始查看该会话中创建的媒体和接收的媒体；当查看已经选择的会话媒体流时，无中断地存储通过网络接收的与其他没有被选择会话的相关联的媒体；当选择查看一个会话时，暂停其他没有被选择会话的媒体呈现；当查看完毕之后，恢复与上述两个或多个会话相关的媒体的同时呈现，上述呈现随着媒体通过网络被接收而进行呈现。

US8107604B2 与 US8311050B2 相比，由于权利要求中并未限定具体的呈现模式，因此保护范围更大。具体方案为通过网络在所述通信设备上接收与一组会话相关的媒体，上述会话将按照确定的优先等级连续地再现，所述一组会话包括一个或多个会话；至少部分地基于所确定的优先等级按序列顺序排列与所述限定的一组会话相关的所接收的媒体；以及按所述序列顺序连续地再现与所述限定的一组会话相关的所接收的媒体。

US20090003247A1 通过网络在通信设备上接收与一个或多个会话相关的媒体；当所述媒体通过所述网络被接收时，同时再现与所述一个或多个会话相关的所接收的媒体；在所述通信设备上分别创建所述一个或多个会话的媒体；通过所述网络发送所述一个或多个会话的所创建的媒体，所创建的媒体被分别发送到所述一个或多个会话的一个或多个参与者；存储与所述一个或多个会话相关的所接收和创建的媒体；暂停与所述一个或多个会话相关的通过所述网络接收的媒体的同时再现；在所述暂停期间选择复查被同时再现的所述一个或多个会话之一，所选择会话的所述复查包括再现与所选择的会话相关的所接收和/或创建的媒体；在所述暂停期间，当所选择的会话正被复查时，无中断地连续存储通过所述网络接收的并与所述一个或多个会话相关的媒体；以及在所选择的会话的所述暂停和复查之后，当所接收的媒体通过所述网络正被接收时，恢复与所述一个或多个会话相关的所接收的媒体的同时再现。

US20120148035A1 随着语音消息的接收，在通信设备上逐渐地呈现和存储接收到的与两个或者多个会话相关联的语音消息，在上述两个或多个会话中，选择一个会话，暂停除该会话以外的其他会话的语音消息的呈现；在呈现与所选择的会话相关联的语音消息的同时，无中断地连续存储通过网络接收的与其他会话相关联的语音消息。

4.3.1.3 跟上会话

US20100166159A1 随着媒体的接收，在通信设备上同时逐渐地存储接收到的媒体；该通信设备提供跟上最新接收的媒体的呈现选项：从存储器中取出之前接收并存储的媒体，在时移模式下以增加的呈现速率呈现之前所取出的媒体，当以增加的速率呈现所取出的媒体跟上所述会话的媒体并且实质上与通过网络正在接收的所述会话的媒体是并发的时，确定为已经跟上，此时，无缝地将会话的呈现模式从时移模式切换到实时模式。另一个方案是在通信设备上通过网络接收消息，在所述消息被完整接收之前，给使用该通信设备的用户一个消息提示。

4.3.1.4 会话类别

US8130921B2 在第一通信设备处逐渐地产生对应于接收者的发送消息，与发送消息相关的媒体使用第一通信设备产生；随着上述发送消息通过网络被创建，逐渐地向接收者传输上述发送消息，上述传输不需要通过网络在第一通信设备和与接收者关联的第二通信设备之间建立连接；存储模块被配置为当媒体被产生并被逐渐地向第二通信设备传输时，在存储器中渐进地存储发送消息的媒体。

US20120114108A1 通信设备从基于时间的媒体的发送者处接收通知，该通知指示发送者希望以同步方式进行通信，通信设备还用于为用户提供实时模式和时移模式的呈现，其中，实时模式是随着媒体的接收即进行呈现，而时移模式是在接收到媒体之后的一段时间之后再进行呈现；还可以根据一个或多个呈现选项在上述两种模式之间切换。此外，还可以随着媒体的生成，在发送方和接收方之间的传送路径还未建立好时，以消息会话的形式逐渐地向接收方传输上述媒体；或者向接收方发送同步通信的请求并得到接收方同意以同步模式进行通信的确认之后，以通话、会话的形式进行逐渐地向接收方传输上述媒体。

4.3.1.5 小结

由前文分析可以得出以下结论：

（1）会话的呈现模式相关的申请量最多；且会话的呈现模式相关的申请大多为US20090003558A1 的完全继续申请，权利要求所要求保护的方案也具有很高的近似度；可见，在 Voxer 成立之初，对于会话的呈现模式已经形成较为成熟的方案；然而 Voxer 显然不满足止步于此，在 2009 年又进一步对呈现模式进行细化，提出了以可视化的气泡形式来展示会话中的消息；另外，US20110035687A1 是 Voxer 提出的与会话的呈现模式子分类有关的另一方向的正式申请，给出了一种通过浏览器和安装在通信设备上的通信应用配合，使得用户可以以实时模式和时移模式参与会话并在上述两个会话模式之间切换的方案。

（2）多个会话的呈现模式相关的申请也均为 US20090003558A1 的完全继续申请。然而与会话的呈现模式所表现出的高近似度不同的是，该子分类下的申请从会话的呈现顺序、会话的回顾、会话的暂停与恢复等多个角度描述了 Voxer 所能够提供给用户的会话呈现服务。

(3) 在提供了会话的暂停与恢复功能以后，为了使得用户能够尽快的获知暂停期间的会话消息以尽快跟上会话。2009 年，Voxer 又提出了快速播放暂停期间的媒体消息，并在确定跟上会话后无缝的将会话的呈现模式从时移模式切换到实时模式，提供了更好的用户体验。在这一年，Voxer 还提出在一条媒体消息被接收端完全接收之前即提示用户收到新消息，增加了会话的实时性。

(4) 前述的申请中会话均以零散的消息在收发双方之间进行传送，采用这种模式，在通信设备上接收媒体和发送媒体难以同时进行，为克服上述问题，2010 年，Voxer 首次提出通话会话，会话双方协商同意后可以建立连接，从而提供全双工的会话。

综上所述，在呈现于会话类别分类下，Voxer 在 2007 年研发出基本呈现模式，并在 2008 年提交大量申请予以保护；2009 年，在基本呈现模式的基础上进行完善，提供了更为细节的会话呈现方式，如暂停/恢复功能、快速跟上功能等；2010 年，Voxer 又提出了革命性的通话、会话方式，带来了全新的用户体验。

4.3.2 传　输

传输是指与媒体的传输相关的一切技术。在 Voxer 的专利/专利申请中，提到媒体的传输，不得不提起的两个术语就是时间敏感媒体和非时间敏感媒体，因为在 Voxer 的技术中，时间敏感媒体和非时间敏感媒体所采用的传输参数、传输协议、重传设置都存在较大的不同。那么，如何确定媒体数据的时间敏感特性呢？Voxer 主要采用以下两种方式：

(1) 根据接收者查看媒体所属的会话的方式，如果存在至少一个接收者指示其以实时模式查看该会话，则属于该会话的媒体将被确定为时间敏感媒体，如果所有接收者均指示其会在接收媒体后推迟一段时间再查看该媒体，则该媒体将被确定为非时间敏感媒体。

(2) 根据发送者对该会话的模式选择：如果对于发送端而言，该媒体所属的会话处于实时模式，则该会话的所有媒体将被确定为时间敏感媒体；反之，如果该媒体所属的会话处于时移模式，则该会话的所有媒体将被确定为非时间敏感媒体。

综观 Voxer 的所有专利/专利申请，其中所涉及的传输特征主要包括以下几方面的技术。

(1) 时间敏感媒体的及时交付

对于社交网络最重要的便是用户体验，而对于移动社交领域，尤其是对于语音对讲而言，最重要的用户体验便是能够实时的发送语音消息，可以说“得实时者得用户”。Voxer 为用户提供了几乎能够让对方实时收到语音信息的绝妙体验，在该体验背后是有诸多专利技术予以支撑的。Voxer 主要采用以下几种方式来保证时间敏感媒体的及时交付：

较小的打包区间：对于时间敏感媒体，采用较小的打包区间；而对于非时间敏感媒体，则采用较大的打包区间。

减小的比特率版本：当网络带宽不足时，生成时间敏感媒体的减小的比特率版本，传输上述减小的比特率版本；当网络带宽富余时，再传送相应媒体的全比特率版本。

重传推迟：在接收端计算媒体丢失率，若低于网络传输丢失阈值，则生成低优先级的重传请求，否则，生成高优先级的重传请求；相应地，在发送端，对于高优先级重传请求立即响应，而对低优先级请求则推迟到传输时间敏感媒体后网络带宽还有富余时再予以响应；或者，仅在网络带宽允许的情况下才根据从接收节点接收到的接收报告完成重传。

时间敏感媒体优先发送：若发送端同时有时间敏感媒体和非时间敏感媒体，则优先传送时间敏感媒体，随后在网络带宽还有富余的情况下，再传输非时间敏感媒体。

（2）传输协议

协议的选择标准，根据所要传输的媒体所属的会话的查看模式和/或网络带宽条件确定传输所要采用的协议。

（3）传输模式

无论网络带宽如何，发送设备的使用者生成的媒体都将存储在发送设备中。当网络带宽满足传输的需求时，随着媒体的生成，即时进行传送；当网络带宽无法满足传输的需求时，从发送设备的存储器中读取媒体进行传输。

（4）底层传输

服务器如何寻址接收端、语音媒体在网络中如何路由。

经过精读和精标引，Voxer 的专利申请汇总有 27 件属于传输分类。图 4-3-2 给出了传输分类中的 27 件 US 申请之间的引用关系，与呈现及会话类别相类似的，传输分类中也以公开号为 US20090003558A1 的申请为核心，有 24 件申请是在该申请的基础上所提出的完全继续申请或部分继续申请；而同呈现及会话类别不同的是，传输分类中的部分继续申请所占比例较高，其中，有 8 件部分继续申请引入了新的临时申请。

此外，结合图 4-3-1 与图 4-3-2 可以看出，这两个分类之间的申请存在着相互渗透的现象。例如，呈现及会话类别分类中的 US20090327422A1 是传输分类中的 US20090103521A1 的部分继续申请。这也从一个侧面反映出 Voxer 申请专利的策略。

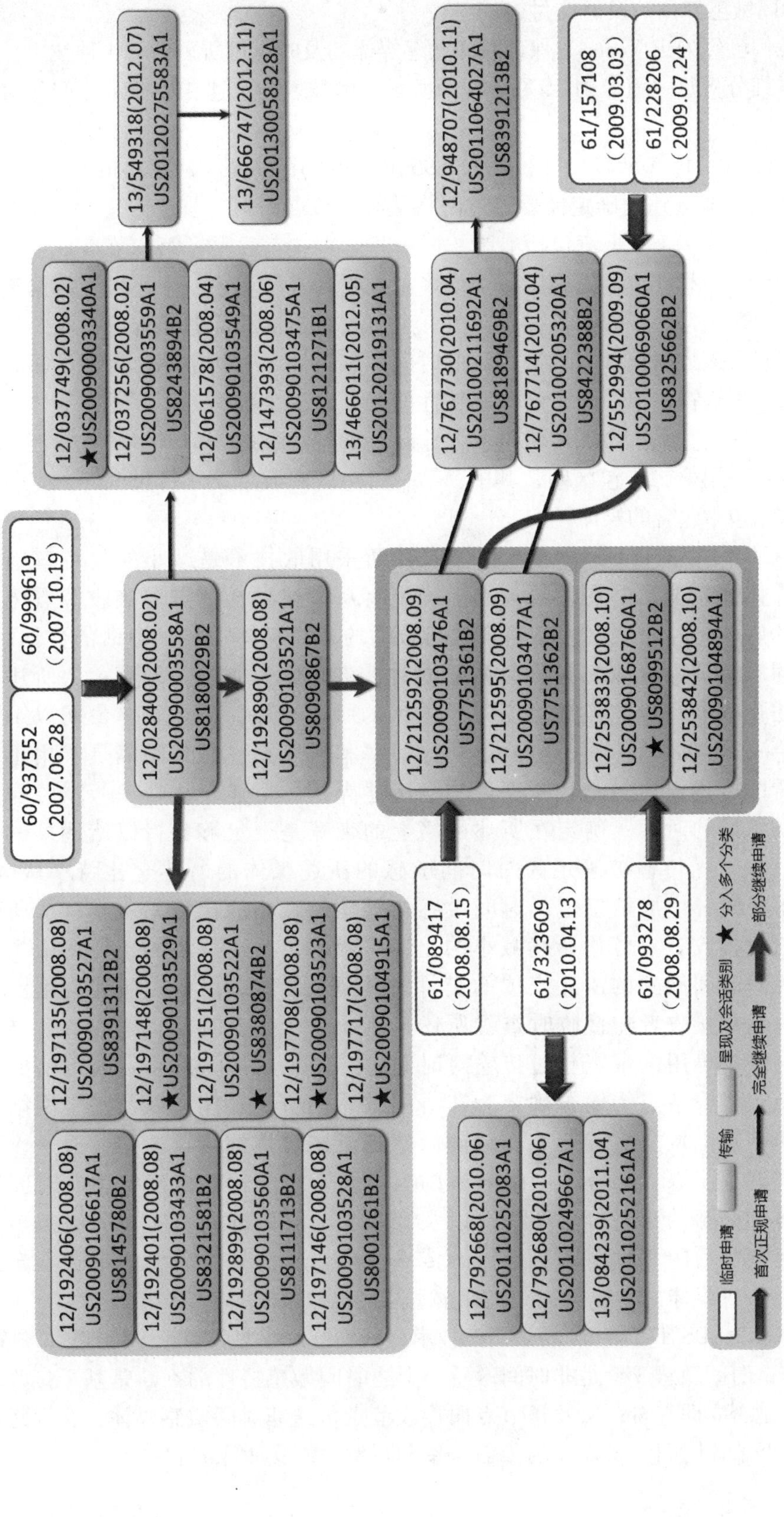

数据来源：WPI

图 4-3-2 传输分类中申请的引用关系

4.3.2.1 时间敏感媒体的及时交付

在前面我们已经列出 Voxer 为保证时间敏感媒体的及时交付所采用的 4 种技术，在本节中，将详细分析每一篇专利/专利申请中所采用的技术与上述 4 种技术之间的对应关系。

US20090103549A1、US8121271、EP2228950B1 所采用的技术是较小的打包区间。在第一节点（发送节点）处确定需要通过网络从第一节点向第二节点传输一个或多个数据流，上述一个或多个数据流包括本地（第一节点）或者远程（第二节点）生成的基于时间的媒体；在第一节点处确定一个或多个接收者查看上述一个或多个数据流的时间敏感特性，对于每一个数据流，若至少一个接收者指示其计划随着数据流的接收以近实时模式查看该数据流，则该数据流的时间敏感特性为时间敏感；否则为非时间敏感；采用第一传输技术传输非时间敏感特性的一个或多个数据流，上述第一传输技术采用第一打包区间，采用第二传输技术传输时间敏感特性的一个或多个数据流，上述第二传输技术采用第二打包区间，其中，第一打包区间大于第二打包区间，打包区间表示每个数据包中包含的媒体量。

EP2080342B1、US8111713B2、US8090867B2 所采用的技术是减小的比特率版本和时间敏感媒体优先发送。在发送节点上确定将从所述发送节点向接收节点传输的某个会话的媒体是时间敏感的还是非时间敏感的，当媒体是实时会话的数据时，该媒体为时间敏感，当媒体为时移会话数据时，该媒体为非时间敏感；从所述发送节点向所述接收节点传输被确定为时间敏感的所述媒体，所述媒体最初以第一比特率和以第一打包区间传输，所述第一比特率和所述第一打包间隔足够用于在接收时被查看的所述媒体的全比特率版本，所述媒体的所述全比特率版本源自所述媒体被最初编码的时候；确定在所述网络上的带宽是否足够支持以所述第一比特率和第一打包间隔传输被确定为对时间敏感的所述媒体的所述全比特率版本；当所述带宽不足时，生成被确定为时间敏感的媒体的减小的比特率版本；从所述发送节点向所述接收节点传输所述减小的比特率版本，所述减小的比特率版本提高了被确定为对时间敏感的所述媒体的交付的时间及时性，以便在所述网络上的带宽不足时，增加接收者在接收时查看所述媒体和以所述实时模式继续所述会话的能力；当网络中可用的带宽超过传输对时间敏感的媒体所需的带宽时，从所述发送节点向所述接收节点传输被确定为非时间敏感的所述媒体；以及基于网络条件在所述发送节点上调节被确定为非时间敏感的所述媒体的传输速率，通过以下措施完成上述调节步骤：①考虑网络效率的因素设定用于传输被确定为非时间敏感的所述媒体的分组的第二打包间隔，以及②基于网络条件调节所述分组被传输的速率；上述调整后的非时间敏感媒体的传输速率要保证其所需要的带宽不超过除去传输时延敏感媒体的带宽外剩余的带宽量。

US8321581B2、US8145780B2 所采用的技术是减小的比特率版本、重传推迟。在发送端确定媒体是时间敏感或者是非时间敏感，上述时间敏感特性的判断是基于接收端在接收媒体后是否立即查看；从发送节点向接收节点传送非时间敏感媒体；在发送端根据网络条件调节非时间敏感媒体的传输速率；在发送端接收来自接收端的一个或多个第一低优先级请求，请求重传传输中丢失的非时间敏感媒体；从发送节点向接收节点传送时间敏感性媒体，如果没有超出预设的网络传输丢失阈值从而接收的时间敏感性媒体的质量具有足以在呈现时可辨认的完整性时，则发送端接收来自接收端的一个或多个第二低优先级请求，请求重传传输中丢失的时间敏感性媒体；当网络中可用带宽大于传输时间敏感媒体所需要的带宽时，重传所述第一低优先级和第二低优先级对应的非时间敏感媒体与时间敏感媒体；反之，如果超出预设的网络传输丢失阈值，则发送端接收来自接收端的一个或多个高优先级请求，请求重传传输中丢失的时间敏感型媒体；响应于上述高优先级请求，发送端优先重传上述请求对应的时间敏感型媒体，传输完毕后，再传送其他需首次传送的时间敏感型媒体。

US8001261B2 所采用的技术是减小的比特率版本；确定从发送节点向接收节点发送的媒体是否为对时间敏感的，所述媒体的时间敏感性通过接收方在接收时查看所述媒体的计划来确定；从所述发送节点向所述接收节点传输被确定为对时间敏感的所述媒体，所述媒体最初以第一比特率和以第一打包区间传输，所述第一比特率和所述第一打包间隔足够用于在接收时被查看的所述媒体的全比特率版本，所述媒体的所述全比特率版本源自所述媒体被最初编码的时候；在所述发送节点从所述接收节点接收报告，所述接收报告包含了指示在所述发送节点和所述接收节点之间的所述网络上的媒体损失的参数；在所述发送节点上，基于所述接收报告，确定在所述发送节点和所述接收节点之间的所述网络上的可用带宽；确定在所述网络上的可用带宽是否足够支持以所述第一比特率和所述第一打包间隔继续传输被确定为对时间敏感的所述媒体的所述全比特率版本；选择性地执行以下步骤：①当所述网络上的所述可用带宽足够时，以所述第一比特率和所述第一打包间隔继续传输被确定为对时间敏感的所述媒体的所述全比特率版本；②当在所述网络上的所述可用带宽不足时，传输被确定为对时间敏感的所述媒体的减小的比特率版本，所述媒体的所述减小的比特率版本通过执行下列步骤中的一个或多个生成：ⓐ当打包所述媒体的所述减小的比特率版本时，相对于所述媒体的所述全比特率版本，每单位时间使用较少的媒体比特；ⓑ调节用于打包所述媒体的所述减小的比特率版本的分组的所述打包区间；以及ⓒ调节用于打包所述媒体的所述减小的比特率版本的所述分组的传输速率；由此，当所述网络上的所述可用带宽不足以用所述第一比特率和所述第一打包间隔传输所述媒体的所述全比特率版本时，通过传输被确定为对时间敏感的所述媒体的所述减小的比特率版本，增强了所述媒体交付的时间性，从而增加了所述接收方在接收时查看所述媒体的能力。

与 US8001261B2 同日提交的 US8391312B2 记载的保护范围更小的技术方案，其在 US8001261B2 的技术方案的基础上，进一步记载了：当可用带宽低于传输所述媒体的减少的比特率版本所需要的带宽时，以时移模式传输时间敏感性数据。此外，独立权利要求 27 中还进一步限定：时间敏感性媒体对应于对话，该对话可以采用以下方式提供：①当网络可用带宽充足时以全比特率版本的实时对话；②当可用带宽不足以支持全比特率版本但是高于最小带宽时的低比特率实时对话；③可用带宽低于最小带宽时的时移通信。

EP2228951B1、US20090103529A1、US8380874B2 所采用的技术是减小的比特率版

本和重传推迟。确定网络条件是否足够在发送节点和接收节点之间以第一比特率和第一打包区间传输被确定为时间敏感的媒体的全比特率版本，其中，所述全比特率版本源自所述媒体被最初编码的时候；如果是，则生成被确定为时间敏感的媒体的减小的比特率版本，并从发送节点向接收节点传输上述减小的比特率版本；接收端从接收到的媒体数据中识别出减小的比特率版本，并产生用于重传所述识别出的媒体数据的低优先级请求，将上述请求携带在接收报告中发送给发送节点，在发送节点接收上述接收报告，响应于该接收报告，发送端重传接收端识别出的媒体数据的全比特率版本，从而使接收端获取完整的全比特率媒体数据。当传输丢包率满足预设的可接受的网络丢包水平时，在接收报告中还可以包括重传减小的比特率版本的低优先级请求，在网络可用带宽超过传输被确定为时间敏感的媒体所需要的带宽时，发送端才会响应上述低优先级请求；而当传输丢包率不满足预设的可接受的网络丢包水平时，在接收报告中可以包括重传减小的比特率版本的高优先级请求，发送端推迟时间敏感媒体和非时间敏感媒体的传输，优先响应上述高优先级请求。还具体记载了如何判断网络条件是否足够以及如何生成减小的比特率版本。

US20090103523A1、US20090104915 所采用的技术是重传推迟。传输时间敏感媒体，响应于接收端的接收报告中包含的请求重传丢失的媒体的低优先级请求，在网络条件允许的情况下重传上述媒体，使得重传后接收节点获取完整的时间敏感媒体的拷贝。相比前面的分组，这两个申请的说明书相差不大，然而权利要求保护范围较大。

4.3.2.2 传输协议

US8243894B2 中记载了选择协议后所要达到的目的，即传输所使用的通信协议支持近实时通信方式从而流媒体以近实时的方式被传输到与接收者相关联的第二通信装置，该协议还可确保流媒体被传输到接收装置（如通过重传、控制传输速率等手段，具体记载在从属权利要求中）。

US20110252083A1 中则详细记载了选取协议所应当考虑的情况，当媒体不需要实时查看或者一个或多个接收者需要以实时方式查看媒体并且网络条件足够好从而使用网络效率协议时传输速率能够满足实时查看要求时，采用网络效率协议传输语音数据（如 TCP），当媒体需要实时查看并且网络条件不足以支持使用网络效率协议时满足实时查看要求所需要的传输速率时，采用丢失容忍协议传输语音数据（如 UDP）。从权中进一步限定根据网络条件选择协议种类。对于采用丢失容忍协议传输的语音数据，可以在网络带宽允许的情况下采用网络效率协议重传一遍。

US20110249667A1 与 US20110252083A1 的区别在于，选择协议时，可以依据媒体当前是否是以实时方式查看，也可以依据媒体是否将要以实时方式查看，其余特征均相同，从权也大同小异。

US20130058328A1 在 US8243894B2 的基础上，进一步明确了发送和接收时的消息格式。具体为：通信设备逐渐存储和发送消息，该消息包括与接收方有关的非 IP 地址，该地址随后被解析成与接收方关联的第二通信设备 IP 地址和物理位置，该消息还包括使用通信设备生成的媒体数据。该通信设备采用的传输协议可以支持近实时通信从而接收方在第二通信设备上可以选择性的查看接收到的消息中的语音媒体，该传输协议还可以保证消息被传送到与接收方关联的第二通信设备。

4.3.2.3 传输模式

US20090003340A1 中提出根据网络容量确定是否逐渐传输。具体方案为：在第一通信装置处接收该装置产生的本地媒体流；随着上述接收操作的进行，逐渐地、持久地（progressively and persistently）存储所接收到的本地媒体流；随着上述接收操作的进行，确定第一通信装置与网络之间的网络容量，并在网络容量足以支持逐渐传输时，随着上述接收操作的进行，逐渐地将上述本地接收到的媒体流通过网络进行传输；在第一通信装置处接收远端通信装置通过网络发送的远端媒体流，随着上述接收操作的进行，逐渐地、持久地存储所接收到的远端媒体流；在第一通信装置处接收用于呈现远程媒体流的指令，随着远程媒体流的接收以近实时模式进行呈现，或者在一段时间之后响应于接收到的指令从持久型存储器中逐渐对接收到的媒体流进行呈现。

US7751361B2、US7751362B2、EP2080341B1 中记载了可以有效扩展网络中语音通信的可用范围和/或容量的传输模式。接收使用所述通信设备时生成的语音媒体，所述通信设备配置为连接到所述网络；对所述语音媒体进行编码，以生成使用所述通信设备时生成的所述媒体的全比特率版本；持久地存储使用所述通信设备时生成的所述语音媒体的所述全比特率版本；确定所述网络连接上的所述可用比特率是否下降到比特率阈值以下，所述比特率阈值定义了足以维持近实时通信的最小比特率吞吐量；当所确定的可用比特率低于所述比特率阈值时，从所述持久存储中发送使用所述通信设备时生成的所述语音媒体，所述语音媒体是以基本符合所述网络连接上的所述可用比特率的比特率来发送的，从而当所确定的可用比特率下降到所述比特率阈值以下时，有效地扩展所述网络中语音通信的可用范围和/或容量；通过所述网络连接接收语音媒体；存储通过所述网络连接接收的所述语音媒体；以及提供当通过所述网络连接接收的所述语音媒体具有足以在呈现时可辨认的完整性时，对通过所述网络连接接收的所述语音媒体进行呈现的能力。

US8325662B2 在 US7751361B2 和 US7751362B2 的基础上，明确提出了即时传输的概念，明确了传输模式与会话呈现模式之间的关系，并在从权中限定了即时传输后，接收方可以以近实时模式呈现，也可以在接收到后推迟一段时间再呈现（即时移模式），并且可以在上述模式之间切换。其中，传输可以是传输全比特率版本，也可以是减小的比特率版本，当传输减小的比特率版本时，可在网络条件允许的情况下进一步传输全比特率版本）。具体方案为：通过网络连接在第一通信设备和第二通信设备之间建立会话，在第一通信设备上持续存储其自身所发送的会话媒体和从第二通信设备接收的会话媒体，在会话期间判断该连接的可用比特率是否大于或等于比特率门限值，该比特率门限值可以保证当媒体数据被近实时地传送给接收端并在接收端近实时的呈现时该媒体数据可被译码；若是，则当媒体在第一通信设备生成之后即传输给第二设备以使得第二设备近实时的呈现；若否，从存储器中获取媒体发送给第二通信设备；其中，当可用比特速率低于门限时，会话继续采用时移模式；当可用比特率大于或等于门限时，则可恢复近实时方式。

US8422388B2 是在 US7751362B2 的基础上提出的完全继续申请，但由于权利要求中并未具体限定比特率阈值的含义，因此保护范围很大。但在从权中更为细致的限定了从存储器中获取媒体发送时的速率选择、时延，以及在网络可用比特率为 0 时推迟发送操作、确定网络可用比特率的方法、接收方可以以近实时方式呈现，也可以在接收到后推迟一段时间再呈现（即时移模式），还提到采用可保证近实时通信的协议等。当可用比特率低于门限时，传输减小的比特率版本以增加接收端以近实时方式查看消息的能力。具体方案为：在通信终端上生成一个消息，随着语音媒体的生成，逐渐地存储与该消息相关联的上述语音媒体，通过网络传输上述语音媒体，传输过程可以是：①当网络中的可用比特率大于等于比特率阈值时，随着上述语音媒体的生成，近实时地传输；上述阈值定义了一个足以保证接收端支持实时呈现语音媒体的网络传输比特率；②当可用比特率小于阈值且由于网络时延导致接收端近实时地呈现语音媒体不可能或者不现实时，从存储器中取出语音媒体并传输。

US8189469B2 随着使用通信设备时语音媒体的生成，逐渐地在该通信设备上存储生成的语音媒体，该语音媒体将通过网络传输给接收方；随着语音媒体的生成，在该通信设备处监控网络条件，选择性地从该通信设备传输语音媒体：当网络条件足以支持实时传输语音媒体时，随着语音媒体的生成而进行传输，从而接收方可随着媒体被创建而实时接收所述语音媒体；否则，从持久性存储器中读取语音媒体传输。

US8391213B2 与 US7751361B2、US7751362B2 的区别在于 US8391213B2 中记载的为存储生成的媒体的第一比特率版本，而 US7751361B2、US7751362B2 中记载的为全比特率版本，且 US8391213B2 中没有记载该通信设备接收媒体的相关操作，仅仅记载了发送操作。具体方案为：接收使用所述通信设备时生成的语音媒体，所述通信设备配置为连接到所述网络；对所述语音媒体进行编码，以生成使用所述通信设备时生成的所述媒体的第一比特率版本；存储使用所述通信设备时生成的所述语音媒体的所述第一比特率版本；确定网络可用比特率是否低于一个比特率阈值，所述比特率阈值定义了足以保持语音媒体实时通信的比特率吞吐量；当确定可用比特率低于比特率阈值时，从存储单元中传输语音媒体，语音媒体被以低于比特率阈值的比特率传输，因而高效地扩展了当网络可用比特率低于比特率阈值时的网络可用范围或网络语音通信能力。

4.3.2.4 底层传输

US20090104894A1 从发送者向整个网络的一个或多个收件人逐步发送语音消息，将网络中的第一接入服务器与一个发送者相关联；在第一接入服务器处逐渐地从发送者接收语音媒体，在第一接入服务器处保存所接收的语音媒体，上述语音媒体要通过网络发送到一个或多个接收者；在第一接入服务器处确定与一个或多个接收者相关联的一个或多个接入服务器，在第一接入服务器处确定要将语音媒体发送到上述一个或多个服务器的一个或多个下一跳，将语音媒体发送到上述一个或多个下一跳，在每一个下一跳处存储所述语音媒体，并在每一个下一跳重复上述过程，直到逐渐地将语音媒体从第一接入服务器发送到上述一个或多个服务器。上述一个或多个服务器将语音媒体发送到一个或多个接收者，使得上述接收者可以以实时模式呈现所接收到的媒体；在每一次传输中，即使有多个接收者与接收语音媒体的某个服务器相关联，也仅仅传送语音媒体的一份语音拷贝。

US20110252161A1 中记载：服务器接收包括基于时间的媒体的信息，媒体信息包括报头和基于时间的媒体正文；服务器将报头存储在报头存储器中，将消息正文存储在正文存储器中；随着基于时间的媒体的接收和存储，服务器中的路由器将上述信息中包含的基于时间的媒体发送到接收方，为客户端和传统通信设备提供同步或者异步的通信。在实时模式下通信时，报头和媒体正文分别传送，且先传送报文，从而一旦获得下一跳地址就逐渐地发送媒体，给用户提供实时的体验。服务器可以包括多个彼此连接形成 MESH 的报头存储器、正文存储器以及路由器，网络中还可以包括多个互相连接的服务器，上述多个服务器可以位于不同的地理位置。

US20120219131A1 中的第一通信设备具有双向消息功能单元，该单元能够①随着使用第一通信设备时媒体的创建，逐渐地生成要发送到接收端的消息；②逐渐地从接收端接收包含媒体的消息。第一通信设备还具有传输单元，被配置为随着媒体的生成，逐渐地通过网络将上述生成的消息发送给接收端，上述发送过程具体为将接收端标识符和消息中包括的媒体发送给网络中的服务器，服务器采用接收端标识符进行寻址，并将上述生成的媒体发送到与接收端关联的第二通信设备；第一通信设备还具有通信单元，用于随着媒体的生成和传输，存储所生成的媒体，还用于随着媒体的接收而存储接收到的媒体。

4.3.2.5　小结

1. 保证时间敏感媒体的及时交付所采用的技术

（1）保证时间敏感媒体的及时交付所采用的技术涉及的 12 篇 US 专利/专利申请均以 2007 年 10 月 19 日提交的申请号为 60/999619 的临时申请、2008 年 2 月 8 日提交的申请号为 12/028400、公开号为 US20090003558A1 的正式申请为优先权，并且其申请日均分布在 2008 年 4~8 月之间。可见，保证时间敏感媒体的及时交付，是 Voxer 在这一时期的研究重点。

（2）Voxer 最初对时间敏感媒体采用比非时间敏感媒体较小的打包区间这一技术手段进行细化研究，在 US20090003558A1 的基础上提交了两件完全继续申请，随后，才逐渐对其他 3 种技术（减小的比特率版本、重传推迟和时间敏感媒体优先发送）进行详细研究，在 US20090003558A1 的基础上提交了多件部分继续申请；上述 3 种技术中，又以减小的比特率版本最为核心，Voxer 提交了多件该技术与其他技术组合的专利申请。

2. 传输协议

尽管 Voxer 在成立之初就开始着手研究传输协议相关的内容，但最初仅仅是提出了一种选择协议的构想，即要达到流媒体的近实时传送的效果，而并未给出具体的选择标准。这一局面一直到 2010 年得到突破，在这一年，Voxer 提交的两件涉及协议的申请中均具体给出了选择协议所依赖的具体参数。在 2012 年年底，Voxer 进一步细化了消息的传输格式。

3. 传输模式

有关传输模式的第一件申请在 2008 年 2 月提交，其中仅仅记载如果网络容量足够大，则采用逐渐传输的方式。

随后，在 2008 年 9 月，Voxer 又提交了两件关于传输模式的申请，其中记载根据网络连接上的所述可用比特率与比特率阈值的关系来确定传输模式，如果满足该阈值，则随着媒体的生成进行即时的传输，否则，从存储器中取出通信设备生成的语音媒体进行发送。

2009 年 9 月，在上述两件申请的基础上，Voxer 又提出一件部分继续申请，明确了传输模式与会话呈现模式之间的关系。

4. 底层传输

Voxer 涉及底层传输的申请并不多，这可能与 Voxer 在具体实现时其基础设施采用了 NODE 技术有关。

4.3.3 特殊语音会话

特殊语音会话主要包括两部分内容。

1. 传统通信设备

众所周知，传统通信设备可以进行实时的会话，但其无法同时参与多个会话，也无法在会话结束后查看会话记录，Voxer 提出了一种网络架构，使得传统通信设备也可以具备上述功能。

2. 邮件

传统电子邮件采用接收者地址和网络中目的地的晚期绑定，但在发送邮件之前，需要发送者创建完整的邮件内容，从而不能为用户提供近实时的使用体验。而传统的电话虽然可以提供近实时的体验，但在主叫必须等待其与被叫之间的连接建立之后，才能够开始讲话，即采用的是接收者地址和网络中目的地的早期绑定。上述两种方式均存在不足。在本申请中，通过对传统的邮件协议进行改进，为用户提供近实时的体验，且在发送者开始创建媒体前不需要建立网络连接或者电路连接。

图 4-3-3 显示出了特殊语音会话分类的引用关系。从图中可以看出，对于邮件这种特殊语音会话方式，Voxer 的所有申请都是在原来申请的基础上所提出的部分继续申请。

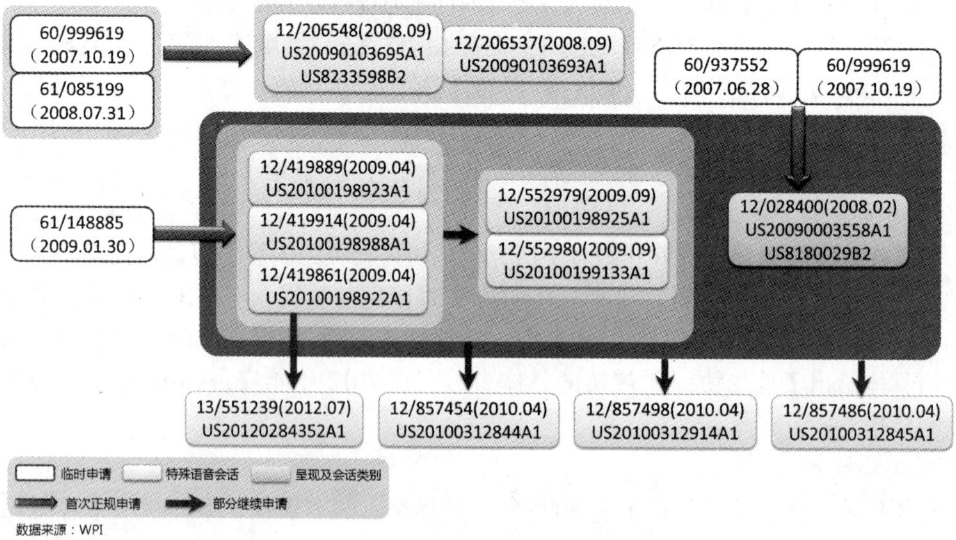

图 4-3-3 特殊语音会话分类中申请的引用关系

4.3.3.1　传统通信设备

在 US20090103693A1、US8233598B2 中，记载用户设备包含 MCMS（Multiple Conversation Management System）模块和 SaS（Store and Stream）模块，从而使得该用户设备具有参与多个会话、以实时模式或时移模式查看会话、在上述两个呈现模式之间无缝切换、可随时查看会话记录等功能。然而，对于传统的通信装置，如固定电话、早期的移动电话、卫星电话、电脑等，并不具有上述模块，因此无法具有上述功能。该申请中，通过网络中的网关节点中的第一接口、第二接口、消息缓存、会话控制单元，使得上述传统通信装置也可以具有上述功能。具体方案为：第一接口使得网关节点能够从远程会话控制设备接收会话控制信息，第二接口将网关节点连接到网络中，该网络支持第一通信设备和一个或多个其他通信设备之间的会话；消息缓存用于通过第二接口从网络中接收会话媒体，并随着上述媒体的接收，存储接收到的媒体；会话控制单元用于从远程会话控制设备接收会话控制信息，还用于响应于接收到的控制信息，控制发给第一通信设备的媒体的呈现时间，该呈现时间是从消息缓存中取出媒体并发送给第一通信设备时。其中，远程会话装置用于通过网管节点控制第一通信设备的会话。

4.3.3.2　邮件

US20100198988A1、US20100198923A1、US20100198922A1：传统电子邮件采用接收者地址和网络中目的地的晚期绑定，但在发送邮件之前，需要发送者创建完整的邮件内容，从而不能为用户提供近实时的使用体验。而传统的电话虽然可以提供近实时的体验，但在主叫必须等待其与被叫之间的连接建立之后，才能够开始讲话，即采用的是接收者地址和网络中目的地的早期绑定。上述两种方式均存在不足。在本申请中，能够为用户提供近实时的体验，且在发送者开始创建媒体前不需要建立网络连接或者电路连接，与媒体的生成过程同时地、逐渐地传输基于时间的媒体，使得基于时间的媒体可以实现接收者地址与网络中目的地的晚期绑定，通过以下手段来实现上述功能：通过与接收者相关联的地址（如电子邮件地址），将一个消息指定发送给上述接收者，一旦指定接收者地址，即触发通过网络查找至少部分到接收者的传输路径，当查找到时，与媒体的生成过程同时地、逐渐地传输上述基于时间的媒体。图 4-3-4 显示出了 Voxer 对传统邮件协议的改进。上述 3 件专利申请的说明书完全一样，但在权利要求中分别记载了保护范围大小不一的技术方案。

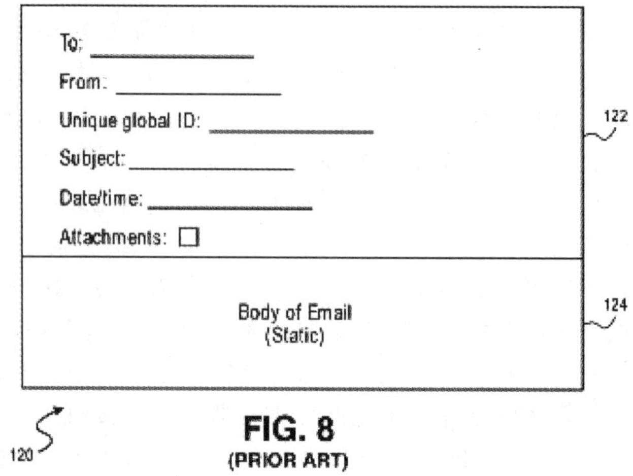

FIG. 8
(PRIOR ART)

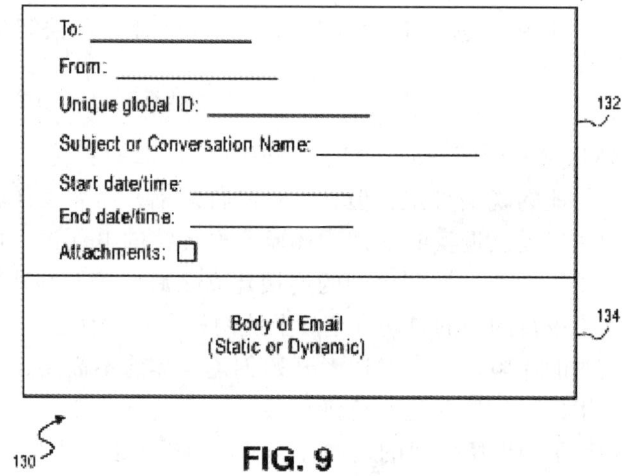

FIG. 9

图 4-3-4　Voxer 对传统邮件协议的改进（US20100198922A1 附图）

US20100199133A1、EP2391076B1、EP2377279B1、US20100198925A1 专利是前述 US20100198988A1、US20100198923A1 和 US20100198922A1 的部分继续申请，在说明书中增加了以下内容：在服务器 16A 处接收到 E-mail 地址后，服务器 16A 首先判断该地址是否属于其自身所管理的域，如果是，则在接收端支持实时通信的情况下以实时模式直接将媒体传输给接收端，或者在接收端不支持实时通信仅支持邮件方式的情况下，将媒体作为 E-mail 的附件直接传输给接收端；如果否，则按照附图 5A-5C 的方法传输媒体；此外，服务器 16A 也不必每次都执行 DNS 查询操作，可以在接收到接收端的 E-mail 地址后使用缓存中存储的此前的 DNS 查询结果。

US20100312844A1 是在前述有关邮件的所有申请的基础上提出的部分继续申请。通过 E-mail 进行通信的方法，只要 E-mail 地址被定义，则立即获得该 E-mail 接收方的地址，并使用上述地址立即获得到上述接收方的至少部分路由，进而利用上述部分路由立即将可用的基于时间的媒体发送到接收方。

US20100312914A1、US20100312845A1 在前述有关邮件的所有申请的基础上提出的部分继续申请，将前述申请中关于邮件协议的改进应用到任何的实时通信协议中。具体包括：随着发送者通过网络发送基于时间的媒体，在服务器处逐渐地接收上述媒体；至少发现部分到所述媒体的接收者的路由，随着媒体在服务器处可用并且至少发现部分路由，逐渐地将上述接收到的媒体传送到上述接收者。其中，发送者发送的媒体可以逐渐生成或者从存储器中读取。传输所采用的协议可以是改进的可逐渐传输媒体的 E-mail。上述发送方法还可以采用 SIP、RTP、VOIP、SKYPE 等实时通信协议。

US20120284352A1 与 US20100198922A1 基本相同。传统电子邮件采用接收者地址和网络中目的地的晚期绑定，但在发送邮件之前，需要发送者创建完整的邮件内容，从而不能为用户提供近实时的使用体验。而传统的电话虽然可以提供近实时的体验，但在主叫必须等待其与被叫之间的连接建立之后，才能够开始讲话，即采用的是接收者地址和网络中目的地的早期绑定。上述两种方式均存在不足。在本申请中，能够为用户提供近实时的体验，且在发送者开始创建媒体前不需要建立网络连接或者电路连接，与媒体的生成过程同时地、逐渐地传输基于时间的媒体，使得基于时间的媒体可以实现接收者地址与网络中目的地的晚期绑定，通过以下手段来实现上述功能：通过与接收者相关联的地址（如电子邮件地址），将一个消息指定发送给上述接收者，一旦指定接收者地址，即触发通过网络查找至少部分到接收者的传输路径，当查找到时，与媒体的生成过程同时地、逐渐地传输上述基于时间的媒体。

4.3.3.3　小结

Voxer 在其官方网站上采用了“跨平台”来介绍旗下的 Voxer 应用。从特殊语音会话这个分类中，我们也可以清晰地看到，Voxer 的确在跨平台这一领域做足了功夫。目前，本分类中的传统通信设备和邮件的方式似乎还未得到商业化应用，但此前有报道称，[1] Voxer 欲开拓企业市场。而在企业中传统通信设备（如固话）和电子邮件是最为普遍使用的沟通工具，Voxer 是否会利用其在这方面的技术优势掀起又一次热潮？

4.3.4　数据同步

数据同步特征主要是通过通信双方中的接收方确定发送方已经发送而其并未成功接收或者在传输过程中丢失的媒体，请求发送方重传上述媒体，从而使得发送方和接收方都存储有会话记录的完整拷贝。在数据同步特征下，Voxer 主要有两个方向的申请：

（1）数据同步过程，仅仅简单的描述数据同步的过程即收发双方的请求重传与重传响应等，而并不记载底层如何实现，如在接收方如何确定发送方已经发送而其并未成功接收或者在传输过程中丢失的媒体。

（2）数据同步底层技术，如为方便确定需要重传的数据而采用的媒体消息存储格式以及确定需要重传的数据的具体过程。

图 4-3-5 中显示出了数据同步分类中申请的引用关系。可以看出，与特殊语音会

---

[1] http：//tech. qq. com/a/20120412/000345. htm，访问时间：2013-06-23。

话中的邮件子分类类似的，数据同步分类中，Voxer 的所有申请也都是在原来申请的基础上所提出的部分继续申请。

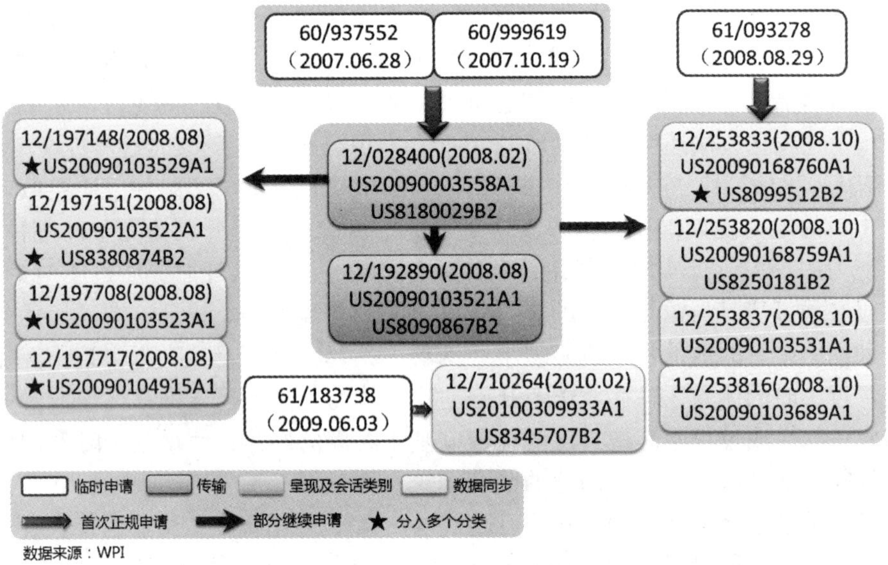

图 4-3-5　数据同步分类中申请的引用关系

4.3.4.1　数据同步过程

US8250181B2、US20090103531A1 将第一通信设备生成的语音媒体在第一通信设备的第一存储单元中逐渐地存储；逐渐地将上述语音媒体通过网络传输给第二通信设备；通过网络接收第二通信设备生成并存储在第二存储单元的属于该会话的语音媒体，将上述接收到的语音媒体存储在第一通信设备的第一存储单元中；同步存储在第一存储单元的语音媒体以使得第一存储单元和第二存储单元中存储了该会话的完整语音媒体，上述同步过程具体为：确定第二通信设备发送但并未被第一通信设备接收到的属于该会话的语音媒体，向第二通信设备发送一个或多个重传请求，接收请求重传的语音媒体并将其存储在第一存储单元中。

US8099512B2 逐渐地同步所存储的在会话期间通过网络传输的语音媒体拷贝的方法，其中所述会话以实时模式或者时移模式来执行，所述方法包括：①随着发送节点持久地存储其所生成并传输的媒体，在接收节点处逐渐地接收从发送节点向接收节点传输的语音媒体，被传输的语音媒体的包大小和打包区间要足以使语音媒体能够接近实时的呈现；②逐渐地、持久地在接收端存储接收的语音媒体；③记录那些被发送但是没有被接收并且在接收端被持续存储的语音媒体；④产生针对所述记录的语音媒体的请求；⑤从发送节点接收所述记录的语音媒体的重传；⑥重复步骤④ 和⑤，直到发送节点和接收节点的持久存储器中都具有完整的语音媒体的拷贝；⑦在接收节点处选择性地以实时模式或时移模式呈现接收到的语音媒体；其中，实时模式随着语音媒体的接收进行呈现，而时移模式从存储器中取出并呈现。

US20090103689A1、（EP2171982B1、分案 EP2493146A2）中给出了一种实时同步

在网络上执行的会话的语音媒体的方法，包括：被配置为随着语音媒体的生成逐渐地在第一存储单元中存储上述语音媒体，其中，语音媒体是在使用第一通信设备时生成的；逐渐地将上述使用第一通信设备生成的语音媒体通过网络传输给第二通信设备；逐渐地通过网络从第二通信设备接收属于该会话的第二通信设备生成并存储在第二存储单元中的媒体，将上述接收到的语音媒体逐渐地存储在第一通信设备的第一存储单元中；确定第二通信设备发送但并未被第一通信设备接收到的属于该会话的语音媒体，在第一通信设备处生成用于请求传输上述确定的语音媒体的一个或多个传输请求，向第二通信设备发送上述生成的传输请求；在第一通信设备处从第二通信设备接收重传的语音媒体，并将其存储在第一存储单元中；其中，随着发送请求传输并未存储在第一通信设备中的语音媒体的条件成立时，第一存储单元中的语音媒体实时地与第二存储单元中的媒体进行同步。

4.3.4.2　数据同步底层技术

US8345707B2、US20100309933A1 中给出了具体的数据同步算法，在用户数据对象中维护用户数据；配置一个源树，源树包括一个源根节点和一个或多个依赖源节点，与源用户数据相关的源树中的节点被维护在用户数据对象中；配置一个目标树，目标树包括一个目标根节点和一个或多个依赖目标节点，与目标用户数据相关的目标树节点被维护在用户数据对象中；基于用户数据对象中维护的源用户数据和目标用户数据，对源树和目标树的节点执行校验算法；通过使用优化算法遍历源树的节点得到源树和目标树中对应节点的一个或多个“校验和”的比较，以识别目标树可能丢失和/或与源树的相关节点的 checksums 值不匹配的节点，根据上述比较结果，在目标树、目标用户数据和源树、源用户数据之间执行同步，目标树的丢失节点被增加或具有不匹配 checksums 值的节点被修改以匹配源树的节点。

4.3.4.3　小结

从上述分析可知，Voxer 在起初仅仅给出了在发送端和接收端之间同步数据的朴素构想，即在接收端确定没有成功接收或者在传输过程中丢失的媒体数据并请求发送端重传，从而使得发送方和接收方都存储有会话记录的完整拷贝，而对于如何确定没有成功接收或者在传输过程中丢失的媒体数据，则直到 2009 年 6 月 3 日才提出相应的方法，并在 2010 年 2 月 22 日提出了正式申请。

此外，对于数据同步过程这一子分类，可以划分为两个阶段，第一阶段的专利申请是在 12/028400（US20090003558A1，2008.02.08）的基础上提出的部分继续申请。这些申请中，在网络带宽受限的情况下，发送了媒体的低比特率版本，为了使得接收方能够获得所接收媒体的高比特率版本的完整拷贝而进行的数据同步；而第二阶段的申请是在 12/028400（US20090003558A1，2008.02.08）和 12/192890（US20090103521A1，2008.08.15）的基础上提出的部分继续申请，这些申请中数据同步是通过重传接收端未成功接收或者接收有误的媒体分组。

4.3.5 界面及会话组织

Voxer 的专利申请中设计到界面及会话组织的申请并不多，图 4-3-6 中给出了这些申请的引用关系。

US20090003544A1、EP2151113B1 中记载了用于构成和进行会话的方法，通过网络在第一通信设备上接收与一个或多个参与者进行会话的媒体；当所述媒体通过所述网络被接收时在所述第一通信设备上存储所接收的媒体；在所述第一通信设备上以接近实时的模式或时移模式再现所述会话的所接收的媒体；在所述第一通信设备上创建与所述会话相关的媒体；在所述第一通信设备上存储所创建的媒体；通过所述网络向所述会话的所述一个或多个参与者发送在所述第一通信设备上创建的媒体；关联所创建的媒体和接收的媒体；以及用所关联的创建的媒体和接收的媒体构成所述会话。

US20100125791A1 以可视化时间线展示语音对话，可视化时间线可以展示一个会话中一个或更多个参与者所生成的媒体长度，为用户提供导航工具，使用该导航工具可以方便地查看可视化时间线中所展示的会话。图 4-3-7 给出了会话时间线的示意图。

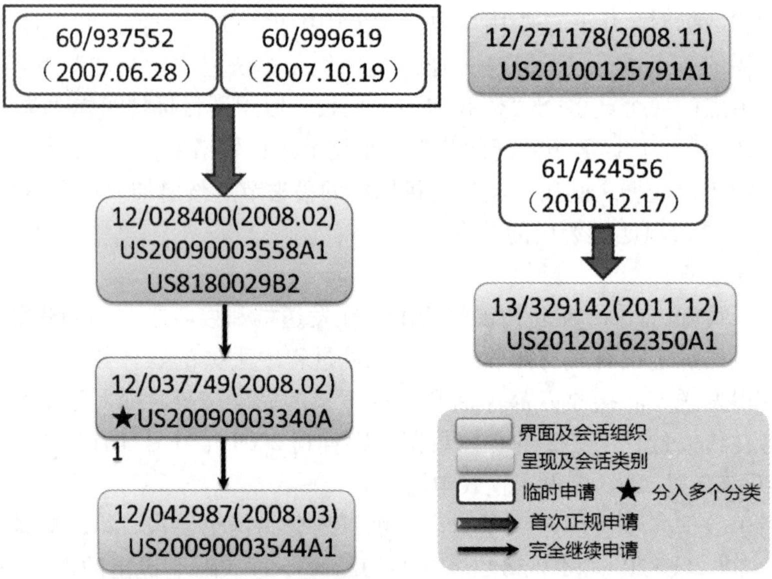

数据来源：WPI

图 4-3-6 界面及会话组织分类中申请的引用关系

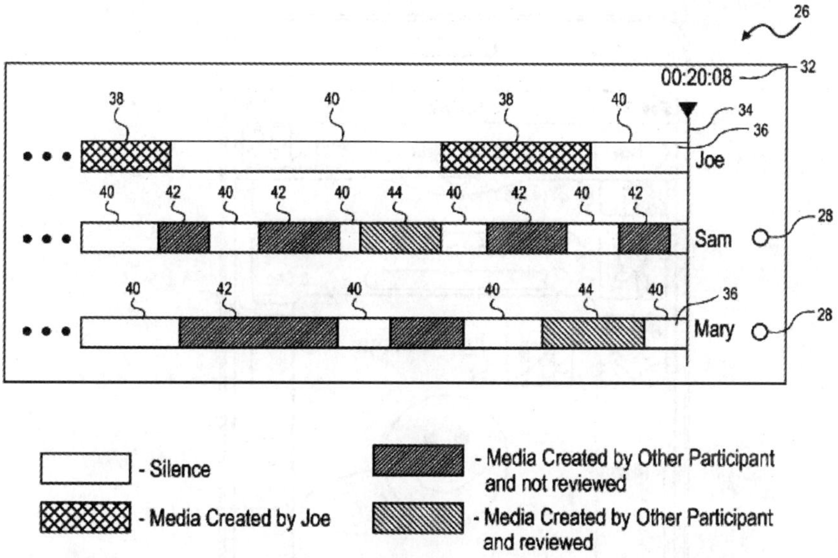

FIG. 3

图 4-3-7　会话时间线（US20100125791A1 的附图）

US20120162350A1 中记载了一种具有声音效果的表情。用户可以在文本消息中增加声音效果来表达其情绪，这种声音效果称为 audiocon，例如，可以采用人哭泣或呜咽的声音来表示悲伤的情绪；采用笑声来表示快乐（如图 4-3-8 所示）；通过在消息界面提供的 audiocon 按钮或者通过预设的字符串来选择相应的 audiocon；可选的，audiocon 也可以具有视觉效果如采用视频或者动画的形式，audiocon 可以由系统定义，也可以由用户自定义。在消息界面，确定用户所发出的指令是否为选择包括能够表达情绪的语音媒体内容，如果是，则响应于该指令，向当前会话流中增加一个媒体气泡，该媒体气泡中包括用户选择的能够表达情绪的语音媒体内容。

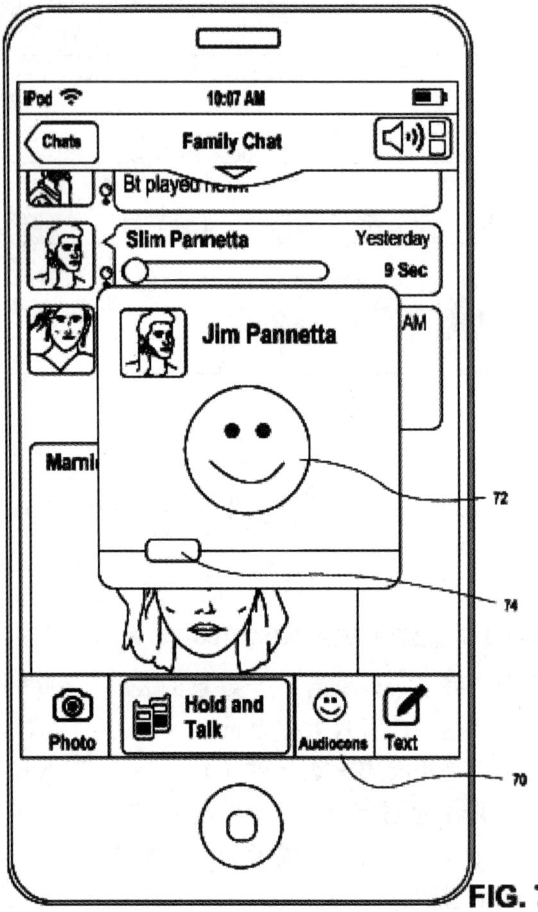

FIG. 7C

图 4-3-8　具有声音效果的表情（US20120162350A1 的附图）

4.3.6 其　他

图 4-3-9 中给出了其他分类中申请的引用关系。由此可以看出，该分类下的 US20110019662A1 与其他分类之间存在较为复杂的引用关系。

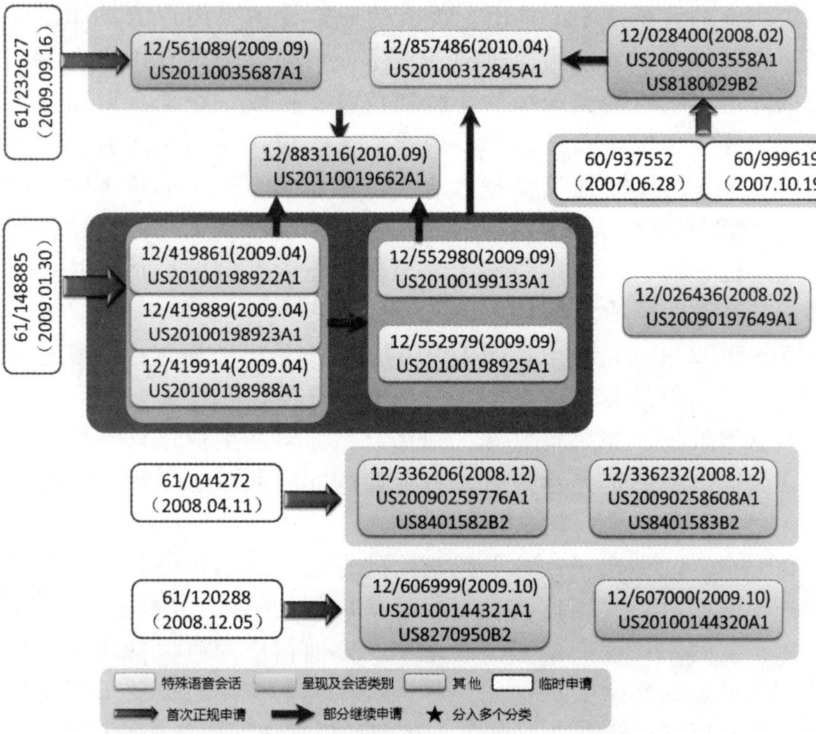

数据来源：WPI

图 4-3-9　其他分类中申请的引用关系

US20090197649A1 中给出了一种手机结构（如图 4-3-10 所示），手机上设置一个插槽用于存放无线耳机，并针对插槽的不同位置给出了 3 个实施例。

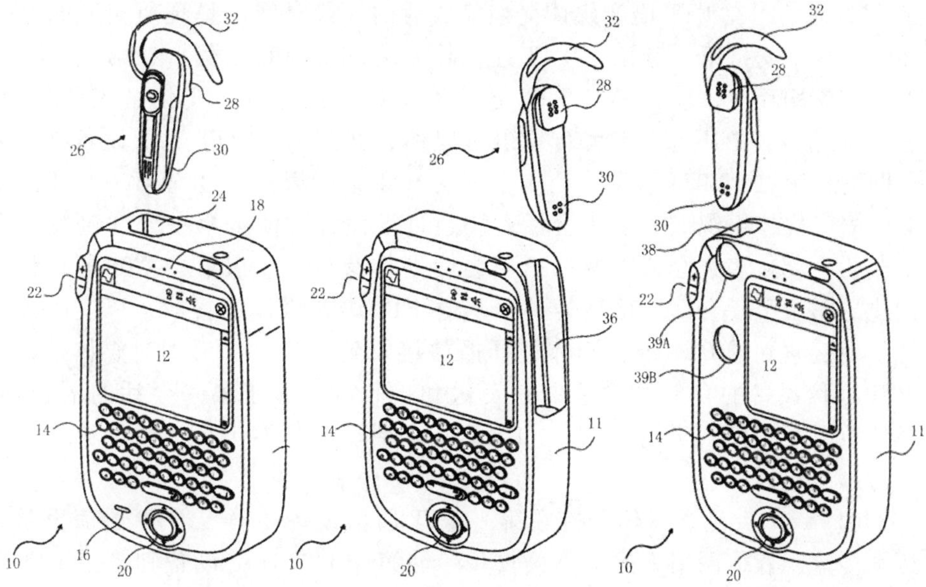

图 4-3-10　耳机插槽（US20090197649A1 的附图）

US8270950B2 的背景技术中指出：现有的通信设备对用户的头部造成射频辐射，使得用户容易得病，本发明通过通信设备上的存储器暂存用户会话，当安全时进行播放或发送。在连接到网络的无线通信设备接收一个执行射频保护模式的通知；将该通知传输到网络；该通知由用户输入或用户使用无线通信设备存于一个危险位置时产生；当无线通信设备远离用户存于一个安全的位置时，产生第二通知给网络，网络将存储的会话发送给无线通信设备；当无线通信设备远离用户存于一个安全的位置时，向网络传输无线通信设备上存储的会话；并且使得无线通信设备播放其存储的会话内容。

与 US8270950B2 相对应的，US20100144320A1 给出了通过推迟发送非时间敏感型数据从而降低辐射的方法，具体为：判断生成的语音媒体是时间敏感型数据还是非时间敏感型数据，如果是后者，则将数据存储在生成该语音媒体的通信终端上，当检测到通信终端远离用户时，将存储的非时间敏感型数据发送，以减轻通信终端对用户的辐射。

US20110019662A1 给出了一种下载应用的方法，并具体记载了应用的运行模式。当用户访问网站时，从用户接收下载通信应用的请求，响应于上述请求，将上述通信应用下载到用户使用的通信终端中，该通信应用可以使用在通信终端中运行的浏览器生成嵌入在网页内的用户界面，该通信应用可以使得用户以实时模式、时移模式参与语音会话，并提供在上述两种模式之间无缝切换的能力。

US8401583B2：随着媒体分别在第一 PTT 通信设备和第二 PTT 通信设备处生成和逐渐传输，媒体网络上的节点接收并存储第一 PTT 通信设备和第二 PTT 通信设备之间在 PTT 传输中交换的语音媒体；双方交换的 PTT 语音媒体在第一和第二 PTT 通信设备上几乎同时发送和呈现时，支持第一和第二 PTT 通信设备在网络上全双工 PTT 通信；在 PTT 语音媒体交换完成后的一段时间后呈现所交换的 PTT 语音媒体时，网络支持第一和第二 PTT 通信设备之间的时移通信；在第一 PTT 通信设备上提供应用程序，使得第一 PTT 通信设备执行：①当 PTT 语音媒体创建时，第一 PTT 通信设备上不断存储和传输语音媒体；②在第一 PTT 通信设备处不断存储通过网络从第二 PTT 通信设备处接收到的 PTT 语音媒体；③对第一 PTT 通信设备存储的语音媒体组织成为多个会话；④通过下面方式使得第一 PTT 通信设备参与多个会话：ⓐ从多个会话中选择第一会话进行参与；ⓑ在第一 PTT 通信设备处传输创建的属于第一会话的语音媒体；随着 PTT 语音媒体的接收，以实时模式选择性地呈现接收到的 PTT 语音媒体选择播放接收到的第一会话即时媒体消息；从第一 PTT 通信设备的存储器中读取其发送和接收到的属于第一会话的语音媒体，并选择性地以时移模式进行呈现；ⓒ从第一会话切换到多个会话中的第二会话中去，并对第二会话执行步骤ⓑ。

US8401582B2：随着媒体分别在第一 PTT 通信设备和第二 PTT 通信设备处生成和逐渐传输，媒体网络上的节点接收并存储第一 PTT 通信设备和第二 PTT 通信设备之间在 PTT 传输中交换的语音媒体；在第一和第二 PTT 通信设备之间的 PTT 传输中，网络节点以如下方式逐渐地传输语音媒体：①当第二通信设备在网络上可用时，随着语音媒体在网络节点上逐渐地接收并存储，将接收到的语音媒体从第一 PTT 通信设备向第二 PTT 通信设备传输；② 当第一通信设备在网络上可用时，随着语音媒体在网络节点上逐渐地接收并存储，将接收到的语音媒体从第二 PTT 通信设备向第一 PTT 通信设备；当ⓐ第一和第二 PTT 通信设备在网络上都可用；并且ⓑ双方交换的 PTT 语音媒体在第一和第二 PTT 通信设备上几乎同时发送和呈现时，支持第一和第二 PTT 通信设备在网络上全双工 PTT 通信；若语音媒体在网络节点上接收并存储时第二 PTT 通信设备在网络上不可用，则第二 PTT 通信设备在网络上可用时向网络节点发送请求，响应于该请求，在网络节点处从存储器中读取从第一 PTT 设备接收到的媒体，并逐渐地向第二 PTT 通信设备传送；若语音媒体在网络节点上接收并存储时第一 PTT 通信设备在网络上不可用，则第一 PTT 通信设备在网络上可用时向网络节点发送请求，响应于该请求，在网络节点处从存储器中读取从第二 PTT 设备接收到的媒体，并逐渐地向第一 PTT 通信设备传送：在第一 PTT 通信设备上提供应用程序，使得第一 PTT 通信设备执行：①当 PTT 语音媒体创建时，第一 PTT 通信设备上不断存储和传输语音媒体；②当第一 PTT 通信设备上生成语音媒体时若第一 PTT 的网络连接已经建立，则随着语音媒体的生成和逐渐存储，逐渐地传输所生成的语音媒体；③当第一 PTT 通信设备上生成语音媒体时，若第一 PTT 的网络连接未建立，则当第一 PTT 通信设备的网络连接建立时，从第一 PTT 通信设备的存储器中读取媒体并逐渐地传输。

4.4　已授权专利分析

课题组对于 Voxer 在美国和欧洲专利局获得授权的专利的独立权利要求进行了中文翻译，在本节中采用表格的形式列出以供参考。

4.4.1 呈现及会话类别

呈现及会话类别分类已授权专利，见表 4-4-1。

表 4-4-1 呈现及会话类别分类已授权专利一览表

序号	授权号	保护主题	方案思路	保护范围	独立权利要求
1	US8180029B2	方法 装置 计算机应用	通信设备上首次呈现所接收到的媒体的两种模式：实时模式和时移模式	在通信设备上进行通信的方法： 随着媒体的生成，逐渐地、持久地存储生成的媒体数据； 将生成并存储的媒体数据逐渐地通过网络传输； 通过网络逐渐地接收媒体数据，逐渐地、持久地存储接收的上述媒体数据，接收到的媒体数据的首次呈现可以有以下两种方式： （1）实时模式，即随着通过网络的接收进行呈现； （2）时移模式，即在媒体数据被接收并存储后的一段时间以后，将媒体数据从存储器中取出并对其进行呈现	A communication method for communicating on a communication device, comprising: progressively and persistently storing media created on the communication device as the media is created; progressively transmitting the media over a network as the media is created and persistently stored; progressively receiving media over the network at the communication device; progressively and persistently storing the received media as the received media is received at the communication device over the network without having to first render the received media; and selectively rendering, for the first time, the received media using one of two rendering options, the two rendering options including (i) a real-time mode as the media is received over the network and a (ii) time-shifted mode by retrieving and progressively rendering the retrieved media out of persistent storage some time after the media was received and stored.

续表

序号	授权号	保护主题	方案思路	保护范围	独立权利要求
2	US8180030B2	方法 装置 计算机应用	通信设备上首次呈现所接收到的媒体的两种模式：实时模式和时移模式	一种运行在通信设备上的存储在计算机可读介质中的计算机应用，该应用被配置为： 存储模块，用于随着流媒体的生成，逐渐地、持久地存储使用上述通信设备时所生成的流媒体； 传输模块，用于随着流媒体被创建并逐渐地、持久地存储时，将上述流媒体通过网络传输； 网络接收模块，用于随着流媒体的接收，与存储模块配合逐渐地、持久地存储从远端通信设备接收到的流媒体； 呈现模块被配置用于提供呈现选项以选择性地呈现所接收到的流媒体，对于上述接收到的流媒体，第一次呈现可选以下两种方式，随着流媒体的接收即进行呈现的实时模式，和从持久性存储器中取出并呈现流媒体的时移模式	A computer readable application embedded in a non-transitory computer readable medium and intended to run on a communication device, the application comprising: a storage module configured to progressively and persistently store streaming media created using the communication device as the streaming media is created; a transmission module configured to progressively transmit the streaming media over a network as the streaming media is created and persistently stored; a network receive module cooperating with the storage module to progressively and persistently store streaming media received over the network from a remote communication device as the streaming media is received; and; a rendering module configured to provide rendering options to selectively render the received streaming media, for the first time, in both a real-time mode as the streaming media is received over the network and in a time-shifted mode by retrieving and rendering the retrieved streaming media from persistent storage.
3	US8175234B2	方法 计算机介质装置	多个会话的呈现	一种方法，包括： 在通信设备处通过网络接收与两个或多个会话相关联的媒体； 同时随着上述媒体的接收，呈现接收	A method, comprising: receiving at a communication device media associated with two or more conversations over a network; simultaneously rendering the received media associated

续表

序号	授权号	保护主题	方案思路	保护范围	独立权利要求
3	US8175234B2	方法 计算机介质装置	多个会话的呈现	到的媒体； 在通信设备上为分别为两个或多个会话创建媒体； 将创建的媒体通过网络发送给一个或多个会话参与者； 存储与每个会话相关的创建和接收的媒体； 从两个或多个会话中选择一个会话，从一个选择的时间点开始查看该会话中的创建的媒体和接收的媒体； 当查看已经选择的会话媒体流时，无中断地存储通过网络接收的与其他没有被选择的会话相关联的媒体； 当选择查看一个会话时，暂停其他没有被选择的会话的媒体呈现； 当查看完毕之后，恢复与上述两个或多个会话相关的媒体的同时呈现，上述呈现随着媒体通过网络被接收而进行呈现	with the two or more conversations as the media is received over the network; creating media on the communication device for the two or more conversations respectively; transmitting over the network the created media for the two or more conversations, the created media transmitted to one or more participants of the two or more conversations respectively; storing the received and/or created media associated with the two or more conversations; selecting for review one of the two or more conversations simultaneously rendered, the review of the selected one conversation including the rendering of the received and/or created media associated with the selected one conversation starting from a selected point in time; continuously storing, without interruption, the media received over the network and associated with the other non-selected conversation(s) while the selected one conversation is reviewed; pausing the simultaneous rendering of the media received over the network associated with the other non-selected conversations while the one conversation is selected for review; and resuming the simultaneous rendering of the received

续表

序号	授权号	保护主题	方案思路	保护范围	独立权利要求
3	US8175234B2	方法 计算机介质 装置	多个会话的呈现		media associated with the two or more conversations as the received media is received over the network after the review of the selected one conversation.
4	EP2143250B1	方法 装置 计算机介质	从会话参与者的角度更为清晰地描述了会话过程	一种方法，其用于在通信设备上再现一个或多个会话的方法，所述方法包括： 通过网络在所述通信设备上接收与所述一个或多个会话相关的媒体； 当所述媒体通过所述网络被接收时，在所述通信设备上存储与所述一个或多个会话相关的所接收的媒体； 在所述通信设备上选择所述一个或多个会话中的一个作为当前会话； (i)在所述通信设备上创建与所选择的当前会话相关的媒体并且存储所创建的媒体； (ii)在所述通信设备上以下列模式再现与所选择的当前会话相关的媒体： (a)接近实时的模式，其中与所选择的当前会话相关的所接收的媒体当被接收时被逐步再现；或者 (b)时移模式，其中与所选择的当前会话相关的所接收和创建的媒体在被创建或接收之后的一个时间被再现；以及 (iii)通过所述网络向与所选择的当前	A method for rendering one or more conversations (A, B, C) on a communication device (13, 140), comprising: progressively receiving at the communication device (13) media associated with the one or more conversations over a network (14); progressively storing on the communication device (13) the received media associated with the one or more conversations as the media is received over the network; selecting (1204) on the communication device one of the one or more conversations as current; (i) creating media on the communication device associated with the selected current conversation and progressively storing the created media; (ii) rendering (1218) the media associated with the selected current conversation on the communication device in either: (a) a real-time mode where the received media associated with the selected current conversation is progressively rendered as it is received, or (b) a time shifted mode where the received media associated with the selected current conversion is rendered at

续表

序号	授权号	保护主题	方案思路	保护范围	独立权利要求
4	EP2143250B1	方法 装置 计算机介质	从会话参与者的角度更为清晰地描述了会话过程	会话相关的一个或多个远程通信设备发送所创建的媒体	a time after it was received; selectively transitioning the rendering of the media associated with the selected current conversation back and forth between the real-time and time-shifted modes; and (iii) progressively transmitting the created media over the network to one or more remote communication devices associated with the selected current conversation as the media is created.
5	US8311050B2	方法 装置 计算机介质	多个会话的呈现优先级	在通信设备上连续呈现两个或多个会话的方法： 限定用于呈现所定义的一组会话相关的媒体的优先等级； 至少部分地基于该优先等级对接收到的分别与多个会话相关联的媒体进行排序； 在通信设备上基于排序的顺序对媒体进行播放； 其中，以接近实时模式或者时移模式呈现排序结果中位于第一顺序的媒体，而其他不是第一顺序的媒体则以时移模式呈现	A method for consecutively rendering two or more conversations on a communication device, comprising: defining a priority hierarchy for rendering media associated with a defined set of two or more conversations as media associated with the two or more conversations is received at the communication device; sequencing, on the communication device, the media associated with the defined set of conversations into a sequence order at least partially based on the defined priority hierarchy; and consecutively rendering, on the communication device, the media associated with the defined set of conversations in the sequence order on the communication device, wherein available media associated with the conversation first in the sequence order is selectively rendered in (i) a near real-time mode and (ii) a time-shifted mode; and

续表

序号	授权号	保护主题	方案思路	保护范围	独立权利要求
5	US8311050B2	方法装置计算机介质	多个会话的呈现优先级		wherein the available media for the other conversations not first in the sequence order is selectively rendered in the time-shifted mode.
6	US8345836B2	计算机软件方法	通信设备上首次呈现所接收到的媒体的两种模式：实时模式和时移模式；且记载了在对端状态为可用时再传送媒体。	一种运行在通信设备上的存储在计算机可读介质中的计算机代码，该代码被配置为： 产生一个待发给接收端且包括由通信装置建立的语音媒体的消息； 接收接收端在网络中的可用状态信息指示； 当可用状态信息指示接收端在网络上可用，则随着语音媒体的生成，逐渐发送包含上述语音媒体的消息； 随着语音媒体被从网络上的接收端接收，该通信装置逐渐接收包括语音媒体的消息； 以以下两种方式逐渐地存储语音媒体： (i)当语音媒体被创建并逐渐发送时逐渐存储向外发送的消息； (ii)当语音媒体消息被逐渐接收时逐渐存储语音媒体； 选择性地、逐渐地以如下两种方式首次呈现接收到的消息中的语音媒体：	Computer code embedded in a non-transient computer readable medium and intended to be executed on a communication device connected to a network, the code configured to: generate an outgoing message addressed to a recipient and containing voice media created using the communication device; receive status information indicative of the availability of the recipient on the network; progressively transmit the voice media of the outgoing message, as the voice media is created, when the status information is indicative that the recipient is available on the network; progressively receive an incoming message containing voice media as the voice media is received over the network from the recipient; progressively store the voice media of: (i) the outgoing message as the voice media is created and progressively transmitted; and (ii) the incoming message as the voice media is progressively received over the network; and

续表

序号	授权号	保护主题	方案思路	保护范围	独立权利要求
6	US8345836B2	计算机软件方法		(iii)随着基于时间的媒体被接收，以近实时方式呈现； (iv)从存储器取出语音媒体进行呈现。	selectively and progressively render the voice media of the incoming message, for the first time, both: (iii) in near real-time as the time-base media is progressively received over the network; and (iv) out of storage by retrieving the voice media of the message from storage.
7	EP2171971B1	装置计算机介质	通信设备的两种呈现模式以及模式之间的切换：	一种装置，其包括： 通信设备，其被配置成通过通信网络接收包含媒体的消息，并且接收包含使用所述通信设备创建的媒体的在本地创建的消息； 时移缓冲器，其以基于时间的格式存储包含在通过所述通信网络所接收的消息和所述在本地创建的消息中的媒体，所述时移缓冲器使所述通信设备能够实现： (i)以接近实时的模式呈现通过所述网络所接收的媒体；或者 (ii)通过从所述时移缓冲器取回所存储的媒体来以时移模式呈现通过所述网络所接收的媒体和所述在本地创建的媒体；以及 消息管理系统，其使所述通信设备能够在不中断所接收的消息的媒体到所述时	An apparatus, comprising: a communication device (13) configured to receive messages containing media over a communication network (14) and to receive locally created messages containing media created using the communication device; a time-shifting buffer (30) to store in a time-based format the media contained in both the messages received over the communication network and the locally created messages, the time-shifting buffer enabling on the communication device either: (i) rendering of the media received over the network in a real-time mode; or (ii) rendering of both the media received over the network and the locally created media in a time-shifted mode by retrieving the stored media from the time-shifting buffer; and a control element (21) which defines one or more

续表

序号	授权号	保护主题	方案思路	保护范围	独立权利要求
7	EP2171971B1	装置计算机介质	通信设备的两种呈现模式以及模式之间的切换；	移缓冲器中的正在进行的存储的情况下，在所述时移模式和所述接近实时的模式之间转换呈现。	functions that enables the communication device to transition rendering between the time-shifted mode and the real-time mode without interrupting the ongoing storage of the media of the received messages into the time-shifting buffer which storage occurs independently of rendering of media.
8	EP2147536B1	装置计算机介质	通信设备的两种呈现模式以及模式之间的切换；并记载在实时模式下提供的直播体验	一种装置，其包括： 通信设备，所述通信设备包括： 编码器，其随着媒体的创建，接收并逐渐编码使用所述通信设备在本地创建的媒体，所述在本地创建的媒体与会话相关； 发送器，其通过网络逐渐向所述会话的一个或多个参与者发送所述在本地创建的媒体； 接收器，其通过所述网络逐渐地从所述会话的所述一个或多个参与者接收媒体； 时移缓冲器，其以基于时间的格式逐渐地存储通过通信网络接收的媒体和所述在本地创建并被逐渐编码的媒体， 会话管理系统，其使所述通信设备能够在所述时移模式和所述实时模式之间转换所述会话的所述媒体的呈现， (i)以接近实时的模式呈现通过所述网络所接收的媒体；或	An apparatus, comprising: a communication device (13, 140) for conducting a conversation in a real-time mode or a time-shifted mode, the communication device including: an encoder (21) to receive and progressively encode media locally created using the communication device as the media is being created, the locally created media associated with the conversation; a transmitter (26j) to progressively transmit over a network (18) the locally created media to one or more participants of the conversation as the locally created media is being encoded; a receiver (28d) to progressively receive media from the one or more participants of the conversation over the network; a time-shifting buffer (30) to progressively store in a time-based format the media received over the communication network as the media is being progressively received and the locally created media as the media is being

续表

序号	授权号	保护主题	方案思路	保护范围	独立权利要求
8	EP2147536B1	装置计算机介质	通信设备的两种呈现模式以及模式之间的切换；并记载在实时模式下提供的直播体验	(ii)通过从所述时移缓冲器取回所存储的媒体来以时移模式呈现通过所述网络所接收的媒体和所述在本地创建的媒体； 当处于实时模式时，通过网络逐渐地传输本地生成的媒体以及逐渐地呈现所述通过网络接收的媒体，为通信设备的用户提供一种直播会话的使用体验。	progressively encoded, and a conversation management system (25b) which enables the communication device to transition rendering of the media of the conversation between the time-shifted mode and the real-time mode by: (i) progressively rendering the media of the conversation as the media is progressively received over the network in the real-time mode; or (ii) rendering the media received over the network in the time-shifted mode by retrieving the stored media from the time-shifting buffer, the progressive transmitting of the locally created media over the network and the progressive rendering of the media received over the network providing the user of the communication device with a live conversation experience when in the real-time mode.
9	US8121270B2	计算机应用	通信设备的两种呈现模式，媒体生成所采用的协议	一种存储在计算机可读介质中的计算机应用，该应用运行在被配置为连接至网络的通信设备上，该应用被配置为： 传输模块，被配置为随着媒体的生成，通过网络逐渐地传输包含在发出消息中的媒体；所述媒体在生成时采用支持近实时通信的传输协议； 存储模块，用于逐渐地存储在本地生	A communication application embedded in a non-transitory computer readable medium and intended to run on a communication device configured to be connected to a network, the application comprising: (i) a transmission module configured to progressively transmit media of an outgoing message over the network as the media of the outgoing message is created using a transmission protocol that supports near real-time

续表

序号	授权号	保护主题	方案思路	保护范围	独立权利要求
9	US8121270B2	计算机应用	通信设备的两种呈现模式，媒体生成所采用的协议	成并被逐渐编码的媒体，还用于逐渐地存储在本地创建的媒体； 呈现模块，以以下方式选择性地呈现接收到的消息媒体：①实时模式即随着通过网络的接收进行呈现；②时移模式，即在媒体数据被接收并存储后的一段时间以后将媒体数据从存储器中取出并对其进行呈现	communication; (ii) a storage module configured to (a) progressively store the media of the outgoing message as the media of the outgoing message is created and (b) progressively store the media of an incoming message as the media of the incoming messages is progressively received over the network; and (iii) a render module configured to selectively render the media of the incoming message (a) progressively as the media of the incoming message is received over the network in a near real-time mode and (b) progressively in a time-shifted mode by retrieving and rendering the media of the incoming message from storage some time after the media of the incoming message was received and stored.
10	US8107604B2	装置通信应用	多个会话的媒体的呈现优先级	一种设备，包括： 接收器，其配置成通过网络在所述通信设备上接收与一组会话相关的媒体，上述会话将按照确定的优先等级连续地再现，所述一组会话包括一个或多个会话； 排序元件，其配置成至少部分地基于所确定的优先等级按序列顺序排列与所述限定的一组会话相关的所接收的媒体；以及 再现元件，其配置成按所述序列顺序连续地再现与所述限定的一组会话相关的	A device, comprising: a receiver configured to receive at the communication device media associated with a defined set of conversations to be consecutively rendered in accordance with a defined priority hierarchy, the defined set including two or more conversations; a sequencing element configured to sequence the received media associated with the defined set of conversations into a sequence order at least partially based on the defined priority hierarchy; and a rendering element configured to consecutively render

续表

序号	授权号	保护主题	方案思路	保护范围	独立权利要求
10	US8107604B2	装置通信应用		所接收的媒体。	the received media associated with the defined set of conversations in the sequence order.
11	EP2080340B1	方法 装置	实时模式和时移模式之间的切换对用户透明	第一通信设备通过网络以实时模式或者时移模式进行通信的方法。 在第一通信设备处，随着媒体的生成，对生成的媒体进行编码； 在第一通信设备处，随着媒体被编码，存储编码后的媒体； 通过网络发送编码后的媒体； 在第一通信设备处通过网络接收媒体；其特征在于，随着媒体被编码和存储，通过网络逐渐地发送编码后的媒体；该方法还进一步包括： 随着第一通信设备通过网络接收媒体且所述媒体在第一通信设备处可用，在第一通信设备处存储接收到的媒体，以供时移模式下使用； 随着接收的进行以及媒体的可用性，在实时模式下逐渐进行呈现，并且随着对接收到的媒体进行的存储而进行呈现，其中，传输、编码和接收媒体的即时呈现用于支持实时模式，编码媒体的存储和接收媒体的存储用于支持时移模式； 在上述两种模式之间切换，上述切换	A communication method for communicating on a first communication device (13) over a communication system (10) in a real-time mode or a time-shifted mode, comprising: encoding media (1302) on the first communication device (13) created at the first communication device (13) as the media is created; storing (132) the encoded media on the first communication device (13) as the media is encoded; transmitting (134) the encoded media over a network (14); receiving media (136) over the network (14) at the first communication device (13); characterised in that the encoded media is transmitted over the network progressively as the encoded media is available and as the media is encoded and stored, and in that the method further comprises: storing (138) the received media on the first communication device, for use in the time shifted mode, as the received media is received at the first communication device (13) over the network (14) and is available at the first communication device; progressively rendering (140) the received media as it is being received over the network (14), and as received media is

续表

序号	授权号	保护主题	方案思路	保护范围	独立权利要求
11	EP2080340B1	方法 装置	实时模式和时移模式之间的切换对用户透明	对用户透明	available, in a real-time rendering mode and as the received media is being stored, wherein the simultaneous transmission and encoding of the media and the rendering of the received media as media is being received supports the real-time communication mode and the storage of the encoded media and storage of the received media supports the time-shifted mode; and selectively transitioning on the first communication device (13) the rendering of the received media between the real-time mode and the time-shifted mode by rendering the received media from storage when in the time-shifted mode or as the media is being received over the network in the real-time mode, wherein selectively transitioning the rendering of the received media between the real-time mode and the time-shifted mode is seamless to the user of the first communication device.
12	US8321582B2	计算机软件装置方法	实时模式和时移模式之间的切换；存储会话记录；	一种存储在计算机可读介质中的计算机代码，该代码在被配置为连接至网络的通信设备上运行，该代码包括： 用于支持通过网络进行的多个参与者之间的会话的代码，该会话包括在会话参与者之间的随时间变化的媒体的双向交换；该代码进一步被配置为： (i)随着要发送的媒体在通信设备上生	Computer code embedded in a non-transitory computer readable medium and intended to run on a communication device connected to a network, comprising: code configured to support a conversation conducted over the network among participants, the conversation including a bi-directional exchange between the participants of incoming and outgoing messages that include media that changes with respect to time, the code further configured to:

续表

序号	授权号	保护主题	方案思路	保护范围	独立权利要求
12	US8321582B2	计算机软件装置方法	实时模式和时移模式之间的切换；存储会话记录；	成，在通信设备上逐渐地存储该媒体；随着媒体的接收，在通信设备上存储通过网络从其他参与者接收到的媒体； (ii)在通信设备上显示会话消息历史，其中包括消息气泡，每个气泡代表接收到的消息或者发送出去的消息； (iii)在通信设备上提供呈现选项，其中，随着消息通过网络或者存储器接收，以实时模式逐渐地呈现会话的消息； (iv)在实时模式和时移模式之间选择性的转换会话参与度，其中，实时模式下，随着媒体从网络上接收即进行呈现，而在时移模式下，从存储器中取出媒体进行呈现	(i) progressively store the incoming and outgoing messages of the conversation on the communication device: (a) as the media of the outgoing messages is created on the communication device; and(b) as the media of the incoming messages is received over the network from the other participants; (ii) display on the communication device the message history of the conversation including message bubbles each representative of the incoming and outgoing messages respectively; (iii) provide rendering options on the communication device to progressively render the messages of the conversation in real-time as the media of the incoming messages is received over the network and out of storage; and (iv) selectively transition participation in the conversation between a real-time mode when rendering the media of the incoming messages in real-time as the media is received over the network and in a time-shifted messaging mode when rendering the media of the incoming messages out of storage.
13	US8412845B2 与 US8321582B2	计算机程序	实时模式和时移模式之间的切换；存储会话记录；	一种存储在计算机可读介质中的计算机代码，该代码在被配置为连接至网络的通信设备上运行，代码包括： 用于支持通过网络进行的多个参与者	Computer code embedded in a non-transitory computer readable medium and intended to run on a communication device connected to a network, comprising: code configured to support a conversation conducted

续表

序号	授权号	保护主题	方案思路	保护范围	独立权利要求
13	（序号 12）技术方案较为接近	计算机程序	实时模式和时移模式之间的切换；存储会话记录；	之间的会话的代码，该会话包括在会话参与者之间的随时间变化的媒体的双向交换；该代码进一步被配置为： (i)随着要发送的媒体在通信设备上生成，在通信设备上逐渐地存储该媒体；随着媒体的接收，在通信设备上存储通过网络从其他参与者接收到的媒体； (ii)在通信设备上显示会话消息历史，其中包括分别代表接收到的消息或者发送出去的消息的可视化表示； (iii)在通信设备上提供呈现选项，其中，随着消息通过网络或者存储器接收，以实时模式逐渐地呈现会话的消息； (iv)在实时模式和时移模式之间选择性的转换会话参与度，其中，实时模式下，随着媒体从网络上接收即进行呈现，而在时移模式下，从存储器中取出媒体进行呈现	over the network among participants, the conversation including a bi-directional exchange between the participants of incoming and outgoing messages that include voice media, the code further configured to: (i) progressively store the incoming and outgoing messages of the conversation on the communication device: (a) as the voice media of the outgoing messages is created with the communication device; and (b) as the voice media of the incoming messages is received over the network from a remote participant of the conversation; (ii) display on the communication device the message history of the conversation, the message history including visual representations corresponding to the incoming and outgoing messages respectively; (iii) provide rendering options on the communication device to progressively render the incoming messages of the conversation in real-time as the voice media of the incoming messages is received over the network and out of storage; and (iv) selectively transition participation in the conversation between a near real-time mode when rendering the voice media of the incoming messages in near real-time as the voice media is received over the network and in a time-shifted messaging mode when rendering the voice media

续表

序号	授权号	保护主题	方案思路	保护范围	独立权利要求
					of the incoming messages out of storage.
14	US8130921B2	方法 装置 计算机应用	会话类别	一种运行在第一通信设备上的存储在计算机可读介质中的计算机应用，该应用包括： 消息模块，被配置为逐渐地产生对应于接收者的发送消息，与发送消息相关的媒体使用第一通信设备产生； 传输模块被配置为：随着上述发送消息通过网络被创建，逐渐地向接收者传输上述发送消息，上述传输不需要通过网络在第一通信设备和与接收者关联的第二通信设备之间建立连接； 存储模块被配置为当媒体被产生并被逐渐地向第二通信设备传输时，在存储器中渐进地存储发送消息的媒体	A computer readable application embedded in a non-transitory computer readable medium and intended to run on a first communication device, the application comprising: a messaging module configured to progressively generate an outgoing message intended for a recipient as media associated with the outgoing message is created using the first communication device; a transmission module configured to progressively transmit the outgoing message to the recipient as the media of the outgoing message is created over a network without first establishing a connection over the network with a second communication device associated with the recipient; and a storage module configured to progressively store the media of the outgoing message in storage on the first communication device as the media is created and progressively transmitted to the second communication device associated with the recipient.
15	EP2137923B1	装置	实时呈现模式	一种通信装置，包括： 编码器，用于随着媒体在该通信装置上生成，逐渐地对生成的媒体进行编码； 存储器或者存储器元件，其被配置为：随着媒体的生成，逐渐地、持久地存储编	A communication device (13, 140), comprising: an encoder (21) configured to progressively encode media on the communication device originating at the communication device as the media is created; a storage or memory element (146) configured to

续表

序号	授权号	保护主题	方案思路	保护范围	独立权利要求
15	EP2137923B1	装置	实时呈现模式	码后的媒体； 传输器，被配置为随着媒体的生成，从该通信装置通过网络逐渐地传输编码后的媒体； 接收器，被配置为在该通信装置处通过网络逐渐地接收媒体； 存储器或者存储器元件进一步被配置为随着媒体的接收，逐渐地、持久地存储接收到的媒体； 呈现元件，被配置为随着媒体的接收，以实时呈现模式逐渐地呈现所接收到的媒体	progressively and persistently store the encoded media on the communication device as the media is created; a transmitter (26j) configured to progressively transmit the encoded media over a network (14, 18) from the communication device as the media is created; a receiver (28d) configured to progressively receive media over the network at the communication device as the media is available; the storage or memory element (146) further configured to progressively and persistently store the received media as the received media is progressively being received over the network at the communication device; and a rendering element (21) configured to progressively render the received media as the received media is being received over the network in a real-time rendering mode.

4.4.2 传输

传输分类已授权专利，见表 4-4-2。

表 4-4-2 传输分类已授权专利一览表

序号	授权号	保护主题	方案思路	保护范围	独立权利要求
1	US8243894B2	计算	流媒体的传	一种存储在计算机可读介质中的计算	Computer code embedded in a non-transitory computer

续表

序号	授权号	保护主题	方案思路	保护范围	独立权利要求
1	US8243894B2	机程序 方法 通信设备	输协议	机代码，该代码在被配置为连接至网络的通信设备上运行，代码包括： 随着流媒体的创建，在通信装置处逐渐对其进行存储，从而在该通信装置中存储一个流媒体的备份； 随着流媒体的创建和存储，在一个传输会话中逐渐传输上述流媒体；其中： (i)传输所使用的通信协议支持近实时通信方式从而流媒体以近实时的方式被传输到与接收者相关联的第二通信装置； (ii)该协议还可确保流媒体被传输到接收装置。	readable medium and intended to run on a communication device configured to be connected to a network, the computer code configured to: progressively store streaming media created using the communication device, as the streaming media is created, so that a copy of the streaming media is stored on the communication device; and progressively transmit, during a transmission session, the streaming media as the streaming media is created and stored, using a transmission protocol that: (i)supports near-real-time communication so that the streaming media is delivered in near real-time to a second communication device associated with a recipient; and (ii) guarantees delivery of the streaming media to the second communication device.
2	EP2080342B1	方法 通信设备	当网络带宽不足时，优先传输时间敏感的媒体，推迟非时间敏感媒体的发送； 当网络带宽进一步不足	一种方法，包括： 在发送节点上确定将从所述发送节点向接收节点传输的某个会话的媒体是时间敏感还是非时间敏感，当媒体是实时会话的数据时，该媒体为时间敏感，当媒体为时移会话数据时，该媒体为非时间敏感； 从所述发送节点向所述接收节点传输被确定为时间敏感的所述媒体，所述媒体最初以第一比特率和以第一打包区间传	A method (52), comprising: ascertaining (521) at a sending node if media of a conversation to be transmitted from the sending node to a receiving node is time sensitive or not time-sensitive, the media being time sensitive if the media is part of a conversation in a real-time mode and the media being not time sensitive if the media is part of a conversation in a time-shifted mode; transmitting the media ascertained as time-sensitive

续表

序号	授权号	保护主题	方案思路	保护范围	独立权利要求
2	EP2080342B1	方法 通信 设备	时，传输时间敏感媒体的低比特率版本，以保证接收端能够以实时模式继续会话	输，所述第一比特率和所述第一打包间隔足够用于在接收时被查看的所述媒体的全比特率版本，所述媒体的所述全比特率版本源自所述媒体被最初编码的时候； 确定在所述网络上的带宽是否足够支持以所述第一比特率和第一打包间隔传输被确定为时间敏感的所述媒体的所述全比特率版本； 当所述带宽不足时，生成被确定为时间敏感的所述媒体的减小的比特率版本；从所述发送节点向所述接收节点传输所述减小的比特率版本，所述减小的比特率版本提高了被确定为时间敏感的所述媒体的交付的时间及时性，以便在所述网络上的带宽不足时，增加接收者在接收时查看所述媒体和以所述实时模式继续所述会话的能力； 当网络中可用的带宽超过传输时间敏感的媒体所需的带宽时，从所述发送节点向所述接收节点传输被确定为非时间敏感的所述媒体；以及 基于网络条件在所述发送节点上调节被确定为非时间敏感的所述媒体的传输速率，通过以下措施完成上述调节步骤：①	from the sending node to the receiving node, the media initially transmitted at a first bit rate and at a first packetization interval, the first bit rate and the first packetization interval being sufficient for a full bit rate representation of the media to be reviewed upon receipt, the full bit rate representation of the media being derived from when the media was originally encoded; ascertaining (541) if bandwidth on the network is sufficient to support the transmission of the full bit rate representation of the media ascertained as time-sensitive at the first bit rate and first packetization interval; generating (547, 548) a reduced bit rate representation of the media ascertained as time-sensitive when the bandwidth is insufficient; transmitting (543) the reduced bit rate representation from the sending node to the receiving node, the reduced bit rate representation enhancing the timeliness of the delivery of the media ascertained as time sensitive so as to increase the ability of the recipient to review the media upon receipt and continue the conversation in the real-time mode when the bandwidth on the network is insufficient; transmitting the media ascertained as not time sensitive from the sending node to the receiving node when bandwidth is available in excess of what is needed for the transmission of

续表

序号	授权号	保护主题	方案思路	保护范围	独立权利要求
2	EP2080342B1	方法 通信设备		考虑网络效率的因素设定用于传输被确定为非时间敏感的所述媒体的分组的第二打包间隔，以及②基于网络条件调节所述分组被传输的速率； 上述调整后的非时间敏感媒体的传输速率要保证其所需要的带宽不超过除去传输时延敏感媒体的带宽外剩余的带宽量	time-sensitive media; and adjusting the rate of transmission of the media ascertained as not time-sensitive at the sending node based on network conditions by setting a second packetization interval for transmitting packets of the media ascertained as not time-sensitive for network efficiency and adjusting the rate at which the packets are transmitted based on network conditions, whereby the adjusted rate of transmission of the media ascertained as not time-sensitive is set so that the bandwidth available in excess of what is needed for the transmission of time-sensitive media is not exceeded.
3	EP2228950B1	方法 装置 计算机程序	对时间敏感的数据流，采用较小的打包区间，对非时间敏感的数据流，采用较大的打包区间。	一种用户通过网络传输数据的方法，包括以下步骤： 在第一节点处确定需要通过网络从第一节点向第二节点传输一个或多个数据流，上述一个或多个数据流包括本地（第一节点）或者远程（第二节点）生成的基于时间的媒体； 在第一节点处确定一个或多个接收者查看上述一个或多个数据流的时间及时特性，对于每一个数据流： (a)若至少一个接收者指示其计划随着数据流的接收以近实时模式查看该数据	A method (54) for transmitting data over a network (18), comprising: ascertaining (1341) at a first node the need to transmit one or more data streams from the first node to a second node over the network, the one or more data streams including time-based media that is generated.either locally or remotely on the network characterized by the steps of : ascertaining (1342) at the first node a timeliness preference for reviewing the one or more data streams by one or more recipients respectively, the ascertained timeliness preference for each one of the data streams being either: (a) time-sensitive where at least one recipient of the one

续表

序号	授权号	保护主题	方案思路	保护范围	独立权利要求
3	EP2228950B1	方法 装置 计算机程序	对时间敏感的数据流，采用较小的打包区间，对非时间敏感的数据流，采用较大的打包区间。	流，则该数据流的时间及时特性为时间敏感； (b)为非时间敏感；则 (c)采用第一传输技术传输非时间敏感特性的一个或多个数据流，上述第一传输技术采用第一打包区间； (d)采用第二传输技术传输时间敏感特性的一个或多个数据流，上述第二传输技术采用第二打包区间； 其中，第一打包区间大于第二打包区间，打包区间表示每个数据包中包含的媒体量。	data stream has indicated an intent to review the one data stream in a real-time mode as received by the recipient over the network while the time-based media of the one data stream is being generated; or (b) less-than time-sensitive; and either: (c) transmitting (543) the one or more data streams with the less-than time-sensitive preference using a first transmission technique, the first transmission technique relying on packets having a first packetization interval; or (d) transmitting (543) the one or more data streams with the time-sensitive preference using a second transmission technique (548), the second technique relying on packets having a second packetization interval, wherein the first packetization interval is larger than the second packetization interval, wherein the packetization interval is defined as the amount of time based media contained in each packet.
4	EP2228951B1	方法 装置 计算机程序	对时间敏感的数据流，当网络条件不足时，先传输一个低比特率版本，以保证	通过网络传输被确定为时间敏感媒体的完整拷贝的方法，包括以下步骤： 确定网络条件是否足够在发送节点和接收节点之间以第一比特率和第一打包区间传输被确定为时间敏感的媒体的全比特率版本，其中，所述全比特率版本源自所述媒体被最初编码的时候；	A method for transferring a complete copy of media designated as time sensitive over a network, comprising: ascertaining if conditions on the network are adequate to transmit a full bit rate representation of media designated as time-sensitive at a first bit rate and a first packetization interval between a sending node and a receiving node over the network, the full bit rate representation being derived

续表

序号	授权号	保护主题	方案思路	保护范围	独立权利要求
4	EP2228951B1	方法 装置 计算机程序	会话的实时性，随后再重传全比特率版本，以保证接收端获取完整的全比特率媒体数据。	如果是，则生成被确定为时间敏感的媒体的减小的比特率版本，并从发送节点向接收节点传输上述减小的比特率版本； 在所述发送节点上接收接收报告，所述接收报告通过所述接收节点生成，能够确定在所述接收节点上接收的所述媒体的所述减小的比特率版本，并包含关于重传所识别的媒体的低优先级请求； 响应于该接收报告，发送端重传接收端识别出的媒体数据的全比特率版本，从而使接收端获取完整的全比特率媒体数据	from when the time-sensitive media was originally encoded; generating a reduced bit rate representation of the media designated as time-sensitive if network conditions are ascertained as being inadequate; transmitting the reduced bit rate representation of the media from the sending node to the receiving node if network conditions are ascertained as being inadequate; receiving receipt reports at the sending node, the receipt reports generated by the receiving node and identifying the reduced bit rate representation of the media received at the receiving node and including a first type priority request for retransmission of the identified media; and retransmitting the full bit rate representation of the media corresponding to the media identified in the receipt reports from the sending node to the receiving node, whereby the retransmission results in a complete full bit representation of the media at the receiving node after the retransmitted media is received.
5	US8121271B2 与 EP2228950B1 （序号3）技术方案基本相同	装置	对时间敏感的数据流，采用较小的打包区间，对非时间敏	一种被配置为通过网络传输数据的节点，包括： 第一确定单元，用于确定需要通过网络从所述节点向第二节点传输一个或多个数据流，上述一个或多个数据流包括本地	A node configured to transmit data over a network, the node comprising: a first ascertaining element configured to ascertain the need to transmit one or more data streams from the node to a second node over the network, the one or more data streams

续表

序号	授权号	保护主题	方案思路	保护范围	独立权利要求
5	US8121271B2 与 EP2228950B1 （序号 3）技术方案基本相同	装置	感的数据流，采用较大的打包区间。	或者远程生成的基于时间的媒体； 第二确定单元，用于确定一个或多个接收者查看上述一个或多个数据流的时间即时特性，对于每一个数据流，时间及时特性为： (a)若至少一个接收者指示其计划随着数据流的接收以近实时模式查看该数据流，则该数据流的时间及时特性为时间敏感； (b)为非时间敏感； 发送器，用于传输上述一个或多个数据流，该发送器进一步被配置为： (c)采用第一传输技术传输非时间敏感特性的一个或多个数据流，上述第一传输技术采用第一打包区间； (d)采用第二传输技术传输时间敏感特性的一个或多个数据流，上述第二传输技术采用第二打包区间； 其中，第一打包区间大于第二打包区间，打包区间表示每个数据包中包含的媒体量。	including time-based media that is generated either locally at the node or remotely on the network; a second ascertaining element configured ascertain a timeliness preference for reviewing the one or more data streams by one or more recipients respectively, the ascertained timeliness preference for each one of the data streams being either: (a) time-sensitive where at least one recipient of the one data stream has indicated an intent to review the one data stream in a near real-time mode as received by the recipient over the network while the time-based media of the one data stream is being generated; or (b) less-than time-sensitive; and a transmitter configured to transmit the one or more data streams, the transmitter further configured to: (c) transmit the one or more data streams with the ascertained less-than time-sensitive preference using a first transmission technique, the first transmission technique relying on packets having a first packetization interval; and (d) transmit the one or more data streams with the ascertained time-sensitive preference using a second transmission technique, where the first packetization interval is larger than the second packetization interval, the second technique relying on packets having a second packetization

续表

序号	授权号	保护主题	方案思路	保护范围	独立权利要求
5	US8121271B2与EP2228950B1（序号3）技术方案基本相同	装置			interval, wherein the packetization interval is defined as the amount of time based media contained in each packet.
6	US8321581B2	方法通信应用发送节点	用于保证通话的实时性，即牺牲一定条件下的时间敏感媒体和非时间敏感媒体的重传来保证时间敏感性媒体的传送。	一种通过网络传输媒体的方法，包括以下步骤： 在发送端确定媒体是时间敏感或者是非时间敏感，上述时间敏感特性的判断是基于接收端是否在接收媒体后立即查看； 从发送节点向接收节点传送非时间敏感媒体； 在发送端根据网络条件调节非时间敏感媒体的传输速率； 在发送端接收来自接收端的一个或多个第一低优先级请求，请求重传传输中丢失的非时间敏感媒体； 从发送节点向接收节点传送时间敏感性媒体； 如果没有超出预设的网络传输丢失阈值从而接收的时间敏感性媒体的质量具有足以在呈现时可辨认的完整性时，则发送端接收来自接收端的一个或多个第二低优先级请求，请求重传传输中丢失的时间敏感性媒体； 当网络中可用带宽大于传输时间敏感	A method for transferring media over a network, comprising: ascertaining at a sending node if media to be transmitted over a network to a receiving node is either time-sensitive or not time-sensitive, the time-sensitivity of the media based on if a recipient is reviewing the media upon receipt; transmitting the non time-sensitive media from the sending node to the receiving node; adjusting the rate of transmission of the non time-sensitive media at the sending node based on network conditions; receiving at the sending node from the receiving node one or more first low priority requests for the retransmission of any missing non time-sensitive media lost during the transmission; transmitting the time-sensitive media from the sending node to the receiving node; receiving at the sending node from the receiving node one or more second low priority requests for the retransmission of any missing time-sensitive media lost during

续表

序号	授权号	保护主题	方案思路	保护范围	独立权利要求
6	US8321581B2	方法通信应用发送节点		媒体所需要的带宽时，重传所述第一低优先级和第二低优先级对应的非时间敏感媒体与时间敏感媒体	transmission if a predetermined network transmission loss threshold is not exceeded such that the quality of the received time-sensitive media is decipherable upon receipt; and retransmitting the missing time-sensitive media and the non time-sensitive media in response to the first and second low priority requests when bandwidth on the network becomes available in excess of what is needed for the transmission of time-sensitive media.
7	US8111713B2 与 EP2080342B1（序号 2）技术方案基本相同	装置计算机应用	当网络带宽不足时，优先传输时间敏感的媒体，推迟非时间敏感媒体的发送；当网络带宽进一步不足时，传输时间敏感媒体的低比特率版本，以保证接收端能够以实时模式继续会话。	一种装置，包括： 连接至网络的发送节点，用于通过网络向接收节点发送媒体数据，该发送节点包括： 媒体确定单元，用于确定将从所述发送节点向接收节点传输的某个会话的媒体是时间敏感的还是非时间敏感，基于该媒体是否为会话的一部分以及该媒体是以实时模式使用还是以时移模式使用来确定其时间敏感特性； 发送单元，用于从所述发送节点向所述接收节点传输被确定为时间敏感的所述媒体，所述媒体最初以第一比特率和以第一打包区间传输，所述第一比特率和所述第一打包间隔足够用于在接收时被查看的所述媒体的全比特率版本，所述媒体的所	An apparatus, comprising: a sending node connected to a network, the sending node configured to send media to a receiving node over the network, the sending node including: a media ascertaining element configured to ascertain if media to be transmitted from the sending node to a receiving node on the network is time sensitive or not time-sensitive, the time-sensitivity of the media being determined if the media is part of a conversation and is being consumed in either a real-time mode upon receipt or a time-shifted mode respectively; a transmitting element configured to transmit the media ascertained as time-sensitive from the sending node to the receiving node, the media initially transmitted at a first bit rate and at a first packetization interval being sufficient for a full bit rate representation of the media to be reviewed upon receipt,

续表

序号	授权号	保护主题	方案思路	保护范围	独立权利要求
7	US8111713B2 与 EP2080342B1（序号2）技术方案基本相同	装置计算机应用	当网络带宽不足时，优先传输时间敏感的媒体，推迟非时间敏感媒体的发送；当网络带宽进一步不足时，传输时间敏感媒体的低比特率版本，以保证接收端能够以实时模式继续会话。	述全比特率版本源自所述媒体被最初编码的时候； 带宽确定单元，用于确定在所述网络上的带宽是否足够支持以所述第一比特率和第一打包间隔传输被确定为时间敏感的所述媒体的所述全比特率版本； 媒体比特率减小单元，用于当所述带宽不足时，生成被确定为时间敏感的所述媒体的减小的比特率版本； 所述发送单元进一步用于从所述发送节点向所述接收节点传输所述减小的比特率版本，所述减小的比特率版本提高了被确定为时间敏感的所述媒体的交付的时间及时性，以便在所述网络上的带宽不足时，增加接收者在接收时查看所述媒体和以所述实时模式继续所述会话的能力； 所述发送单元进一步用于：当网络中可用的带宽超过传输时间敏感的媒体所需的带宽时，从所述发送节点向所述接收节点传输被确定为非时间敏感的所述媒体；以及 所述发送单元基于网络条件调节被确定为非时间敏感的所述媒体的传输速率，通过以下措施完成上述调节步骤：①考虑	the full bit rate representation of the media being derived from when the media was originally encoded; a bandwidth ascertaining element configured to ascertain if bandwidth on the network is sufficient to support the transmission of the full bit rate representation of the media ascertained as time-sensitive at the first bit rate and packetization interval sufficient for the media to be reviewed upon receipt; a media bit rate reduction element configured to generate a reduced bit rate representation of the media ascertained as time-sensitive when the bandwidth is insufficient; the transmitting element further configured to transmit the reduced bit rate representation from the sending node to the receiving node, the reduced bit rate representation enhancing the timeliness of the delivery of the media ascertained as time sensitive so as to increase the ability of the recipient to review the media upon receipt and continue the consumption of the media in the real-time mode when the bandwidth on the network is insufficient to support the transmission of the full bit rate representation of the media ascertained as time-sensitive; the transmitting element further configured to transmit the media ascertained as not time sensitive by the media

续表

序号	授权号	保护主题	方案思路	保护范围	独立权利要求
7	US8111713B2 与 EP2080342B1（序号 2）技术方案基本相同	装置 计算机应用	当网络带宽不足时，优先传输时间敏感的媒体，推迟非时间敏感媒体的发送；当网络带宽进一步不足时，传输时间敏感媒体的低比特率版本，以保证接收端能够以实时模式继续会话。	网络效率的因素设定用于传输被确定为非时间敏感的所述媒体的分组的第二打包间隔，以及②基于网络条件调节所述分组被传输的速率，通过上述操作。 其中，上述调整后的非时间敏感媒体的传输速率要保证其所需要的带宽不超过除去传输时延敏感媒体的带宽外剩余的带宽量。	ascertaining element from the sending node to the receiving node when bandwidth is available in excess of what is needed for the transmission of time-sensitive media as determined by the bandwidth ascertaining element; and the transmitting element adjusting the rate of transmission of the media ascertained as not time-sensitive at the sending node based on network conditions by setting a second packetization interval for transmitting packets of the media ascertained as not time-sensitive for network efficiency and adjusting the rate at which the packets are transmitted based on network conditions. whereby the adjusted rate of transmission of the media ascertained as not time-sensitive is set for network efficiency and reliable delivery relative to the timeliness of the delivery of the media ascertained as time-sensitive.
8	US8090867B2 与 EP2080342B1（序号 2）和 US8111713B2（序号 7）技术方案基本相同	方法	当网络带宽不足时，优先传输时间敏感的媒体，推迟非时间敏感媒体的发送；当网络带宽进一步不足	一种方法，包括： 在发送节点上确定将从所述发送节点向接收节点传输的某个会话的媒体是时间敏感的还是非时间敏感，基于该媒体是否为会话的一部分以及该媒体是以实时模式使用还是以时移模式使用来确定其时间敏感特性； 从所述发送节点向所述接收节点传输被确定为时间敏感的所述媒体，所述媒体	A method, comprising: ascertaining at a sending node if media to be transmitted from the sending node to a receiving node is time sensitive or not time-sensitive, the time-sensitivity of the media determined if the media is part of a conversation and is consumed in either a real-time mode or a time-shifted mode respectively; transmitting the media ascertained as time-sensitive from the sending node to the receiving node, the media

续表

序号	授权号	保护主题	方案思路	保护范围	独立权利要求
8	US8090867B2与EP2080342B1（序号2）和US8111713B2（序号7）技术方案基本相同	方法	时，传输时间敏感媒体的低比特率版本，以保证接收端能够以实时模式继续会话。	最初以第一比特率和以第一打包区间传输，所述第一比特率和所述第一打包间隔足够用于在接收时被查看的所述媒体的全比特率版本，所述媒体的所述全比特率版本源自所述媒体被最初编码的时候； 确定在所述网络上的带宽是否足够支持以所述第一比特率和第一打包间隔传输被确定为时间敏感的所述媒体的所述全比特率版本； 当所述带宽不足时，生成被确定为时间敏感的所述媒体的减小的比特率版本；从所述发送节点向所述接收节点传输所述减小的比特率版本，所述减小的比特率版本提高了被确定为时间敏感的所述媒体的交付的时间及时性，以便在所述网络上的带宽不足时，增加接收者在接收时查看所述媒体和以所述实时模式继续所述会话的能力； 当网络中可用的带宽超过传输时间敏感的媒体所需的带宽时，从所述发送节点向所述接收节点传输被确定为非时间敏感的所述媒体；以及 基于网络条件在所述发送节点上调节被确定为非时间敏感的所述媒体的传输速	initially transmitted at a first bit rate and at a first packetization interval, the first bit rate and the first packetization interval being sufficient for a full bit rate representation of the media to be reviewed upon receipt, the full bit rate representation of the media being derived from when the media was originally encoded; ascertaining if bandwidth on the network is sufficient to support the transmission of the full bit rate representation of the media ascertained as time-sensitive at the first bit rate and first packetization interval; generating a reduced bit rate representation of the media ascertained as time-sensitive when the bandwidth is insufficient; transmitting the reduced bit rate representation from the sending node to the receiving node, the reduced bit rate representation enhancing the timeliness of the delivery of the media ascertained as time sensitive so as to increase the ability of the recipient to review the media upon receipt and continue the the consumption of the media in the real-time mode when the bandwidth on the network is insufficient; transmitting the media ascertained as not time sensitive from the sending node to the receiving node when bandwidth is available in excess of what is needed for the transmission of time-sensitive media; and

续表

序号	授权号	保护主题	方案思路	保护范围	独立权利要求
8	US8090867B2 与 EP2080342B1（序号2）和 US8111713B2（序号7）技术方案基本相同	方法		率，通过以下措施完成上述调节步骤：①考虑网络效率的因素设定用于传输被确定为非时间敏感的所述媒体的分组的第二打包间隔，以及②基于网络条件调节所述分组被传输的速率，通过上述操作； 上述调整后的非时间敏感媒体的传输速率要保证其所需要的带宽不超过除去传输时延敏感媒体的带宽外剩余的带宽量	adjusting the rate of transmission of the media ascertained as not time-sensitive at the sending node based on network conditions by setting a second packetization interval for transmitting packets of the media ascertained as not time-sensitive for network efficiency and adjusting the rate at which the packets are transmitted based on network conditions, whereby the adjusted rate of transmission of the media ascertained as not time-sensitive is set for network efficiency and reliable delivery relative to the timeliness of the delivery of the media ascertained as time-sensitive.
9	US8145780B2 与 US8321581B2（序号6）技术方案基本相同	装置	用于保证通话的实时性，即牺牲一定条件下的时间敏感媒体和非时间敏感媒体的重传来保证时间敏感性媒体的传送。	一种用于通过网络可靠地传输媒体的装置，包括： 连接到网络的发送节点，包括： 媒体确定单元，用于确定要从发送节点传输到接收节点的媒体是时间敏感还是非时间敏感，上述时间敏感特性的判断是基于接收端是在接收媒体后立即查看还是在接收后的一端之间之后再查看； 发送单元，用于： (i)从发送节点向接收节点传输非时间敏感媒体，其传输速率基于网络条件在发送节点处调节； (ii)从发送节点向接收节点传输时间敏	An apparatus for reliably transferring media over a network, comprising: a sending node connected to the network, the sending node including: a media ascertaining element configured to ascertain if media to be transmitted from the sending node to a receiving node is either time-sensitive or not time-sensitive, the time-sensitivity of the media based on an intent of a recipient to review the media either immediately upon receipt or at a later time after receipt; and a transmission element, the transmission element configured to: (i) transmit the non time-sensitive media from the

续表

序号	授权号	保护主题	方案思路	保护范围	独立权利要求
9	US8145780B2 与 US8321581B2（序号 6）技术方案基本相同	装置	用于保证通话的实时性，即牺牲一定条件下的时间敏感媒体和非时间敏感媒体的重传来保证时间敏感性媒体的传送。	感媒体； 接收节点包括： 媒体丢失确定单元，用于在接收节点处确定是否满足预设的可接受的网络传输丢失水平；以及 接收报告生成器，用于 (iii)若满足预设网络传输丢失水平，则生成一个或多个低优先级请求，请求重传传输中丢失的时间敏感性媒体； (iv)生成一个或多个低优先级请求，用于请求重传传输中丢失的非时间敏感性媒体； 响应于上述低优先级请求，发送节点的发送单元在网络中可用带宽大于传输时间敏感媒体所需要的带宽时，重传丢失的时间敏感媒体和非时间敏感媒体	sending node to the receiving node by adjusting the rate of transmission of the non time-sensitive media at the sending node based on network conditions; and (ii) transmit the time-sensitive media from the sending node to the receiving node; the receiving node including: a media loss ascertaining element configured to ascertain at the receiving node if a predetermined acceptable network transmission loss level is met; and a receipt report generator, the receipt report generator configured to: (iii) generate one or more low priority requests for the retransmission of any missing time-sensitive media lost during transmission if the predetermined acceptable network transmission loss level is met; and (iv) generate one or more low priority requests for the retransmission of any missing non time-sensitive media lost during the transmission; the transmission element of the sending node further configured to retransmit the missing time-sensitive and not time-sensitive media in response to the low priority requests when bandwidth on the network becomes available in excess of what is needed for the transmission of time-sensitive media.

续表

序号	授权号	保护主题	方案思路	保护范围	独立权利要求
10	US8391312B2	方法	根据网络条件来确定时间敏感媒体的发送方式，网络带宽充足时，传输时间敏感媒体的全码率版本，当带宽不足时，传输时间敏感媒体的较低速率的版本，当网络带宽进一步不足时，以时移方式传输所述时间敏感媒体	一种方法，包括： 确定从发送节点向接收节点发送的媒体是否为对时间敏感的，所述媒体的时间敏感性通过接收方在接收时查看所述媒体的计划来确定； 从所述发送节点向所述接收节点传输被确定为对时间敏感的所述媒体，所述媒体最初以第一比特率和以第一打包区间传输，所述第一比特率和所述第一打包间隔足够用于在接收时被查看的所述媒体的全比特率版本，所述媒体的所述全比特率版本源自所述媒体被最初编码的时候； 在所述发送节点从所述接收节点接收接收报告，所述接收报告包含了指示在所述发送节点和所述接收节点之间的所述网络上的媒体损失的参数； 在所述发送节点上，基于所述接收报告，确定在所述发送节点和所述接收节点之间的所述网络上的可用带宽； 确定在所述网络上的可用带宽是否足够支持以所述第一比特率和所述第一打包间隔继续传输被确定为对时间敏感的所述媒体的所述全比特率版本；选择性地执行以下步骤：	1. A method, comprising: ascertaining whether media to be sent from a sending node to a receiving node is time-sensitive, the time-sensitivity of the media being ascertained from an intent of a recipient to review the media upon receipt; transmitting the media ascertained as time-sensitive from the sending node to the receiving node, the media initially transmitted at a first bit rate and at a first packetization interval, the first bit rate and the first packetization interval sufficient for a full bit rate representation of the media to be reviewed upon receipt, the full bit rate representation of the media being derived from when the media was originally encoded; receiving at the sending node receipt reports from the receiving node, the receipt reports including parameters indicative of media loss on the network between the sending node and the receiving node; ascertaining at the sending node available bandwidth on the network between the sending node and the receiving node based on the receipt reports; ascertaining if the available bandwidth on the network is sufficient to support the continued transmission of the full bit rate representation of the media ascertained as time-sensitive at the first bit rate and the first packetization interval; and

续表

序号	授权号	保护主题	方案思路	保护范围	独立权利要求
10	US8391312B2	方法	根据网络条件来确定时间敏感媒体的发送方式，网络带宽充足时，传输时间敏感媒体的全码率版本，当带宽不足时，传输时间敏感媒体的较低速率的版本，当网络带宽进一步不足时，以时移方式传输所述时间敏感媒体	a.当所述网络上的所述可用带宽足够时，以所述第一比特率和所述第一打包间隔继续传输被确定为对时间敏感的所述媒体的所述全比特率版本； b. 当在所述网络上的所述可用带宽不足时，传输被确定为对时间敏感的所述媒体的减小的比特率版本，所述媒体的所述减小的比特率版本通过执行下列步骤中的一个或多个生成： (i)当打包所述媒体的所述减小的比特率版本时，相对于所述媒体的所述全比特率版本，每单位时间使用较少的媒体比特； (ii)调节用于打包所述媒体的所述减小的比特率版本的分组的所述打包区间；以及 (iii)调节用于打包所述媒体的所述减小的比特率版本的所述分组的传输速率，以及 (c) 当可用带宽低于传输所述媒体的减少的比特率版本所需要的带宽时，以时移模式传输时间敏感性数据； 由此，当所述网络上的所述可用带宽不足以用所述第一比特率和所述第一打包间隔传输所述媒体的所述全比特率版本	selectively performing: a. continuing the transmission of the full bit rate representation of the media ascertained as time-sensitive at the first bit rate and the first packetization interval when the available bandwidth on the network is sufficient; b. transmitting a reduced bit rate representation of the media ascertained as time-sensitive when the available bandwidth on the network is not sufficient for the full bit rate representation but is above a minimum bandwidth for the reduced bit rate representation, the reduced bit rate representation of the media generated by performing one or more of the following: (i) using fewer bits of media per unit of time when packetizing the reduced bit rate representation of the media relative to the full bit rate representation of the media; (ii) adjusting the packetization interval for packets used to packetized the reduced bit rate representation of the media; and (iii) adjusting the rate of transmission of the packets used to packetized the reduced bit rate representation of the media, and c. transmitting the media ascertained as time sensitive as a time-shifted communication when the available bandwidth is lower than the minimum bandwidth for the

续表

序号	授权号	保护主题	方案思路	保护范围	独立权利要求
10	US8391312B2	方法	根据网络条件来确定时间敏感媒体的发送方式，网络带宽充足时，传输时间敏感媒体的全码率版本，当带宽不足时，传输时间敏感媒体的较低速率的版本，当网络带宽进一步不足时，以时移方式传输所述时间敏感媒体	时，通过传输被确定为对时间敏感的所述媒体的所述减小的比特率版本，增强了所述媒体的交付的时间性，从而增加了所述接收方在接收时查看所述媒体的能力。 27.在权利要求 1 的基础上，进一步限定： 时间敏感性媒体对应于对话，该对话可以采用以下方式提供：①当网络可用带宽充足时以全比特率版本的实时对话；②当可用带宽不足以支持全比特率版本但是高于最小带宽时的低比特率实时对话；③可用带宽低于最小带宽时的时移通信	reduced bit rate representation; whereby the transmission of the reduced bit rate representation of the media ascertained as time-sensitive enhances the timeliness of the delivery of the media so as to increase the ability of the recipient to review the media upon receipt when the available bandwidth on the network is not sufficient to transmit the full bit rate representation of the media at the first bit rate and the first packetization interval. 27. 在权利要求 1 的基础上，增加以下特征： and wherein the time-sensitive media corresponds to a conversation with the conversation being provided: 1) as a live conversation at the full bit rate representation when the available bandwidth on the network is sufficient, 2) as a live conversation at a lowered bit rate when the available bandwidth on the network is insufficient to support the full bit rate representation but above a minimum bandwidth, and 3) a time-shifted communication for the available bandwidth being lower than the minimum bandwidth.
11	US8001261B2	装置计算机应用	根据网络条件来确定时间敏感媒体的发送方式，网络带宽充足时，	一种装置，包括： 发送节点，包括： 媒体确定单元，用于确定从发送节点向接收节点发送的媒体是否为对时间敏感的，所述媒体的时间敏感性通过接收方在接收时查看所述媒体的计划来确定；	An apparatus, comprising: a sending node, the sending node including: a media ascertaining element configured to ascertain if media to be sent from the sending node to a receiving node is time-sensitive, the time-sensitivity of the media being ascertained from an intent of a recipient to review the media

续表

序号	授权号	保护主题	方案思路	保护范围	独立权利要求
11	US8001261B2	装置计算机应用	传输时间敏感媒体的全码率版本，当带宽不足时，传输时间敏感媒体的较低速率的版本	传输单元，从所述发送节点向所述接收节点传输被确定为对时间敏感的所述媒体，所述媒体最初以第一比特率和以第一打包区间传输，所述第一比特率和所述第一打包间隔足够用于在接收时被查看的所述媒体的全比特率版本，所述媒体的所述全比特率版本源自所述媒体被最初编码的时候； 带宽确定单元，用于基于从接收节点接收的所述接收报告，在所述发送节点处确定在所述发送节点和所述接收节点之间的所述网络上的可用带宽；所述接收报告包含了指示在所述发送节点和所述接收节点之间的所述网络上的媒体损失的参数； 所述传输单元进一步被配置为：判断所述带宽确定单元确定的网络可用太宽是否足够支持以所述第一比特率和所述第一打包间隔继续传输被确定为对时间敏感的所述媒体的所述全比特率版本； 所述传输单元进一步被配置为： 当所述网络上的所述可用带宽足够时，以所述第一比特率和所述第一打包间隔继续传输被确定为对时间敏感的所述媒体的所述全比特率版本；	upon receipt; a transmitter configured to transmit the media ascertained as time-sensitive from the sending node to the receiving node, the media initially transmitted at a first bit rate and at a first packetization interval, the first bit rate and the first packetization interval sufficient for a full bit rate representation of the media to be reviewed upon receipt, the full bit rate representation of the media being derived from when the media was originally encoded; a bandwidth-ascertaining element configured to ascertain at the sending node available bandwidth on the network between the sending node and the receiving node based on receipt reports received from the receiving node, the receipt reports containing parameters indicative of media loss on the network between the sending node and the receiving node; the transmitter further configured to ascertain if the available bandwidth on the network as ascertained by the bandwidth ascertaining element is sufficient to support the continued transmission of the full bit rate representation of the media ascertained as time-sensitive at the first bit rate and the first packetization interval, the transmitter further configured to either: continue the transmission of the full bit rate

续表

序号	授权号	保护主题	方案思路	保护范围	独立权利要求
11	US8001261B2	装置计算机应用	根据网络条件来确定时间敏感媒体的发送方式，网络带宽充足时，传输时间敏感媒体的全码率版本，当带宽不足时，传输时间敏感媒体的较低速率的版本	当在所述网络上的所述可用带宽不足时，传输被确定为对时间敏感的所述媒体的减小的比特率版本，所述媒体的所述减小的比特率版本通过执行下列步骤中的一个或多个生成： (i)当打包所述媒体的所述减小的比特率版本时，相对于所述媒体的所述全比特率版本，每单位时间使用较少的媒体比特； (ii)调节用于打包所述媒体的所述减小的比特率版本的分组的所述打包区间；以及 (iii)调节用于打包所述媒体的所述减小的比特率版本的所述分组的传输速率。 由此，当所述网络上的所述可用带宽不足以用所述第一比特率和所述第一打包间隔传输所述媒体的所述全比特率版本时，通过传输被确定为对时间敏感的所述媒体的所述减小的比特率版本，增强了所述媒体的交付的时间性，从而增加了所述接收方在接收时查看所述媒体的能力	representation of the media ascertained as time-sensitive at the first bit rate and the first packetization interval when the available bandwidth on the network is sufficient; or transmit a reduced bit rate representation of the media ascertained as time-sensitive when the available bandwidth on the network is not sufficient, the reduced bit rate representation of the media generated by performing one or more of the following: (i) using fewer bits of media per unit of time when packetizing the reduced bit rate representation of the media relative to the full bit rate representation of the media; (ii) adjusting the packetization interval for packets used to packetized the reduced bit rate representation of the media; or (iii) adjusting the rate of transmission of the packets used to packetized the reduced bit rate representation of the media, whereby the transmission of the reduced bit rate representation of the media ascertained as time-sensitive enhances the timeliness of the delivery of the media so as to increase the ability of the recipient to review the media upon receipt when the available bandwidth on the network is not sufficient to transmit the full bit rate representation of the media at the first bit rate and the first packetization interval.
12	US7751361B2	方法	网络条件不好时，降低	一种方法，包括： 接收使用所述通信设备时生成的语音	A communication method, comprising: receiving voice media generated using a communication

续表

序号	授权号	保护主题	方案思路	保护范围	独立权利要求
12	US7751361B2	方法	发送比特率，而无须中断通话，从而扩展网络语音通信的可用范围和/或容量	媒体，所述通信设备配置为连接到所述网络； 对所述语音媒体进行编码，以生成使用所述通信设备时生成的所述媒体的全比特率版本； 持久地存储使用所述通信设备时生成的所述语音媒体的所述全比特率版本； 确定所述网络连接上的所述可用比特率是否下降到比特率阈值以下，所述比特率阈值定义了足以维持近实时通信的最小比特率吞吐量； 当所确定的可用比特率低于所述比特率阈值时，从所述持久存储中发送使用所述通信设备时生成的所述语音媒体，所述语音媒体是以基本符合所述网络连接上的所述可用比特率的比特率来发送的，从而当所确定的可用比特率下降到所述比特率阈值以下时，有效地扩展所述网络中语音通信的可用范围和/或容量； 通过所述网络连接接收语音媒体； 存储通过所述网络连接接收的所述语音媒体；以及 提供当通过所述网络连接接收的所述语音媒体具有足以在呈现时可辨认的完整	device, the communication device configured to be connected to a network; encoding the voice media to generate a full bit rate representation of the media generated while using the communication device; storing the full bit rate representation of the voice media generated while using the communication device; ascertaining if the usable bit rate on the network falls below a bit rate threshold, the bit rate threshold defining a minimum bit rate throughput sufficient for maintaining near real-time communication; transmitting the voice media generated using the communication device from storage when the ascertained usable bit rate is below the bit rate threshold, the voice media being transmitted at a bit rate below the bit rate threshold, thereby effectively extending the usable range and/or capacity of the network for voice communication when the ascertained usable bit rate falls below the bit rate threshold; receiving voice media over the network; storing the voice media received over the network; and providing the ability to render the voice media received over the network when the voice media received over the network is of sufficient completeness that it will be decipherable when rendered.

续表

序号	授权号	保护主题	方案思路	保护范围	独立权利要求
12	US7751361B2	方法		性时，对通过所述网络连接接收的所述语音媒体进行呈现的能力。	
13	US7751362B2与US7751361B2（序号12）技术方案基本相同	装置	网络条件不好时，降低发送比特率，而无须中断通话，从而扩展网络语音通信的可用范围和/或容量	一种通信设备，包括： 接收器，用于接收使用所述通信设备时生成的语音媒体，所述通信设备配置为连接到所述网络； 编码器，用于对所述语音媒体进行编码，以生成使用所述通信设备时生成的所述媒体的全比特率版本； 存储装置，用于持久地存储使用所述通信设备时生成的所述语音媒体的所述全比特率版本；并存储通过所述网络连接接收的所述语音媒体； 发送器，用于确定所述网络连接上的所述可用比特率是否下降到比特率阈值以下，所述比特率阈值定义了足以维持近实时通信的最小比特率吞吐量。 所述发送器进一步用于，当所确定的可用比特率低于所述比特率阈值时，从所述持久存储中发送使用所述通信设备时生成的所述语音媒体，所述语音媒体是以基本符合所述网络连接上的所述可用比特率的比特率来发送的，从而当所确定的可用比特率下降到所述比特率阈值以下时，有	A communication device, comprising: a receiver configured to receive voice media generated while using the communication device, the communication device configured to be connected to a network; an encoder configured to encode the voice media to generate a full bit rate representation of the media generated while using the communication device; a storage device configured to store the full bit rate representation of the voice media generated while using the communication device and to store voice media received over the network connection; a transmitter configured to ascertain if the usable bit rate on the network falls below a bit rate threshold, the bit rate threshold defining a minimum bit rate throughput sufficient for maintaining near real-time communication, the transmitter further configured to transmit the voice media generated using the communication device from the storage device when the ascertained usable bit rate is below the bit rate threshold, the voice media being transmitted by the transmitter at a bit rate below the bit rate threshold, thereby effectively extending the usable range and/or capacity of the network for voice communication when the ascertained

续表

序号	授权号	保护主题	方案思路	保护范围	独立权利要求
13	US7751362B2 与 US7751361B2（序号 12 术方案基本相同	装置		效地扩展所述网络中语音通信的可用范围和/或容量； 呈现装置，用于当通过所述网络连接接收的所述语音媒体具有足以在呈现时可辨认的完整性时，对通过所述网络连接接收的所述语音媒体进行呈现。	usable bit rate falls below the bit rate threshold; and a rendering device configured to render the voice media stored in the storage device, the rendering device configured to provide the ability to render the voice media received over the network when the voice media received over the network is of sufficient completeness that it will be decipherable when rendered.
14	EP2080341B1 与 US7751361B2（序号 12）和 US7751362B2（序号 13）技术方案基本相同	方法 装置 计算机介质	网络条件不好时，降低发送比特率，而无须中断通话，从而扩展网络语音通信的可用范围和/或容量	一种方法，包括： 接收使用所述通信设备时生成的语音媒体，所述通信设备配置为通过网络和所述通信设备之间的网络连接而连接到所述网络； 对所述语音媒体进行编码，以生成使用所述通信设备时生成的所述媒体的全比特率版本； 持久地存储使用所述通信设备时生成的所述语音媒体的所述全比特率版本； 确定所述网络连接上的所述可用比特率是否下降到比特率阈值以下，所述比特率阈值定义了足以维持近实时通信的最小比特率吞吐量； 当所确定的可用比特率低于所述比特率阈值时，从所述持久存储中发送使用所述通信设备时生成的所述语音媒体，所述	A method for extending the usable range and/or capacity of a network (12, 14), for voice communication on a communication device (A, B), comprising: receiving voice media generated while using the communication device (A, B), the communication device configured to be connected to a network (12, 14) through a network connection between the network and the communication device; encoding the voice media to generate a full bit rate representation of the media generated while using the communication device; persistently storing the full bit rate representation of the voice media generated while using the communication device, the method characterised by the steps of: ascertaining if the usable bit rate on the network connection falls below a bit rate threshold, the bit rate threshold defining a minimum bit rate throughput sufficient

续表

序号	授权号	保护主题	方案思路	保护范围	独立权利要求
14	EP2080341B1 与 US7751361B2（序号 12 US7751362B2（序号 13 术方案基本相同	方法 装置 计算机介质	网络条件不好时，降低发送比特率，而无须中断通话，从而扩展网络语音通信的可用范围或容量	语音媒体是以基本符合所述网络连接上的所述可用比特率的比特率来发送的，从而当所确定的可用比特率下降到所述比特率阈值以下时，有效地扩展所述网络中语音通信的可用范围和/或容量； 通过所述网络连接接收语音媒体； 持久地存储通过所述网络连接接收的所述语音媒体；以及 提供当通过所述网络连接接收的所述语音媒体具有足以在呈现时可辨认的完整性时，对通过所述网络连接接收的所述语音媒体进行呈现的能力	for maintaining real-time communication; transmitting the voice media generated using the communication device from persistent storage when the ascertained usable bit rate is below the bit rate threshold, the voice media being transmitted at a bit rate which meets the usable bit rate on the network connection, thereby effectively extending the usable range and/or capacity of the network connection for voice communication when the ascertained usable bit rate falls below the bit rate threshold; receiving voice media over the network connection; persistently storing the voice media received over the network connection; and providing the ability to render the voice media received over the network connection when the voice media received over the network connection is of sufficient completeness that it will be decipherable when rendered.
15	US8325662B2	方法 装置 计算机程序	基于网络连接的可用比特率，确定媒体数据的传输模式，传输模式可以实时的转换。	一种会话的执行方法，通过网络连接在第一通信设备和第二通信设备之间建立会话； 在第一通信设备上持续存储其自身所发送的会话媒体和从第二通信设备接收的会话媒体； 在会话期间判断该连接的可用比特率是否大于等于比特率门限值，该比特率门限值可以保证当媒体数据被近实时地传送给接收端并在接收端近实时的呈现时该媒	A method for conducting a conversation, comprising: establishing a conversation between a first communication device and a second communication device over a connection on a network; persistently storing on the first communication device media of the conversation transmitted by the first communication device and received from the second communication device; determining during the conversation when the usable bit rate on the connection is either at or above a bit rate

续表

序号	授权号	保护主题	方案思路	保护范围	独立权利要求
15	US8325662B2	方法 装置 计算机程序	基于网络连接的可用比特率，确定媒体数据的传输模式，传输模式可以实时的转换。	体数据可被译码；若是，则当媒体在第一通信设备生成之后即传输给第二设备以使得第二设备近实时的呈现； 若否，从存储器中获取媒体发送给第二通信设备； 其中，当可用比特速率低于门限时，会话继续采用时移模式，当可用比特率大于等于门限时，则可恢复近实时方式	threshold or below the bit rate threshold, the bit rate threshold defining a transmission bit rate sufficient for the media to be decipherable when transmitted to and rendered by the second communication device in near real-time, and performing, depending on the determined usable bit rate, the following: transmitting the media as it becomes available at the first communication device to the second communication device at or above the bit rate threshold so that the second communication device can render the available media in near real-time when the usable bit rate on the connection is at or above a bit rate threshold; and transmitting the media from persistent storage to the second communication device as conditions on the connection permit when the ascertained usable bit rate on the connection falls below the bit rate threshold, whereby the conversation may continue in a time-shifted mode when the usable bit rate is below the bit rate threshold and may resume in near real-time when the usable bit rate is at or above the bit rate threshold.
16	US8422388B2	计算机程序 装置	基于网络连接的可用比特率，确定媒体数据的	一种存储在计算机可读介质中的计算机代码，其在被配置为连接至网络的通信设备上运行，该代码包括： 消息模块，用于在通信终端上生成一	Computer code embedded in a non-transitory computer readable medium and intended to be executed on a communication device, the code comprising: a message module configured to create a message

续表

序号	授权号	保护主题	方案思路	保护范围	独立权利要求
16	US8422388B2	方法	传输模式。	个消息； 存储模块，用于随着语音媒体的生成，逐渐地存储与该消息相关联的上述语音媒体； 传输模块，用于通过网络传输上述语音媒体，传输过程可以是： (i)当网络中的可用比特率大于等于比特率阈值时，随着上述语音媒体的生成，近实时地传输；上述阈值定义了一个足以保证接收端支持实时呈现语音媒体的网络传输比特率； (ii)当可用比特率小于阈值且由于网络时延导致接收端近实时地呈现语音媒体不可能或者不现实时，从存储器中取出语音媒体并传输	originating at the communication device; a storage module configured to progressively store voice media associated with the message as the voice media is created; and a transmission module configured to transmit the voice media of the message over a network, the transmission occurring in both: (i) near real-time as the voice media is created when the usable bit rate on the network is at or above a bit rate threshold, the bit rate threshold defining a transmission bit rate sufficient to support real-time consumption of the voice media associated with the message by a recipient over the network; and (ii) from storage when the usable bit rate on the network is below the bit rate threshold and the near real-time consumption of the voice media by the recipient is impossible or impractical due to latency on the network.
17	US8189469B2	方法 计算机软件 装置	根据网络条件，确定媒体数据的传输模式	一种方法，包括： 用于随着使用通信设备时语音媒体的生成，逐渐地在该通信设备上存储生成的语音媒体，该语音媒体将通过网络传输给接收方； 随着语音媒体的生成，在该通信设备处监控网络条件，选择性地从该通信设备	A method, comprising: persistently storing on a communication device voice media created using the communication device as the voice media is created, the voice media intended for transmission over a communication network to a recipient; monitoring conditions on the network at the communication device as the voice media is created; and

续表

序号	授权号	保护主题	方案思路	保护范围	独立权利要求
17	US8189469B2	方法 计算机软件 装置	根据网络条件，确定媒体数据的传输模式	传输语音媒体：当网络条件足以支持实时传输语音媒体时，随着语音媒体的生成而进行传输，从而接收方可随着媒体被创建而实时接收所述语音媒体；否则，从持久性存储器中读取语音媒体传输	selectively transmitting the voice media from the communication device: as the voice media is created when conditions on the network are sufficient to support the real-time transmission of the voice media so that the recipient is capable of receiving the voice media in substantially real-time as the media is created; and out of persistent storage when conditions on the network are not sufficient to support the real-time transmission of the voice media as the voice media is created.
18	US8391213B2	计算机应用	网络条件不好时，降低发送比特率，而无须中断通话，从而扩展网络语音通信的可用范围和/或容量	一种运行在通信设备上的存储在计算机可读介质中的计算机应用，该应用包括： 接收模块被配置为接收使用所述通信设备时生成的语音媒体，所述通信设备配置为连接到所述网络； 编码模块被配置对所述语音媒体进行编码，以生成使用所述通信设备时生成的所述媒体的第一比特率版本； 存储单元被配置为存储使用所述通信设备时生成的所述语音媒体的所述第一比特率版本； 传输模块被配置为： i 确定网络可用比特率是否低于一个比特率阈值，所述比特率阈值定义了足以	A computer application embedded in a non-transitory computer readable medium and intended to be executed on a communication device, the application comprising: a receiving module configured to receive voice media created using the communication device, the communication device configured to be connected to a network; an encode module configured to encode the voice media to generate a first bit rate representation of the media created while using the communication device; a storage module configured to store the first bit rate representation of the voice media created while using the communication device; and a transmit module configured to: (i) ascertain if the usable bit rate on the network falls

续表

序号	授权号	保护主题	方案思路	保护范围	独立权利要求
18	US8391213B2	计算机应用	网络条件不好时，降低发送比特率，而无须中断通话，从而扩展网络语音通信的可用范围/或容量	保持语音媒体实时通信的比特率吞吐量； ii 当确定可用比特率低于比特率阈值时，从存储单元中传输语音媒体，语音媒体被以低于比特率阈值的比特率传输，因而高效地扩展了当网络可用比特率低于比特率阈值时的可用范围或网络语音通信能力	below a bit rate threshold, the bit rate threshold defining a bit rate throughput sufficient for maintaining real-time communication of the voice media; and (ii) transmit the voice media from storage when the ascertained usable bit rate is below the bit rate threshold, the voice media being transmitted at a bit rate below the bit rate threshold, thereby effectively extending the usable range and/or capacity of the network for voice communication when the ascertained usable bit rate falls below the bit rate threshold.
19	US8380874B2 与 EP2228951B1（序号 4）技术方案大致相同	装置方法计算机应用	对时间敏感的数据流，当网络条件不足时，先传输一个低比特率版本，以保证会话的实时性，随后再重传全比特率版本，以保证接收端获取完整的全比特率媒	一种用于通过网络传输被确定为时间敏感的媒体的装置，该装置包括： 发送节点，该发送节点包括： 网络确定单元，用于确定网络条件是否足够传输被确定为时间敏感的媒体的第一比特率版本，所述第一比特率版本源自于所述媒体被最初编码的时候； 传输单元，用于当网络确定单元确定网络条件不足以以第一比特率和第一打包区间传输上述第一比特率版本时，生成并传输减小的比特率版本，其中第一比特率和第一打包区间能够保证接收端在接收到媒体后进行呈现时该媒体是可解码的。 网络确定单元进一步用于通过网络从	1.An apparatus for transferring a complete copy of media designated as time sensitive over a network, the apparatus comprising: a sending node, the sending node including: a network ascertaining element configured to ascertain if conditions on the network are adequate to transmit a first bit rate representation of media designated as time-sensitive between the sending node and a receiving node over the network, the first bit rate representation derived from when the time-sensitive media was originally encoded; a transmitter configured to generate and transmit a reduced bit rate representation of the media designated as time-sensitive if the network ascertaining element ascertains that network conditions are inadequate to transmit the first

续表

序号	授权号	保护主题	方案思路	保护范围	独立权利要求
19	US8380874B2 与 EP2228951B1 （序号 4 术方案大致 相同	装置 方法 计算 机应 用	体数据。	接收节点接收网络接收报告，通过该网络接收报告可以确定传输了减小的比特率版本的媒体，该报告中还包括了重传上述确定的媒体的第一优先级请求； 上述传输单元进一步被配置为，响应于第一优先级请求，从发送节点向接收节点重传对应于上述确定出的媒体的第一比特率版本，上述重传保证媒体的第一比特率版本的完整拷贝从发送节点传送到接收节点，从而接收节点可以以时移模式呈现上述媒体的第一比特率版本。 25. 在权利要求 1 的基础上增加以下特征：上述重新传输被推迟到网络带宽在传输被确定为时间敏感的媒体之后还有空闲带宽时，以使其不妨碍时间敏感多媒体数据传输。	bit rate representation at a first bit rate and a first packetization interval sufficient for the media to be decipherable when rendered upon receipt by a recipient; the network ascertaining element further configured to receive over the network receipt reports from the receiving node, the received receipt reports identifying the received reduced bit rate representation of the media and including a first priority request for retransmission of the identified media; and the transmitter further configured to retransmit, from the sending node to the receiving node, the first bit rate representation of the media corresponding to the media identified in the receipt reports in response to the first priority request, the retransmission ensuring that a complete copy of the first bit representation of the media is transferred from the sending node to the receiving node so that the first bit rate representation of the media is available for rendering by the recipient in a time-shifted mode. 25.wherein the retransmission is deferred until bandwidth on the network in excess of what is needed for the transmission of any media designated as time sensitive becomes available so that the retransmission does not impede the transmission of media designated as time sensitive.

4.4.3　特殊语音会话

特殊语音会话分类已授权专利，见表 4-4-3。

表 4-4-3　特殊语音会话分类已授权专利一览表

序号	授权号	保护主题	方案思路	保护范围	独立权利要求
1	EP2377279B1	方法 计算机介质 服务器	利用电子邮件实现实时的语音媒体传送	一种使用服务器在网络中传输基于时间的媒体的方法，包括： 在服务器处接收与消息相关的头信息，头信息中包括指明消息接收者的接收者地址信息； 随着发送设备通过网络逐渐地发送基于时间的媒体，在服务器处逐渐地接收与上述消息有关的基于时间的媒体； 在服务器处利用上述接收者地址信息，至少部分地发现用于上述基于时间的媒体的到上述接收者的网络传输路径； 随着上述基于时间的媒体的接收以及网络传输路径已经被发现，逐渐地传输接收到的基于时间的媒体	A method (80) for transmitting time-based media across a network (12) using a server, the method comprising: receiving at the server header information associated with a message and wherein the header information includes recipient address information specifying a recipient of the message: progressively receiving (82) time-based media associated with the message at the server, as the time-based media is progressively transmitted by a sending device over the network: at least partially discovering at the server a delivery route for the time-based media over the network to a device associated with the recipient using the recipient address information: and progressively transmitting (88) the received time-based media as the time-based media is received at the server and as the delivery route over the network to the

续表

序号	授权号	保护主题	方案思路	保护范围	独立权利要求
2	EP2391076B1	方法、装置、计算机介质	利用电子邮件实现实时的语音媒体传送和晚期绑定	一种在通信设备上实现基于时间的媒体的晚期绑定的方法，包括： 通过与接收者相关联的地址（如电子邮件地址），将一个消息指定发送给上述接收者； 逐渐地接收与上述消息关联的基于时间的媒体； 随着上述基于时间的媒体的接收以及网络传输路径已经被发现并且可用，逐渐地传输接收到的基于时间的媒体	A method of implementing late binding communication of time-based media on a communication device (14A), comprising: addressing (62) a message to a recipient with an address associated with the recipient; progressively creating (64) time-based media associated with the message; and progressively transmitting (68) the time-based media associated with the message to the recipient over a communication network (12) as the time based media is progressively created using the communication device and as an active delivery route over the communication network is discovered and becomes available.
3	US8233598B2	系统方法	使得传统通信设备能够参与多个会话、以实时模式或时移模式查看会话、在上述两个呈现模式之间无缝切换等	一种通信系统，包括： 网关节点，通过接口连接到通信网络，被配置为逐渐地接收和存储从使用第一通信设备的第一会话参与者接收的要发往使用电话或者无线电接收装置的第二会话参与者的流媒体，上述存储操作不需要第二参与者发送存储流媒体的指令即可自动完成； 用户接口，用于从第二会话参与者接收会话控制指令，指示网关设备选择性地、逐渐地将流媒体通过网络转发到其所使用的电	A communication system, comprising: a gateway node, coupled to a communication network through an interface, the gateway node configured to progressively receive and progressively store streaming media associated with a conversation forwarded by a first participant of the conversation using a first communication device and intended for a second participant of the conversation using a telephone or radio, the storage of the streaming media at the gateway node occurring automatically without

续表

序号	授权号	保护主题	方案思路	保护范围	独立权利要求
3	US8233598B2	系统 方法	使得传统通信设备能够参与多个会话、以实时模式或时移模式查看会话、在上述两个呈现模式之间无缝切换等	话或者无线电接收装置，上述转发可以与网络节点接收流媒体同时进行，也可以在接收和存储流媒体后的某个时间点从存储器中获取。 转换器，用于在需要的情况下在网关节点和通信网络支持的流媒体格式之间转换	receiving store instructions from the second participant to store the streaming media; a user interface configured to receive conversation control instructions from the second participant of the conversation using the telephone or radio, the conversation control instructions directing the gateway node to selectively and progressively forward the streaming media over the communication network to the telephone or radio (i) as the streaming media is progressively received at the gateway node and (ii) out of storage at a selected time after the streaming media was received and progressively stored; and a converter configured to translate, as needed, the streaming media between the media formats used by the gateway node and the communication network.

4.4.4 数据同步

表 4-4-4 数据同步分类已授权专利一览表

序号	授权号	保护主题	方案思路	保护范围	独立权利要求
1	US8250181B2	装置 应用 方法	数据同步过程	被配置为同步在网络上执行的会话的语音媒体的第一通信设备，包括： 第一存储单元，被配置为随着语音媒体的生成逐渐地存储上述语音媒体，其中，语音媒体是在使用第一通信设备时生成的； 传输单元，被配置为逐渐地将上述使用第一通信设备生成的语音媒体通过网络传输给第二通信设备； 接收单元，被配置为逐渐地通过网络从第二通信设备接收属于该会话的第二通信设备生成并存储在第二存储单元中的媒体，将上述接收到的语音媒体逐渐地存储在第一通信设备的第一存储单元中； 同步单元，被配置为同步存储在第一存储单元中的语音媒体，从而使得第一存储单元和第二存储单元中存储了该会话的完整语音媒体，上述同步过程具体为： 媒体确定单元，被配置为确定第二通信	A first communication device configured to synchronize the voice media of a conversation conducted over a network, the first communication device comprising: a first storage element configured to progressively store voice media created using the first communication device as the voice media is created using the first communication device; a transmitting element configured to progressively transmit the voice media created using the first communication device to a second communication device over the network; a receiver element configured to progressively receive and store in the first storage element voice media pertaining to the conversation generated at the second communication device, stored in a second storage element associated with the second communication device, and transmitted from the second communication device to the first communication

续表

序号	授权号	保护主题	方案思路	保护范围	独立权利要求
1	US8250181B2	装置 应用 方法	数据同步过程	设备发送但并未被第一通信设备接收到的属于该会话的语音媒体， 请求生成器，被配置为向第二通信设备发送一个或多个重传请求，请求重传上述确定的语音媒体； 接收单元进一步被配置为在第一通信设备处从第二通信设备接收重传的语音媒体，并将其存储在第一存储单元中	device over the network; and a synchronization element configured to synchronize the voice media stored in the first storage element so that first storage element and the second storage element each contain stored complete copies of the voice media of the conversation, the synchronization element including: a media ascertaining element configured to ascertain any voice media pertaining to the conversation transmitted by the second communication device but not received by the first communication device; and a request generator configured to send to the second communication device one or more requests for retransmission of the ascertained voice media, the receiver element further configured to store in the first storage element the media received at the first communication device from the second communication device in response to the requests for retransmission.
2	US8099512B2	方法 系统 应用	数据同步过程及呈现模式	用于逐渐地同步所存储的在会话期间通过网络传输的语音媒体拷贝的方法，其中所述会话以实时模式或者时移模式来执行，所	A method for progressively synchronizing stored copies of voice media transmitted over a network during a conversation that may be selectively

续表

序号	授权号	保护主题	方案思路	保护范围	独立权利要求
2	US8099512B2	方法 系统 应用	数据同步过程及呈现模式	述方法包括： (a)随着发送节点持久的存储其所生成并传输的媒体，在接收节点处逐渐地接收从发送节点向接收节点传输的语音媒体，被传输的语音媒体的包大小和打包区间要足以使语音媒体能够接近实时的呈现； (b)逐渐地、持久地在接收端存储接收的语音媒体； (c)记录那些被发送但是没有被接收并且在接收端被持续存储的语音媒体； (d)产生针对所述记录的语音媒体的请求； (e)从发送节点接收所述记录的语音媒体的重传； (f)重复步骤(d) 和 (e)，直到发送节点和接收节点的持久存储器中都具有完整的语音媒体的拷贝； (g)在接收节点处选择性地以实时模式或时移模式呈现接收到的语音媒体；其中，实时模式随着语音媒体的接收进行呈现，而时移模式从存储器中取出并呈现。	conducted in a real-time mode and in a time-shifted mode, comprising: (a) progressively receiving voice media transmitted from a sending node to a receiving node as the voice media is persistently stored at the sending node, the voice media transmitted with a packet size and packetization interval sufficient to enable the near real-time rendering of the voice media; (b) progressively and persistently storing the transmitted voice media at the receiving node as the voice media is received; (c) noting any voice media that was transmitted but not received and persistently stored at the receiving node; (d) generating requests as needed for any noted voice media; (e) receiving retransmissions of the noted voice media from the sending node to the receiving node in response to the requests; (f) repeating (d) and (e) until the sending node and the receiving node each have complete copies of the voice media maintained in persistent storage; and (g) selectively rendering the transmitted voice media at the receiving node either in the real-time

续表

序号	授权号	保护主题	方案思路	保护范围	独立权利要求
2	US8099512B2	方法 系统 应用	数据同步过程及呈现模式		mode as the voice media is received over the network or out of persistent storage in the time-shifted mode.
3	EP2171982B1	方法 装置 计算机介质	数据同步过程	一种实时同步在网络上执行的会话的语音媒体的方法，包括： 被配置为随着语音媒体的生成逐渐地在第一存储单元中存储上述语音媒体，其中，语音媒体是在使用第一通信设备时生成的； 逐渐地将上述使用第一通信设备生成的语音媒体通过网络传输给第二通信设备； 逐渐地通过网络从第二通信设备接收属于该会话的第二通信设备生成并存储在第二存储单元中的媒体，将上述接收到的语音媒体逐渐地存储在第一通信设备的第一存储单元中； 确定第二通信设备发送但并未被第一通信设备接收到的属于该会话的语音媒体； 在第一通信设备处生成用于请求传输上述确定的语音媒体的一个或多个传输请求，向第二通信设备发送上述生成的传输请求； 在第一通信设备处从第二通信设备接收重传的语音媒体，并将其存储在第一存储单元中； 其中，随着发送请求传输并未存储在第一通信设备中的语音媒体的条件成立，第一	A method to synchronize in real-time the voice media of a conversation (1102) conducted over a network (14), the method comprising: progressively storing (1106A) in a first storage element voice media created using a first communication device (13A) as the voice media is being created (1104A) using the first communication device; progressively transmitting (1346) the voice media created using the first communication device (13A) to a second communication device (13B) over the network (14); progressively receiving and storing (1114A) in the first storage element voice media pertaining to the conversation generated at the second communication device, stored in a second storage element associated with the second communication device, and transmitted from the second communication device to the first communication device over the network; ascertaining (1365) any voice media pertaining to the conversation stored in the second storage element but not in the first storage element; generating at the first communication device and

续表

序号	授权号	保护主题	方案思路	保护范围	独立权利要求
3	EP2171982B1	方法 装置 计算机介质	数据同步过程	存储单元中的语音媒体实时地与第二存储单元中的媒体进行同步	sending to the second communication device one or more requests for transmission (1110A) of the ascertained voice media stored in the second storage element but not in the first storage element; and storing (1114A) in the first storage element the voice media received (1112A) at the first communication device from the second communication device in response to the requests for transmission, whereby the voice media in the first storage element is synchronized (1116) in real-time with the voice media in the second storage element as the requests for transmission of voice media not already stored in the first communication device are satisfied.
4	US8345707B2	方法 系统	通过比较校验值确定丢失或者传输出现问题的数据节点，从而完成数据同步	一种用于同步用户数据的方法，包括： 在用户数据对象中维护用户数据； 配置一个源树，源树包括一个源根节点和一个或多个依赖源节点，与源用户数据相关的源树中的节点被维护在用户数据对象中； 配置一个目标树，目标树包括一个目标根节点和一个或多个依赖目标节点，与目标用户数据相关的目标树节点被维护在用户数据对象中； 基于用户数据对象中维护的源用户数据	A method for synchronizing user data, comprising: maintaining user data at a plurality of user data objects; assembling a source tree, the source tree including a source root node and one or more dependent source nodes, the nodes of the source tree associated with source user data maintained at the plurality of user data objects; assembling a destination tree, the destination tree including a destination root node and one or more dependent destination nodes, the nodes of the

续表

序号	授权号	保护主题	方案思路	保护范围	独立权利要求
4	US8345707B2	方法 系统	通过比较校验值确定丢失或者传输出现问题的数据节点，从而完成数据同步	和目标用户数据，对源树和目标树的节点执行校验算法； 通过使用优化算法遍历源树的节点得到源树和目标树中对应节点的一个或多个校验和的比较，以识别目标树可能丢失和/或与源树的相关节点的 checksums 值不匹配的节点，根据上述比较结果，在目标树、目标用户数据和源树、源用户数据之间执行同步； 目标树的丢失节点被增加或具有不匹配 checksums 值的节点被修改以匹配源树的节点	destination tree associated with destination user data maintained at the plurality of user data objects; performing one or more checksum calculations for the nodes of the source tree and the destination tree based on the associated source user data and the associated destination user data maintained at the plurality of user data objects respectively; and synchronizing the destination tree and the destination user data with the source tree and source user data based on the comparison of the one or more checksum calculations of corresponding nodes in the source tree and the destination tree respectively by traversing the nodes of the source tree using an optimization algorithm to identify the nodes of the destination tree likely to be missing and/or have mismatching checksum values relative to the corresponding nodes of the source tree, wherein missing nodes or nodes having mismatching checksums value(s) in the destination tree are added or modified to match the corresponding node or nodes in the source tree.

4.4.5 界面及会话组织

表 4-4-5 界面及会话组织分类已授权专利一览表

序号	授权号	保护主题	方案思路	保护范围	独立权利要求
1	EP2151113B1	方法 装置 计算机介质	将本地生成的媒体和接收到的媒体组织成为会话	用于构成和进行会话的方法，包括： 通过网络在第一通信设备上接收与一个或多个参与者进行会话的媒体； 当所述媒体通过所述网络被接收时在所述第一通信设备上存储所接收的媒体； 在所述第一通信设备上以接近实时的模式或时移模式再现所述会话的所接收的媒体；其中，实时模式是随着媒体的接收进行呈现，而时移模式是从存储器中取出媒体进行呈现； 在所述第一通信设备上创建与所述会话相关的媒体； 在所述第一通信设备上存储所创建的媒体；通过所述网络向所述会话的所述一个或多个参与者发送在所述第一通信设备上创建的媒体；关联所创建的媒体和接收的媒体；以及从所关联的创建的媒体和接收的媒体构成所述会话	A method for constituting and conducting a conversation (A, B, C), comprising: progressively receiving (1361) at a communication cevice (13) media of a conversation with one or more participants over a network (14); storing (1364) on the communication device the received media as the media is received over the network; rendering (1405) on the communication device the received media of the conversation in either a real-time mode by progressively rendering the received media as it is progressively received over the network or a time-shifted mode by retrieving (1402) and rendering the received media from storage; creating (1301) media on the communication device associated with the conversation; storing (132) the created media on the communication device as the media is created;

续表

序号	授权号	保护主题	方案思路	保护范围	独立权利要求
1	EP2151113B1	方法 装置 计算机介质	将本地生成的媒体和接收到的媒体组织成为会话		progressively transmitting (1346) over the network the media created on the communication device to the one or more participants of the conversation as the media is created and stored; associating the created and received media; and constituting the conversation (A, B, C) from the associated created and received media.

4.4.6　其他

表 4-4-6　其他分类已授权专利一览表

序号	授权号	保护主题	方案思路	保护范围	独立权利要求
1	US8270950B2	方法 节点	当无线设备远离用户时接收数据以减小对用户的辐射	1、一种方法，包括： 在网络上接收指示以在无线连接到网络的无线通信设备上实现 RF 能量保护模式；该指示由上述无线通信设备响应于以下条件产生并传输到网络中： (i)使用该无线通信设备的用户输入的显式指令； (ii)当用户在相对于该用户而言不安全的地方使用该无线通信设备时的用户行为； 当能量保护模式开启时，将要发送给该	1.A method comprising: receiving a notification on a network to implement an RF energy protection mode for a wireless communication device wirelessly connected to the network, the notification generated at the wireless communication device and transmitted to the network in response to: (i) an explicit command entered into the wireless communication device by the user; or (ii) the user's behavior when using the wireless

续表

序号	授权号	保护主题	方案思路	保护范围	独立权利要求
1	US8270950B2	方法节点	当无线设备远离用户时接收数据以减小对用户的辐射	无线通信设备的媒体存储在网络侧； 当无线通信设备处于远离用户安全距离的位置上时，在网络上接收第二指示； 将网络上存储的数据发送给无线通信设备； 在无线通信设备上存储接收到的媒体； 用户可从无线通信设备的存储器中读取接收到的媒体进而进行呈现。 12、将权利要求 1(ii)替换为：当无线通信设备处于对用户而言不安全的位置时自动发送第一指示。	communication device in an unsafe position relative to the user; storing media intended for the wireless communication device on the network while the energy protection mode is implemented; receiving a second notification on the network when the wireless communication device is positioned a safe distance away from the user of the wireless communication device; transmitting the media stored on the network while the RF protection mode was implemented to the wireless communication device after receiving the second notification when the wireless communication device is positioned the safe distance away from the user; enabling the storage of the transmitted media on the wireless communication device when the media is transmitted from the network to the wireless communication device; and enabling the user of the wireless communication device to render the media after transmission by accessing the media out of storage on the wireless communication device.

续表

序号	授权号	保护主题	方案思路	保护范围	独立权利要求
1	US8270950B2	方法 节点	当无线设备远离用户时接收数据以减小对用户的辐射		12、将权利要求 1(ii)替换为：automatically when the wireless communication device is placed in an unsafe position relative to the user
2	US8401583B2	方法 系统	使得传统的半双工 PTT 通信设备能够以双工的方式参与会话，并可以以时移模式查看会话历史记录；此外，上述 PTT 通信设备还可以同时参与多个会话	一种在通信网络上执行的方法： 随着媒体分别在第一 PTT 通信设备和第二 PTT 通信设备处生成和逐渐传输，媒体网络上的节点接收并存储第一 PTT 通信设备和第二 PTT 通信设备之间在 PTT 传输中交换的语音媒体； 双方交换的 PTT 语音媒体在第一和第二 PTT 通信设备上几乎同时发送和呈现时，支持第一和第二 PTT 通信设备在网络上全双工 PTT 通信； 在 PTT 语音媒体交换完成后的一段时间后呈现交换的 PTT 语音媒体时，网络支持第一和第二 PTT 通信设备之间的时移通信； 在第一 PTT 通信设备上提供应用程序，使得第一 PTT 通信设备执行： （1）当 PTT 语音媒体创建时，第一 PTT 通信设备上不断存储和传输语音媒体； （2）在第一 PTT 通信设备处不断存储通过网络从第二 PTT 通信设备处接收到的 PTT 语音媒体； （3）对第一 PTT 通信设备存储的语音媒	A method performed on a communication network, the method comprising: progressively storing at a node located on a communication network PTT voice media exchanged during PTT transmissions between a first PTT communication device and a second PTT communication device as the PTT voice media is created and progressively transmitted by the first PTT communication device and the second PTT communication device respectively; supporting full-duplex PTT communication over the communication network when the first PTT communication device and the second PTT communication device are transmitting and rendering the PTT voice media exchanged between the two PTT communication devices at approximately the same time; supporting time-shifted PTT communication over the communication network when the first PTT communication device and the second PTT

续表

序号	授权号	保护主题	方案思路	保护范围	独立权利要求
2	US8401583B2	方法 系统	使得传统的半PTT通信设备能够以双工的方式参与会话，并可以以时移模式查看会话历史记录；此外，上述信设备还可以同时参与多个会话	体组织成为多个会话； （4）通过下面方式使得第一PTT通信设备参与多个会话： 1.从多个会话中选择第一会话进行参与； 2.在第一PTT通信设备处传输创建的属于第一会话的语音媒体；随着PTT语音媒体的接收，以实时模式选择性地呈现接收到的PTT语音媒体选择播放接收到的第一会话即时媒体消息；从第一PTT通信设备的存储器中读取其发送和接收到的属于第一会话的语音媒体，并选择性地以时移模式进行呈现； 3 从第一会话切换到多个会话中的第二会话中去，并对第二会话执行步骤2	communication device render the PTT voice media exchanged between the two PTT communication devices some time after the exchanged PTT media was transmitted; and providing an application that is embedded in a non-transient computer readable medium to the first PTT communication device, the application configured to (i) enable progressive storage on the first PTT communication device the PTT voice media progressively transmitted by the first PTT communication device as PTT voice media is created and progressively transmitted by the first PTT communication device, (ii) enable progressive storage on the first PTT communication device the PTT voice media received over the communication network from the second PTT communication device, (iii) enable organization of the PTT voice media stored on the first PTT communication device into a plurality of conversations, and (iv) enable participation in the plurality of conversations on the first PPT communication device by: (1) enabling selection of a first conversation

续表

序号	授权号	保护主题	方案思路	保护范围	独立权利要求
2	US8401583B2	方法 系统	使得传统的半PTT通信设备能够以双工的方式参与会话，并可以以时移模式查看会话历史记录；此外，上述信设备还可以同时参与多个会话		among the plurality of conversations for participation, (2) enabling participation in the first conversation by (a) progressively transmitting PTT voice media created on the first PPT communication device pertaining to the first conversation, (b) selectively rendering received PTT voice media pertaining to the first conversation in a real-time mode as the PTT voice media is received, and (c) selectively rendering transmitted and received PTT voice media pertaining to the first conversation in a time-shifted mode by rendering the PTT voice media out of storage on the first PTT communication device, and (3) enabling a transition from the first conversation to a second conversation among the plurality of conversations and performing (2) for the second conversation.
3	US8401582B2	方法 系统	使得传统的半双工PTT通信设备能够以双工的方式参与会话，并可以以时移模式查看会话历史记录；当PTT通信设备为	一种在通信网络中执行的方法，包括： 随着媒体分别在第一PTT通信设备和第二PTT通信设备处生成和逐渐传输，媒体网络上的节点接收并存储第一PTT通信设备和第二PTT通信设备之间在PTT传输中交换的语音媒体； 在第一和第二PTT通信设备之间的PTT传输中，网络节点以以下方式逐渐地传输语	A method performed on a communication network, the method comprising: progressively storing voice media received at a node on a communication network during PTT transmissions exchanged between a first PTT communication device and a second PTT communication device over the communication network as the voice media is progressively received at the

续表

序号	授权号	保护主题	方案思路	保护范围	独立权利要求
3	US8401582B2	方法 系统	连接网络时，会话消息也不会丢失	音媒体： (a)当第二通信设备在网络上可用时，随着语音媒体在网络节点上逐渐地接收并存储，将接收到的语音媒体从第一 PTT 通信设备向第二 PTT 通信设备传输； (b) 当第一通信设备在网络上可用时，随着语音媒体在网络节点上逐渐地接收并存储，将接收到的语音媒体从第二 PTT 通信设备向第一 PTT 通信设备； 当(i)第一和第二 PTT 通信设备在网络上都可用；并且(ii)双方交换的 PTT 语音媒体在第一和第二 PTT 通信设备上几乎同时发送和呈现时，支持第一和第二 PTT 通信设备在网络上全双工 PTT 通信； 若语音媒体在网络节点上接收并存储时第二 PTT 通信设备在网络上不可用，则在第二 PTT 通信设备在网络上可用时向网络节点发送请求，响应于该请求，在网络节点处从存储器中读取从第一 PTT 设备接收到的媒体，并逐渐地向第二 PTT 设备传送； 若语音媒体在网络节点上接收并存储时第一 PTT 通信设备在网络上不可用，则在第一 PTT 通信设备在网络上可用时向网络节点发送请求，响应于该请求，在网络节点处从	node; progressively transmitting the voice media received at the node during the PTT transmissions exchanged between the first and second PTT communication devices: (a) from the first PTT communication device to the second PTT communication device as the voice media is progressively received and stored at the node when the second PTT communication device is available on the network; and (b) from the second PTT communication device to the first PTT communication device as the voice media is progressively stored at the node when the first PTT communication device is available on the network; supporting full-duplex PTT communication over the communication network when the first PTT communication device and the second PTT communication device are (i) both available on the network and (ii) transmitting and rendering the PTT voice media exchanged between the two PTT communication devices at approximately the same time; progressively transmitting the voice media received from the first PTT communication device out of

续表

序号	授权号	保护主题	方案思路	保护范围	独立权利要求
3	US8401582B2	方法 系统		存储器中读取从第二 PTT 设备接收到的媒体，并逐渐地向第一 PTT 设备传送： 在第一 PTT 通信设备上提供应用程序，使得第一 PTT 通信设备执行： （1）当 PTT 语音媒体创建时，第一 PTT 通信设备上不断存储和传输语音媒体； （2）当第一 PTT 通信设备上生成语音媒体时若第一 PTT 的网络连接已经建立，则随着语音媒体的生成和逐渐存储，逐渐地传输所生成的语音媒体； （3）当第一 PTT 通信设备上生成语音媒体时若第一 PTT 的网络连接未建立，则当第一 PTT 通信设备的网络连接建立时，从第一 PTT 通信设备的存储器中读取媒体并逐渐地传输	storage on the node to the second PTT communication device when: (i) the second PTT communication device is unavailable on the network when the voice media is received and stored at the node; and (ii) in response to a request from the second PTT communication device after the second PTT communication device becomes available on the network; progressively transmitting the voice media received from the second PTT communication device out of storage on the node to the first PTT communication device when: (iii) the first PTT communication device is unavailable on the network when the voice media is received and stored at the node; and (iv) in response to a request from the first PTT communication device after the first PTT communication device becomes available on the network; and providing an application that is embedded in a non-transient computer readable medium to the first PTT communication device, the application configured to:

续表

序号	授权号	保护主题	方案思路	保护范围	独立权利要求
3	US8401582B2	方法 系统			(1) enable the progressive storage on the first PTT communication device the voice media that is created on the first PTT communication device; (2) enable the progressive transmission of the voice media created on the first PTT communication device as the voice media is created and progressively stored on the first PTT communication device if a network connection is established for the first PTT communication device when the voice media is created on the first PTT communication device; and (3) enable the progressive transmission of the voice media created on the first PTT communication device out of storage on the first PTT communication device after the first PTT communication device establishes the network connection if the network connection was not established for the first PTT communication device when the voice media was created on the first PTT communication device.

4.5　专利申请特点

由于 Voxer 的专利布局在美国最完备，且美国专利法具有不同于他国的特殊性，因而此处就 Voxer 在美国进行的专利申请特点进行分析。

4.5.1　申请策略

本节将对 Voxer 的专利申请策略作简要的分析。

4.5.1.1　临时申请

临时专利申请的规定是美国的特有规定，是美国在乌拉圭回合谈判之后，根据谈判协议修改其专利法的产物。美国临时专利申请主要涉及美国专利法的两个条款，即第 111 条（b）款和第 119 条（e）款，以及联邦法规的 1.53（c）款。

美国专利法第 111 条（b）款指出了与临时专利申请相关的一些条件，即建立申请日需要提供说明书、附图和说明申请是临时专利申请的首页；维持申请日需要在规定的时间期限内提交申请费和发明人姓名。

美国专利法第 119 条（e）款指出临时专利申请可以为在 1 年内提交的“正规”申请建立优先权，期限为 12 个月。在此期限内，只有该临时专利申请的持有人才可以就该临时专利申请所体现的技术方案提交正规专利申请。专利申请案以临时申请的方式提出后，必须在 12 个月内向美国专利商标局提交转换请求书，将临时专利申请转换为正规专利申请，否则此临时专利申请在 12 个月后自动失效。正规专利申请的内容应包含临时专利申请的内容，还可包括经改写后的内容。

联邦法规的 1.53（c）款指出临时专利申请说明书也必须符合美国专利法第 112 条的规定，附图符合联邦法规 1.81（a），但并不需要有请求项部分。

简单地说，临时申请提交声明的好处是美国国家阶段的申请不必为了根据第 102 条（e）款部分的规定将在先的临时申请的申请日作为有效的现有技术日期，而和 PCT 申请一同提交。因此，申请人能够将美国的国家阶段推迟到从临时申请日起 30 个月，而不丧失任何防御性权利。[1]

此外，申请人还可以利用从提出临时申请到提出非临时申请的 12 个月进行市场考察并进行慎重思考，以评估其发明的价值和市场潜力。

从 1995 年 6 月 8 日起，美国专利商标局（USPTO）开始受理临时专利申请，由于其不是正式申请，因而 USPTO 不对其进行审查，也不能被授予专利权，且临时申请自申请日起满 12 个月即被视为放弃，并不得恢复，但如果在 12 个月内提出正式申请，则正式申请可享受临时申请的申请日，并且正式申请的专利保护期限不受这 12 个月的影响。此外，临时申请还可以作为申请国外专利的优先权基础，但不可以要求其他在先申请的优先权。

4.5.1.2　继续申请

美国还有另一类特殊申请，即继续申请（参见 35USC120）。继续申请包括完全继

---

[1] 《优先权制度的比较研究》国家知识产权局学术委员会 2009 年度自主课题研究报告。

续申请、部分继续申请以及分案申请，而且继续申请可以多次提出。完全继续申请和部分继续申请必须是以一个在先的非临时申请为基础就相关内容进行的继续申请，其与该在先申请必须有一个共同的发明人，都必须是在在先申请结案前提出申请。

继续申请必须满足以下条件：

（1）提出申请时，母案申请应当处于审查阶段，尚未结案；

（2）继续申请与母案申请的发明人至少有一个是相同的，即应当由原申请人提出；

（3）继续申请的说明书正文应当依据母案的申请文本而成；

（4）母案申请应当是正式申请；

（5）继续申请也应当缴纳申请费。

下面分别对上述几种不同的继续申请进行介绍。

1. 完全继续申请

对于完全继续申请，其说明书应当与母案申请完全一致，即不能含有任何新的主题，同时，其权利要求应当不同于母案申请。在这种情况下，其全部主题都可享有母案申请的申请日。通常在以下两种情况下提出完全继续申请：

（1）由于美国专利审查制度中有两次审查意见通知书后即要求结案的规定，通过上述规定，申请人可以在两次审查意见通知书后获得再一次说服审查员认可其修改后权利要求的机会，或者是由此获得由另外审查员进行审查的机会，是当母案申请面临驳回时可以给予申请人上诉之外另一种救济途径。

（2）在母案中的部分权利要求被要求删除，这样母案可获得授权。申请人可以修改这些从母案中删除的权利要求或维持这些权利要求，再次提出一个完全继续申请。

2. 母案申请

在母案审查时，申请人不能增加其说明书不支持的权利要求，而申请人的发明又获得了新的进展，在这种情况下，申请人可以提出部分继续申请，一些主题与母案相同，也可以增加一些新主题。其中，与母案相同的部分享有母案的申请日，增加的新内容仅拥有其自己的申请日。通常新申请以母案申请日作为申请日。当出现权利抵触和对比文件时，才各自使用实际申请日。因为有新主题出现，所以，可以增加新的发明人。

3. 分案申请

对于分案申请，其是以母案为基础的继续申请。它是从正在审查过程中的申请中分类出来的，是独立的、不同的发明，并已在母案申请中被公开。分案申请可以有措辞上的不同，但不能有不同于母案申请公开内容的实质变化。

4.5.1.3 Voxer 的申请策略

纵观 Voxer 申请的所有申请文件，基本上可以分为 5 类，即临时申请、正式申请，完全继续申请，基于 1 个母案的部分继续申请以及基于多个母案的部分继续申请。如图 4-5-1 所示。

(19) **United States**
(12) **Patent Application Publication**
Katis et al.

(10) **Pub. No.: US 2009/0003558 A1**
(43) **Pub. Date: Jan. 1, 2009**

(54) **TELECOMMUNICATION AND MULTIMEDIA MANAGEMENT METHOD AND APPARATUS**

(75) Inventors: **Thomas E. Katis**, Jackson, WY (US); **James T. Panttaja**, Healdsburg, CA (US); **Mary G. Panttaja**, Healdsburg, CA (US); **Matthew J. Ranney**, Oakland, CA (US)

Correspondence Address:
BEYER LAW GROUP LLP / REBELVOX
P.O. BOX 1687
Cupertino, CA 95015-1687 (US)

(73) Assignee: **REBELVOX, LLC**, San Francisco, CA (US)

(21) Appl. No.: **12/028,400**

(22) Filed: **Feb. 8, 2008**

Related U.S. Application Data

(60) Provisional application No. 60/937,552, filed on Jun. 28, 2007, provisional application No. 60/999,619, filed on Oct. 19, 2007.

Publication Classification

(51) **Int. Cl.**
H04M 11/00 (2006.01)

(52) **U.S. Cl.** **379/93.01**

(57) **ABSTRACT**

A telecommunication and multimedia management apparatus and method that supports voice and other media communications and that enables users to: (i) participate in multiple conversation modes, including live phone calls, conference calls, instant voice messaging or tactical communications; (ii) review the messages of conversations in either a live mode or a time-shifted mode and to seamlessly transition back and forth between the two modes; (iii) participate in multiple conversations either concurrently or simultaneously; (iv) archive the messages of conversations for later review or processing; and (v) persistently store media either created or received on the communication devices of users. The latter feature enables users to generate or review media when either disconnected from the network or network conditions are poor and to optimize the delivery of media over the network based on network conditions and the intention of the users participating in conversations.

（a）非临时申请（正式申请）

(19) **United States**
(12) **Patent Application Publication**
Katis et al.

(10) **Pub. No.: US 2009/0003247 A1**
(43) **Pub. Date: Jan. 1, 2009**

(54) **TELECOMMUNICATION AND MULTIMEDIA MANAGEMENT METHOD AND APPARATUS**

(75) Inventors: **Thomas E. Katis**, Jackson, WY (US); **James T. Panttaja**, Healdsburg, CA (US); **Mary G. Panttaja**, Healdsburg, CA (US); **Matthew J. Ranney**, Oakland, CA (US)

Correspondence Address:
BEYER LAW GROUP LLP / REBELVOX
P.O. BOX 1687
Cupertino, CA 95015-1687 (US)

(73) Assignee: **RebelVox, LLC**, San Francisco, CA (US)

(21) Appl. No.: **12/127,619**

(22) Filed: **May 27, 2008**

Related U.S. Application Data

(63) Continuation of application No. 12/028,400, filed on Feb. 8, 2008.

(60) Provisional application No. 60/937,552, filed on Jun. 28, 2007, provisional application No. 60/999,619, filed on Oct. 19, 2007.

Publication Classification

(51) **Int. Cl.**
H04L 12/16 (2006.01)

(52) **U.S. Cl.** **370/260**

(57) **ABSTRACT**

A communication device for simultaneously rendering one or more conversations. The device includes a receiver for receiving over a network media associated with the one or more conversations and a rendering element for simultaneously rendering the media of the one or more conversations as the media is received over the network. The device also includes a media creation device for creating media for the conversations and a transmitter for transmitting the created media over the network to other participants of the one or more conversations. A memory or storage device stores the received and created media associated with the one or more conversations. A rendering control element is provided to control the rendering element to (i) pause the simultaneous rendering of the media received over the network associated with the one or more conversations and (ii) select for review during the pause one of the one or more conversations by rendering the received and/or created media associated with the selected conversation. During the review period, the received media of the other conversations is stored, but not rendered. After the review of the selected conversation, the simultaneous rendering of the plurality of conversations may be resumed. By storing the media of all the conversations during the review period, the non-rendered media received during the pause may be later reviewed.

（b）完全继续申请

图 4-5-1　Voxer 申请文件示例

(19) **United States**
(12) **Patent Application Publication**
Katis et al.

(10) **Pub. No.: US 2009/0103433 A1**
(43) **Pub. Date: Apr. 23, 2009**

(54) **TELECOMMUNICATION AND MULTIMEDIA MANAGEMENT METHOD AND APPARATUS**

(75) Inventors: **Thomas E. Katis**, Jackson, WY (US); **James T. Panttaja**, Healdsburg, CA (US); **Mary G. Panttaja**, Healdsburg, CA (US); **Matthew J. Ranney**, Oakland, CA (US)

Correspondence Address:
BEYER LAW GROUP LLP / REBELVOX
P.O. BOX 1687
Cupertino, CA 95015-1687 (US)

(73) Assignee: **REBELVOX, LLC**, San Francisco, CA (US)

(21) Appl. No.: **12/192,401**

(22) Filed: **Aug. 15, 2008**

Related U.S. Application Data

(63) Continuation-in-part of application No. 12/028,400, filed on Feb. 8, 2008.

(60) Provisional application No. 60/999,619, filed on Oct. 19, 2007.

Publication Classification

(51) **Int. Cl.**
H04J 3/14 (2006.01)

(52) **U.S. Cl.** **370/230**

(57) **ABSTRACT**

A method for reliably transferring media over a network from a sending node to a receiving node. The method includes ascertaining at the sending node if the media to be transmitted is either time-sensitive or not time-sensitive. For media ascertained as non time-sensitive, the media is transmitted by adjusting the rate of transmission at the sending node based on network conditions. As the non time-sensitive media is received, the receiving node generates one or more low priority requests for the retransmission of any missing non time-sensitive media lost during the transmission. The method also includes transmitting the time-sensitive media from the sending node to the receiving node. As the time-sensitive media is received, the receiving node ascertains if a predetermined acceptable network transmission loss level is met. If met, the receiving node generates one or more low priority requests for the retransmission of any missing time-sensitive media lost during transmission. The sending node retransmits the missing time-sensitive and non time-sensitive media in response to the low priority requests when bandwidth on the network becomes available in excess of what is needed for the transmission of time-sensitive media.

（c）基于 1 个母案的部分继续申请

(19) **United States**
(12) **Patent Application Publication**
Katis et al.

(10) **Pub. No.: US 2009/0103476 A1**
(43) **Pub. Date: Apr. 23, 2009**

(54) **GRACEFUL DEGRADATION FOR VOICE COMMUNICATION SERVICES OVER WIRED AND WIRELESS NETWORKS**

(75) Inventors: **Thomas E. Katis**, Jackson, WY (US); **James T. Panttaja**, Healdsburg, CA (US); **Mary G. Panttaja**, Healdsburg, CA (US); **Matthew J. Ranney**, Oakland, CA (US)

Correspondence Address:
BEYER LAW GROUP LLP / REBELVOX
P.O. BOX 1687
Cupertino, CA 95015-1687 (US)

(73) Assignee: **RebelVox, LLC**, San Francisco, CA (US)

(21) Appl. No.: **12/212,592**

(22) Filed: **Sep. 17, 2008**

Related U.S. Application Data

(63) Continuation-in-part of application No. 12/028,400, filed on Feb. 8, 2008, Continuation-in-part of application No. 12/192,890, filed on Aug. 15, 2008.

(60) Provisional application No. 61/089,417, filed on Aug. 15, 2008, provisional application No. 60/999,619, filed on Oct. 19, 2007.

Publication Classification

(51) **Int. Cl.**
H04W 4/00 (2009.01)

(52) **U.S. Cl.** **370/328**

(57) **ABSTRACT**

A method for gracefully extending the range and/or capacity of voice communication systems is disclosed. The method involves the persistent storage of voice media on a communication device. When the usable bit rate on the network is poor and below that necessary for conducting a live conversation, voice media is transmitted and received by the communication device at the available usable bit rate on the network. Although latency may be introduced, the persistent storage of both transmitted and received media of a conversation provides the ability to extend the useful range of wireless networks beyond what is required for live conversations. In addition, the capacity and robustness in not being affected by external interferences for both wired and wireless communications is improved.

（d）基于多个母案的部分继续申请

图 4-5-1　Voxer 申请文件示例（续）

图中的（60）项是对申请引用优先权的声明，（63）项是对申请引用母案的声明。（60）项声明的引用的优先权均是 60/或 61/开头的，代表其引用的优先权均为临时申请。经统计，Voxer 超过 90% 的申请的最早优先权均是临时申请。由此可见，Voxer 在申请专利时采用了先提出临时申请，再以此为优先权提出正式申请的申请策略。这个策略不但使 Voxer 获得附加的最多 12 个月保护期限，还能使后续申请获得该临时申请的申请日，此外，还可以在这期间继续考察市场，思考公司发展策略以及专利申请策略等。图（a）即是一个以临时申请为优先权的正式申请的示例，该申请不但享有临时申请 60/999619 的提交日 2007 年 10 月 19 日作为申请日，还使其在获得授权后的保护期限起始日推后到 2008 年 8 月 15 日。

图（b）（c）（d）均是基于母案的继续申请，其中，图（b）显示出了完全继续申请，在（63）项声明“Continuation of application No. 12/028，400，field on Feb. 8，2008”即表示 US2009/0003247A1 是申请号为 12/028400 的专利申请的完全继续申请。由前文对完全继续申请的论述可知，此处 Voxer 之所以以 12/028400 为母案完全继续申请 US2009/0003247A1，可能是为了就母案说明书以披露却未被其权利要求保护的其他方案进行保护，对于其他案件也有可能是面对驳回为获取多一次陈述或二次审查的机会。

图（c）显示出了基于 1 个母案的部分继续申请，在（63）项声明“Continuation-in-part of application No. 12/028，400，field on Feb. 8，2008”即表示 US2009/0103433A1 是申请号为 12/192401 的专利申请的部分继续申请。由前文对部分继续申请的讨论可知，此处 US2009/0103433A1 很可能是在 12/192401 基础上加入了新的内容，即 US2009/0103433A1 披露的技术方案很可能是 12/192401 披露技术方案的进一步发展。

图（d）显示出了基于多个母案的部分继续申请，在（63）项声明“Continuation-in-part of application No. 12/028，400，field on Feb. 8，2008，Continuation-in-part of application No. 12/192，890，field on Aug. 15，2008”即表示 US2009/0103476A1 是申请号为 12/192401 和 12/192890 的专利申请的部分继续申请。即 US2009/0103476A 交互引用了 12/192401 和 12/192890 说明书披露的内容或在 12/192401 和 12/192890 披露内容基础上又增加了新的内容，以实现技术方案的交互保护或对技术方案新进展做进一步保护。

此外，值得注意的是，图（b）（c）（d）均引用 12/028400 作为母案，此而 12/028400 即为图（a）显示出的 US2009/0003558A1，而且经观察，不只是图 4-5-1 示例的几个申请，Voxer 大量申请均引用该篇文献作为母案，并在此基础上或完全继续申请或部分继续申请。由此可见，从申请策略上可以得出结论：US2009/0003558A1 是 Voxer 的重要基础专利。此外，还可以看出 Voxer 申请策略的另一个特点，即先对其重要基础专利进行申请，然后再通过继续申请的方式对其进行更大范围或者进一步的保护。

综上所述，Voxer 在专利申请策略上具有以下特点：

特点一：先向 USPTO 提出临时申请，然后在 12 个月内再基于所述临时申请提交正式申请，所述正式申请引用所述临时申请作为优先权；

特点二：以重要基础专利作为正式申请提交后，再以继续申请的方式进行后续申请；

特点三：以单独母案为基础提出部分继续申请；

特点四：以多个母案为基础提出部分继续申请。

Voxer 的这些专利申请策略使其获得以下好处：

好处一：获得附加的最多 12 个月的保护期限；

好处二：可以有最多 12 个月的时间考察市场，思考公司发展方向、专利申请策略等；

好处三：可以获得多一次意见陈述即修改机会或二次审查的机会；

好处四：可就母案说明书中未被保护的技术方案进一步进行保护；

好处五：可加入新的技术进展，保持技术延续性；

好处六：可以实现不同方案的交互保护。

由此可见，Voxer 针对其请求保护的技术特点，比如延续性、交互性而采取了符合美国专利法的申请策略，使其技术方案得到了全面高效的保护。

4.5.2 撰写特点

本节将对 Voxer 专利申请的撰写特点进行简要分析。

4.5.2.1 保护范围

Voxer 申请的专利的权利要求的撰写方式基本统一，在权利要求中对情景描述、数据流向、技术效果等会作出详细的说明。下面以 US2009/0103476A1 的独立权利要求 1 为例进行分析（见图 4-5-2）。

1. A method for extending the usable range and/or capacity of a network, comprising:

receiving voice media generated while using the communication device, the communication device configured to be connected to the network through a network connection between the network and the communication device;

encoding the voice media to generate a full bit rate representation of the media generated while using the communication device;

storing the full bit rate representation of the voice media generated while using the communication device;

ascertaining if the usable bit rate on the network connection falls below a bit rate threshold, the bit rate threshold defining a minimum bit rate throughput sufficient for maintaining near real-time communication;

transmitting the voice media generated using the communication device from storage when the ascertained usable bit rate is below the bit rate threshold, the voice media being transmitted at a bit rate below the bit rate threshold, thereby effectively extending the usable range and/or capacity of the network connection for voice communication when the ascertained usable bit rate falls below the bit rate threshold;

receiving voice media over the network connection;

storing the voice media received over the network connection; and

providing the ability to render the voice media received over the network connection when the voice media received over the network connection is of sufficient completeness that it will be decipherable when rendered.

图 4-5-2 Voxer 权利要求撰写示例

图 4-5-2 显示出了 US2009/0103476A1 的独立权利要求 1。从该权利要求的撰写可以看出，图中画线部分均涉及情景描述、数据流向或技术效果。

其中，“the communication device configured to be connected to the network through a network connection between the network and the communication device”就是情景描述。然而，即使没有这段描述，通过上下文也能够获知这个通信装置必然要通过网络连接将其与网络连接；

此外，该权利要求中画线的“generated……”和“……”均属于数据流向。然而，这些数据流向根据上下文是完全可以得出的，但是 Voxer 在撰写中都对其进行了详细的描述；

还有“thereby effectively extending the usable range and/or capacity of the network connection for voice communication when the ascertained usable bit rate fall s below the bit rate threshold”属于典型的技术效果，这个效果是由其前面的技术手段产生的。

由此可见，Voxer 在进行专利撰写时，其增加的画线部分内容并没有过多的缩小其保护范围，甚至在不十分严格的意义上讲，其保护范围几乎没有什么变化，这样的撰写只是使其技术方案被描写的更清楚，这也表现出了 Voxer 对专利撰写的严谨态度。

4.5.2.2　术语一致性

阅读 Voxer 的所有申请，可以发现 Voxer 对其技术术语使用保持着高度的一致性，所有文献对一特定的行为或功能的描写均采用统一的术语，甚至在副词的使用上也保持的高度的一致性。

这种一致性不仅限于权利要求，在说明书中也一样，这与其大量继续申请的存在不无关系。因此，在最原始的母案申请中，毫无例外地，Voxer 在说明书中特意记载了术语表，并在表中对各种术语给出了明确的定义。

Voxer 常用术语基本分为 5 类：系统部件（System Components）、媒体（Media）、媒体管理（Media Management）、人（People）和会话管理（Conversation Management）。

在“系统部件”中详细定义了以下术语：客户机（Client）、设备（Device）和服务器（Services）。

在“媒体”中详细定义了以下术语：消息（Message）、会话（Conversation）、会话首部（Head of Conversation）、多会话管理系统 MCMS（Multiple Conversation Management System）、连续多会话管理系统 MCMS-C（Multiple Conversation Management System-Consecutive）、同时多对话管理系统 MCMS-S（Multiple Conversation Management System-Simultaneous）、优先级（Priority）、标记（Tags）、重要标记（Importance Tags）、分组（Packet）、首部或分组首部（Header or Packet Header）、Vox 分组（Vox Packet）、媒体有效载荷〔Media Payload（or Payload）〕。

在“媒体管理”中详细定义了以下术语：时移延迟 TSD（Time Shift Delay）、最小时移延迟 MTSD（Minimum Time Shift Delay）、呈现（Rendering）、混合（Mixing）、编码（Encoding）、自适应抖动缓冲区（Adaptive Jitter Buffer）、永久消息缓冲区 PIMB（Persistent Infinite Message Buffer）、包丢失补偿 PLC（Packet Loss Compensation or Concealment)。

在“人”中详细定义了以下术语：用户（User）、组（Group）、信道（Channel）、参与者（Participant）。

在“会话管理”中详细定义了以下术语：时移（Time Shifting）、复查（Reviewing）、意向（Attention）、跟上即时 CTL（Catch Up To Live）、跟上即时模式（Catch Up Mode）、跳到即时 JTL（Jump To Live）、MCMS 参与者属性（MCMS Participant Attributes）。

此外，Voxer 在专利申请的撰写时对信息接收和存储的方式还经常使用 Progressively 和 Persistantly。

Voxer 对于术语一致性的高度要求使其所有专利申请在整体上非常的连贯，专利申请之间也具有非常好的兼容性，这对于 Voxer 的专利交互引用也有很大的好处。

4.5.2.3 请求保护 APP

Voxer 在撰写上的另一个特点是请求保护在通信产品上执行的、嵌入计算机可读介质上的计算机应用程序。

What is claimed is:

1. A computer application embedded in a computer readable medium and intended to be executed on a communication device, the application comprising: a receiving module configured to receive voice media created using the communication device, the communication device configured to be connected to a network;

an encode module configured to encode the voice media to generate a first bit rate representation of the media created while using the communication device;

a storage module configured to store the first bit rate representation of the voice media created while using the communication device; and

a transmit module configured to:

(i) ascertain if the usable bit rate on the network falls below a bit rate threshold, the bit rate threshold defining a bit rate throughput sufficient for maintaining real-time communication of the voice media; and

(ii) transmit the voice media from storage when the ascertained usable bit rate is below the bit rate threshold, the voice media being transmitted at a bit rate below the bit rate threshold, thereby effectively extending the usable range and/or capacity of the network for voice communication when the ascertained usable bit rate falls below the bit rate threshold.

图 4-5-3 Voxer 请求保护应用实例

图 4-5-3 显示出了 Voxer 申请的公开号为 US2011/0064027A1 的专利申请。图中可以看出，Voxer 在其申请的权利要求 1 中请求保护一种嵌入到计算机可读介质并在通信产品上执行的计算机应用。此处只是示例性地给出一个权利要求，事实上，Voxer 对其

大部分技术方案都进行了有关应用的保护，这也是 Voxer 专利申请撰写的特点之一。

4.6　发明人分析

下面就 Voxer 的所有专利申请的发明人进行分析。

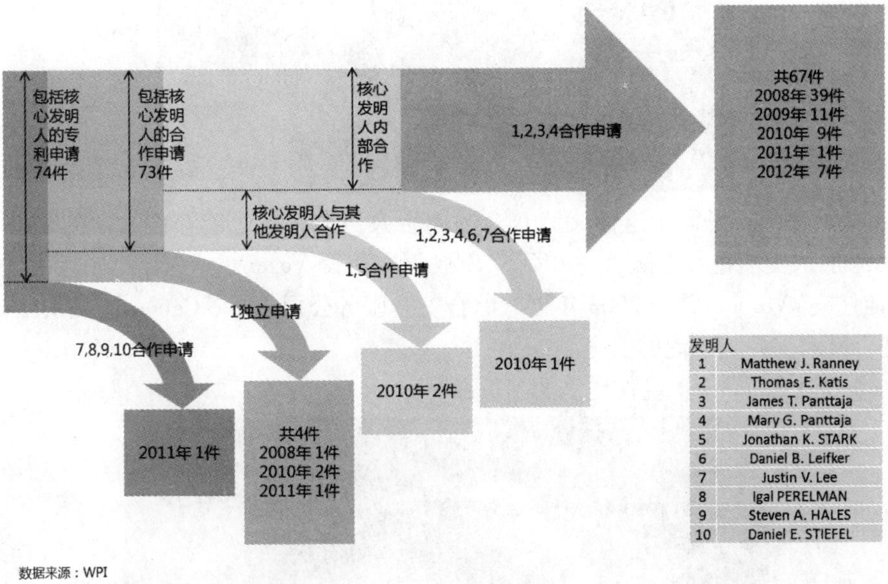

图 4-6-1　Voxer 专利申请发明人分布

图 4-6-1 显示出了 Voxer 所有专利申请的发明人分布情况。由该图可以看出，Matthew J. Ranney、Thomas E. Katis、James T. Panttaja 和 Mary G. Panttaja 在 2008～2012 年间合作申请了 67 篇专利申请，占总共 75 篇的 89%。这 4 位当之无愧的是 Voxer 的核心发明人。事实上，这 4 位也正是 Voxer 的管理层：[1]

Thomas E. Katis：创始人兼 CEO。

---

[1] http：//www. kuailiyu. com/article/38. html，访问时间：2013-06-24。

Voxer 的灵感正是源于这位文武双全的创始人，本科毕业于耶鲁大学的 Thomas E. Katis 后来加入美国特种部队，并在阿富汗战争中获得 Voxer 的灵感，回国后经过多年研发，创造了 Voxer。曾于 2003 年创立综合安全服务公司 Triple Canopy，提供培训、危机管理、技术支持等广泛的安全服务。

Matthew J. Ranney：主管技术的副总裁。

Matthew J. Ranney 曾任 RebelVox 和 Ranney Consulting Service 的创始人，为客户提供网络架构解决方案，曾参与 NEC、HP、NBC 等公司 IT 项目。在网络传输协议和复杂系统设计领域有深厚积累。

James T. Panttaja：主管公司运营的副总裁。

Mary G. Panttaja：主管业务拓展的副总裁，负责产品开发和知识产权。

这二位都毕业于加州大学伯克利分校，都是 RebelVox 的共同创始人，也都曾供职于 Panttaja 咨询公司，James 创办该咨询公司，并在那里担任 CTO 长达 10 年。而 Mary 则是 Panttaja 咨询公司的合伙创始人和 CEO。此外，James 还是 Sapias 执行副总裁和首席技术官、Netcentives 的工程部副总裁，是该公司广受好评的高性能互联网传输架构的主要设计者。在其职业生涯早期，也曾在 IBM 和 Tandem Computers 任职。

由此可见，Voxer 的接近 90% 的专利均是由这 4 位主要管理层作为发明人申请的，也许这 4 位真的参与了这 90% 专利申请涉及的技术研发。

在这 4 位合作申请的 67 件专利申请中，有 40 件是在其创立初期即 2008 年申请的，此后的 2009 年和 2010 年各申请了 11 件和 14 件，2011 年和 2012 年则分别申请了 3 件和 7 件，结合前文对 Voxer 专利申请的统计，可以看出 Voxer 的主要专利布局均是由这 4 位铺垫的。从图中还可以看出，在所有 75 件专利中，只有 2011 年的 1 件专利没有涉及这 4 位发明人。除了上述专利外，这 4 位还与 Daniel B. Leifker 和 Justin V. Lee 合作于 2010 年申请了 1 件专利，Matthew 与 Jonathan K. STARK 合作于 2010 年申请了 2 件，此外，Matthew 还于 2008~2011 年独立申请了 4 件专利。

通过该图，可以推测出 Voxer 的研发团队发展特点：2008~2009 年两年内 Voxer 主要就是 4 人研发团队，即 Matthew、Thomas、James 和 Mary；2010 年，该研发团队加入了 Jonathan、Daniel 和 Justin；2011 年，Lgal、Steven 和 Daniel 加入研发团队。

结合 Voxer 专利申请特点以及从 Voxer 发明人分布情况可以看出，Voxer 的研发团队至今仍以 4 人团队为主，即使随着公司逐步发展不停地加入新人，却仍未实现研发团队更替。但是，Justin、Lgal、Steven 和 Daniel 这 4 人合作在 2011 年申请了 1 件专利，如图 4-6-2 显示出了该件专利。在这个申请的发明人栏没有出现老 4 人团队成员，也许这 4 个人将形成 Voxer 的新 4 人团队。

(19) **United States**
(12) **Patent Application Publication** (10) **Pub. No.: US 2012/0162350 A1**
LEE et al. (43) **Pub. Date: Jun. 28, 2012**

(54) **AUDIOCONS**

(75) Inventors: **Justin V. LEE**, Berkeley, CA (US); **Igal PERELMAN**, Oakland, CA (US); **Steven A. HALES**, Palo Alto, CA (US); **Daniel E. STIEFEL**, San Francisco, CA (US)

(73) Assignee: **VOXER IP LLC**, San Francisco, CA (US)

(21) Appl. No.: **13/329,142**

(22) Filed: **Dec. 16, 2011**

Related U.S. Application Data

(60) Provisional application No. 61/424,556, filed on Dec. 17, 2010.

Publication Classification

(51) **Int. Cl.**
H04N 7/14 (2006.01)

(52) **U.S. Cl.** **348/14.03**; 348/14.01; 348/E07.077

(57) **ABSTRACT**

A messaging application supports a mode of communication in which users can add audio effects to text messages in order to express emotions. These audio effects are described as audiocons. The audiocons may also alternatively include visual effects. In one implementation the message application supports system-defined audiocons, user-defined audiocons, and text-to-speech audiocons. Additionally, the audiocons may be inserted into a communication stream having a mixture of calls, text messaging, and instant messaging including a system having a real-time mode for time-based media and a time-shifted mode.

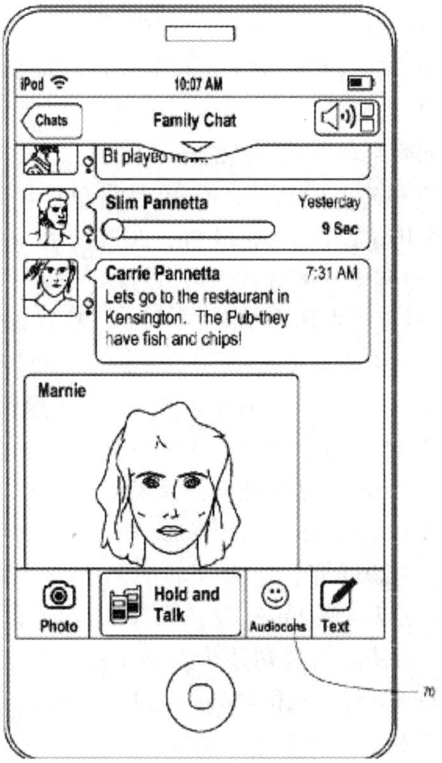

图 4-6-2　Justin、Lgal、Steven 和 Daniel 合作申请专利公开文本首页

有关继续申请的内容具体可参见第 4.5.1.2 节。

4.7　Voxer 在中国

表 4-7-1 显示出了 Voxer 在中国申请的专利情况。从表中可以看出，Voxer 在中国一共申请了 11 项专利，均为发明专利，时间跨度为 2008~2009 年，目前均未授权，仍然处于公开状态。

表 4-7-1　Voxer 在中国专利申请一览表

序号	申请号	发明名称	法律状态	特征分类 1	特征分类 2
1	200880121120	有线和无线网络上的语音通信服务的适度降级	公开	传输特征	
2	200880021723	多媒体通信方法	公开	传输特征	呈现特征
3	200880021553	多媒体通信设备	公开	传输特征	呈现特征
4	200880016045	多媒体通信方法	公开	传输特征	呈现特征
5	200880021725	多媒体通信方法	公开	传输特征	呈现特征
6	200880022140	多媒体通信方法	公开	传输特征	呈现特征
7	200880111598	多媒体通信方法	公开	传输特征	呈现特征
8	200880021664	多媒体通信装置	公开	传输特征	呈现特征
9	200880021907	多媒体通信装置	公开	同步特征	
10	200880112159	通过网络的实时媒体同步的方法和系统	公开	同步特征	
11	200980155405	用于近实时通信的方法和设备	公开	特殊语音会话	

在 11 个申请的案件中，有 8 个申请涉及传输特征，2 个涉及同步特征，1 个涉及特殊语音会话。可见，Voxer 在中国的专利布局以传输相关的技术为主。虽然 Voxer 在中国申请的专利数量不多，然而，在其申请的每项专利中均保护了多个技术方案，例如，申请号为 200880111598 的专利申请，申请时请求保护 6 组共计 84 个权利要求。可见，对于 Voxer 在中国的专利布局不能单纯地以数量衡量，而且对每个申请都应该给予足够的重视，保持对其状态的关注。

4.8　小　结

无论是从技术角度、法律角度，还是从运营角度来看，Voxer 的表现都可圈可点。Voxer 的专利布局策略及其给国内企业的启示如下：

（1）Voxer 从始至终都将专利摆在至关重要的位置，通过合理利用美国专利法中的临时申请和继续申请并始终保持一致的撰写风格，使其技术方案得到了全面高效的保护。

（2）Voxer 在 2011 年才上线，然而其专利却埋伏了长达 3 年之久，这与国内很多移动社交领域的公司进行短线专利布局甚至不布局存在很大的不同，其专利布局意识值得国内公司学习。

（3）Voxer 的设计灵感来源于其创始人的真实作战经历，因此，Voxer 在设计其产品时，充分考虑了用户对于语音对讲应用的多种需求。一方面，Voxer 尤其注重用户使用体验，这一点可以从 Voxer 的研究重点一探究竟。Voxer 几乎 70% 的申请都集中在呈现及会话类别、传输这两个分类。通过传输分类中的技术，Voxer 几乎能够让对方实时收到语音信息，保证了消息传输性能。通过呈现及会话类别，Voxer 为用户提供了强大的会话呈现、管理功能和灵活多样的会话模式；另一方面，Voxer 非常注重其用户群的构建，在推出时就依托于 Facebook 的“查找朋友”功能扩展其用户群；用户还可以将自己的对话分享到 Facebook 和 Twitter，从而通过用户对其社交关系的辐射力和影响力来增加用户数量；此外，Voxer 先后推出 iOS 版本、Andorid 版本和 WINDOWS PHONE 8 版本，逐渐成为跨平台的一款应用。从专利的角度来看，Voxer 还对传统通信设备如固定电话和传统邮件进行改进，以支持更广泛的用户终端，这些技术可能成为未来 Voxer 拓展用户群的强大砝码。国内企业可以借鉴其产品研发方式和思路。

第5章
SNS 其他外国公司

了解社交网络公司的发明专利有助于企业明晰技术发展方向，而不断的突破创新是技术进步、行业发展的必经之路。本章将对除 Facebook 和 Voxer 之外的其他公司进行专利分析，希望能够给企业一定的启示和帮助，找到自己的创新之源。

5.1 分析方法

社交网络时间线上除 Facebook 和 Voxer 之外的外国公司一共有 23 家，这些公司分别为：SIX DEREES INC.、CYWORLD CO. LTD.、XANGA COM INC.、TRIPADVISOR、LINKEDIN CORPORATION、MYSPACE LLC、DIGG INC.、BEBO INC.、TWITTER INC.、FRINGLAND LTD.、BADOO、PINGER INC.、WHATSAPP INC.、FOURSQUARE LABS INC.、QUORA、TANGOME INC.、KAKAO CORP.、KIK INTERACTIVE INC.、PATH、TIKL INC.、TALKBOX LIMITED、BANJO、NESS。本章将对这些公司的 87 件发明专利申请情况进行统计分析。

课题首先对上述公司的发明专利进行快速浏览，分析发明专利涉及的技术主题是否可以使用本课题提出的“用户体验”进行分类。在确定适合于“用户体验”的分类体系后，对每个公司的专利进行了精细阅读，阅读内容包括权利要求书、说明书以及附图，从而可以得到每一篇专利的发明构思，据此撰写技术要点，并将其对应到已建立的分类体系中。其中，在用户体验的分析过程中，针对社交网络多采用交互应用的特殊性，本章也采用了多级分类，即对于每个发明专利申请，按照接近用户体验的程度对其进行多级分类，最接近用户体验的特征作为一级分类，次之的特征作为二级分类，以此类推。最后结合发明专利的特征，对公司进行分析。

本章的数据来源是以申请人为入口检索，使用数据库 DWPI 和 EPODOC，检索的截止时间是 2013 年 4 月 8 日。

5.2 专利分析

5.2.1 统计分析

从图 5-2-1 中可以看到，上述 23 家公司的 87 件发明专利申请中，共涉及 21 个技术分类，其中网络特征 8 件、好友特征 7 件、帮助支持 7 件、移动应用 5 件、运营盈利 4 件、即时通信 4 件、位置特征 4 件、大数据处理 3 件、安全特征 3 件、博客特征 3 件、事件提醒 3 件、图片特征 3 件、用户界面 3 件、多媒体特征 3 件、产品架构 2 件、广告特征 2 件、分类特征 2 件、标识特征 2 件、游戏应用 1 件、广告特征 1 件。垂直社交发明专利 17 件，高居榜首，4 家公司的业务都涉及了该领域。最早拥有专利的社交网络公司成立于 1997 年，且社交网络领域中拥有专利的公司所占比例并不高，由此可见，社交网络公司对专利的重视程度并不像智能手机领域那样火热，而是更加关注用户对新产品的体验（如图 5-2-2、表 5-2-1 所示）。

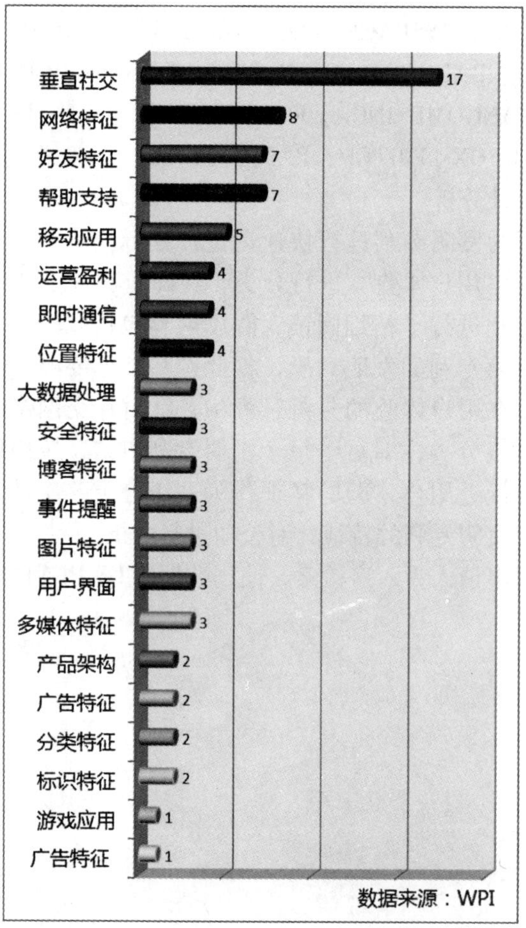

图 5-2-1 其他公司专利领域分布

5.2.2　具体分析

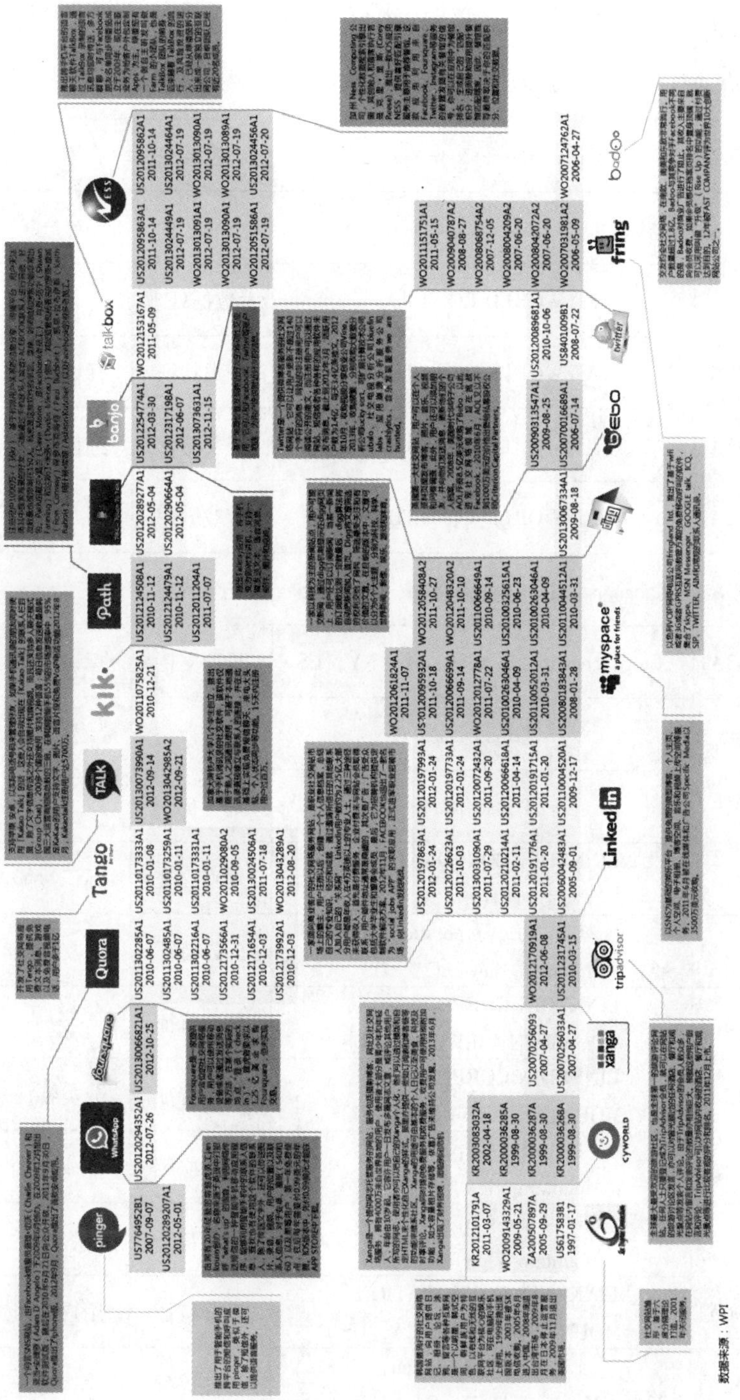

图 5-2-2　其他外国社交网络公司专利申请情况

表 5-2-1 其他外国社交网络公司专利分类

公开号	专利权人/申请人	特征分类 1	特征分类 2	特征分类 3
US6175831B1	six degrees inc., New York, NY	产品架构	搜索特征	好友特征
ZA200507897A	six degrees inc., New York, NY	移动应用		
WO2009143329A1	six degrees inc., New York, NY	广告特征		
KR2012101791A	six degrees inc., New York, NY	产品架构		
KR2000036286A	CYWORLD CO. LTD.	大数据处理		
KR2000036287A	CYWORLD CO. LTD.	分类特征	标识特征	
KR2000036285A	CYWORLD CO. LTD.	好友特征	标识特征	
KR2003083032A	CYWORLD CO. LTD.	游戏应用		
US20070256033A1	Xanga. com Inc., New York, NY, US	安全特征		
US20070256093A1	Xanga. com Inc., New York, NY, US	帮助支持	标识特征	
US2011231745	Tripadvisor	垂直社交		
WO2012170919	Tripadvisor	垂直社交		
US20060042483A1	LINKEDIN CORPORATION, PALO ALTO, CA, US	垂直社交	标识特征	用户简档
US20110004520A1	Linkedin Corporation, Mountain View, CA, US	广告特征	好友特征	
US20120191776A1	LINKEDIN CORPORATION, MOUNTAIN VIEW, CA, US	标识特征		
US20120191715A1	LINKEDIN CORPORATION, MOUNTAIN VIEW, CA, US	博客特征	分类特征	
US20120210214A1	Linkedin Corporation, Mountain View, CA, US	移动应用		
US20120066618A1	Linkedin Corporation, Mountain View, CA, US	分类特征	博客特征	
US20130031090A1	LINKEDIN CORPORATION, MOUNTAIN VIEW, CA, US	好友特征	用户简档	标识特征
US20120072432A1	Linkedin Corporation, Mountain View, CA, US	事件提醒	博客特征	分类特征

续表

公开号	专利权人/申请人	特征分类 1	特征分类 2	特征分类 3
US20120226623A1	Linkedin Corporation, Mountain View, CA, US	垂直社交	用户界面	用户界面
US20120197733A1	Linkedin Corporation, Mountain View, CA, US	垂直社交	标识特征	用户简档
US20120197863A1	Linkedin Corporation, Mountain View, CA, US	垂直社交	分类特征	标识特征
US20120197993A1	Linkedin Corporation, Mountain View, CA, US	垂直社交	分类特征	标识特征
US20080183843A1	MYSPACE INC., Beverly Hills, CA, US	网络特征	视频特征	
US20110044512A1	MYSPACE INC., Beverly Hills, CA, US	图片特征		
US20110052012A1	MYSPACE INC., Beverly Hills, CA, US	运营盈利	广告特征	图片特征
US20100263046A1	MYSPACE INC., Beverly Hills, CA, US	安全特征	网络特征	
US20100325615A1	MYSPACE INC., Beverly Hills, CA, US	广告特征		
WO2012012778A1	MYSPACE INC., Beverly Hills, CA, US	标识特征	第三方特征	
US20110066649A1	MYSPACE INC., Beverly Hills, CA, US	大数据处理		
US20110066894A1	MYSPACE INC., Beverly Hills, CA, US	大数据处理		
US20120066699A1	MYSPACE INC., Beverly Hills, CA, US	移动应用		
WO2012048320A2	MYSPACE INC., Beverly Hills, CA, US	用户界面	博客特征	
US20120095932A1	MYSPACE INC., Beverly Hills, CA, US	运营盈利		
WO2012058408A2	MYSPACE INC., Beverly Hills, CA, US	博客特征	用户界面	
WO2012061824A1	MYSPACE INC., Beverly Hills, CA, US	图片特征		
US20130067334A1	Digg Inc., San Francisco, CA, US	运营盈利	广告特征	
US20070016689A1	BEBO INC., SAN FRANCISCO, CA, US	用户界面	图片特征	
US20090313547A1	Bebo Inc., New York, NY, US	图片特征	用户界面	

续表

公开号	专利权人/申请人	特征分类 1	特征分类 2	特征分类 3
US8401009B1	Twitter Inc.，San Francisco，CA，US	移动应用		
US20120089681A1	TWITTER INC.，San Francisco，CA，US	博客特征		
WO2007031981A2	FRINGLAND LTD.，IL	网络特征	位置特征	移动应用
WO2008004207A2	FRINGLAND LTD.，IL	网络特征		
WO2008004208A2	FRINGLAND LTD.，IL	移动应用		
WO2008068754A2	FRINGLAND LTD.，IL	网络特征	移动应用	
WO2009040787A2	FRINGLAND LTD.，IL	网络特征		
WO2011151751A1	FRINGLAND LTD.，IL	即时通信		
WO2007124762A1	Badoo	好友特征		
US7764952B1	PINGER INC.，San Jose，CA，US	事件提醒	分类特征	多媒体特征
US20120289207A1	PINGER INC.，San Jose，CA，US	运营盈利		
US20120294352A1	WHATSAPP INC.，MOUNTAIN VIEW，CA，US	多媒体特征		
US20130066821A1	FOURSQUARE LABS INC.，New York，NY，US	位置特征	搜索特征	移动应用
US2011302285	QUORA	帮助支持	用户界面	
US2011302485	QUORA	帮助支持	用户界面	
US2011302216	QUORA	帮助支持	分类特征	
US2012173566	QUORA	帮助支持	搜索特征	
US2012171654	QUORA	帮助支持	用户界面	
US2012173992	QUORA	帮助支持	用户界面	
US20110173333A1	TANGOME INC.，US	网络特征		

续表

公开号	专利权人/申请人	特征分类 1	特征分类 2	特征分类 3
US20110173259A1	TANGOME INC.，US	安全特征		
US20110173331A1	TANGOME INC.，US	网络特征	移动应用	
WO2011029080A2	TANGOME INC.，US	网络特征		
US20130024506A1	TANGOME INC.，US	好友特征	标识特征	
WO2013043289A1	TANGOME INC.，US	多媒体特征		
US20130073990A1	KAKAO CORP.	用户界面		
WO2013042985A2	KAKAO CORP.	事件提醒		
WO2011075825A1	KIK INTERACTIVE INC.，CA	多媒体特征		
US2012124508	PATH	好友特征		
US2012124479	PATH	好友特征	图片特征	用户界面
US2012011204	PATH	好友特征		
US20120289277A1	TIKL INC.，Sunnyvale，CA，US	即时通信	隐私设置	事件提醒
US20120290664A1	TIKL INC.，Sunnyvale，CA，US	即时通信		
WO2012153167A1	TALKBOX LIMITED，CN	即时通信	网络特征	多媒体特征
US2012254774	banjo	位置特征	好友特征	
US2012317198	banjo	位置特征	好友特征	
US2013073631	banjo	位置特征	好友特征	
US2012095863	NESS	垂直社交	博客特征	移动应用
US2012095862	NESS	垂直社交	标识特征	移动应用
US2013024449	NESS	垂直社交	位置特征	移动应用

续表

公开号	专利权人/申请人	特征分类 1	特征分类 2	特征分类 3
US2013024465	NESS	垂直社交	帮助支持	移动应用
US2013024464	NESS	垂直社交	搜索特征	移动应用
WO2013013091	NESS	垂直社交	标识特征	移动应用
WO2013013090	NESS	垂直社交	搜索特征	移动应用
WO2013013089	NESS	垂直社交	分类特征	移动应用
WO2012051586	NESS	垂直社交	分类特征	移动应用
US2013024456	NESS	垂直社交	搜索特征	移动应用

SIX DEGREES CO. LTD. 公司于 1997 年在纽约成立，是社交网站雏形，基于六度分隔理论打造，但是由于市场和经济的原因于 2001 年关闭服务。其一共申请了 4 项专利：公开号为 US6175831B1 的发明专利于 1997 年申请，第一技术分类为产品架构，其技术方案主要涉及在社交网站注册后，与其他注册用户建立联系，可以通过用户名或邮件搜索用户；公开号为 ZA200507897A 的发明专利于 2005 年申请，第一技术分类为移动应用，其技术方案主要涉及在飞机、火车、大巴的座位上安装的显示屏，可用于显示广告；公开号为 WO2009143329A1 的发明专利于 2009 年申请，第一技术分类为广告特征，其技术方案主要涉及向产品信息映射一个产品编码，根据用户信息映射一个用户标号，通过通信网络接收用户标号和产品编码，产品编码是通过向用户提供广告获得的，发送产品编码获得产品信息；公开号为 KR2012101791A 的发明专利于 2011 年申请，第一技术分类为产品架构，其技术方案主要涉及统一机器人控制接口。

CYWORLD CO. LTD. 成立于 1999 年，是韩国最流行的社交网络网站，向用户提供日记、相册、论坛、涂鸦、留言等各种互联网功能，是一个以明星、韩式空间、朝鲜族用户为特色，以有线和无线的互联网平台为核心的娱乐社区，可在电脑和手机上使用。1999 年推出美国版本，2003 年被 SK 电信收购，2005 年 6 月进入中国，2008 年年底退出台湾市场，2009 年 8 月在日本停止运营服务，2009 年 11 月退出美国市场。其一共申请了 4 项发明专利：公开号为 KR2000036286A 的发明专利于 1999 年申请，第一技术分类为大数据处理，其技术方案主要涉及用于验证并保存私人数据，通过邮件验证并收集私人数据，私人数据将保存于网络中的数据库；公开号为 KR2000036287A 的发明专利于 1999 年申请，第一技术分类为分类特征，其技术方案主要涉及将兴趣相近的用户进行聚合；公开号为 KR2000036285A 的发明专利于 1999 年申请，第一技术分类为好友特征，其技术方案主要涉及用于推荐好友，从互联网上采集用户的兴趣数据，向其他用户发送好友信息；公开号为 KR2003083032A 的发明专利于 2002 年申请，第一技术分类为游戏应用，其技术方案主要涉及用户在社交网络上注册成会员，社交网络为其生产一个个人 mini 房价，会员根据房间的大小位置可以购买家具，如果会员在社交网络上撰写一个通知，则在该房间内将出现通知内容。

Xanga. com Inc. Xanga 成立于 1999 年，是一个提供网志托管服务的网站，服务包括摄影博客、网址及社交网络服务，拥有 4000 万来自世界各地的用户，使用者大部分是青少年和年轻人，年龄由 10 岁起。它容许用户一日发布多篇网志文章，或评论其他用户所写的网志。使用者亦可以把自己的 Xanga 个人化，他们可以透过模板和自定 HTML 来个性化自己 Xanga 的样式，并且提供一些如订阅表和博客链等的功能来维系社区。Xanga 可用于个人日记以至美食，科技及时事评论。Xanga 同时提供免费服务和收费服务，收费用户可使用特别附加功能，如大容量相片存储等。依靠广告来维持公司发展。2013 年 6 月，Xanga 出现了财务困难，面临倒闭危机。其一共申请了 2 项发明专利：公开号为 US20070256033A1 的发明专利于 2007 年申请，第一技术分类为安全特征，其技术方案主要涉及对于垃圾邮件、恶意攻击等威胁信息进行标引；公开号为 US20070256093A1 的发明专利于 2007 年申请，第一技术分类为帮助支持，其技术方案主要涉及对信息内容进行评价，用户根据评价等级对信息内容进行打分；打分生成模块对用户打分进行加权处理后，计算内容的平均得分。

Tripadvisor 成立于 2000 年，是全球最大最受欢迎的旅游社区，也是全球用户第一的旅游评论网站。任何人士只要登记成为 Tripadvisor 会员，就可以在网站的旅游讨论区发言，亦可以对曾光顾过的任何酒店、餐厅和观光景点等发表个人评论。由于 Tripadvisor 的会员人数众多，在网站内留言和发表评论的数量亦相当巨大。根据这些用户留言和评论，Tripadvisor 可以对网站内收录的酒店、餐厅和观光景点等进行比较客观的评分和排名，2011 年 12 月上市，其一共申请了 2 项发明专利：公开号为 US2011231745 的发明专利于 2010 年申请，第一技术分类为垂直社交，其技术方案主要涉及创建到目的地的路径；公开号为 WO2012170919A1 的发明专利于 2012 年申请，第一技术分类为垂直社交，其技术方案主要涉及根据好友位置或兴趣提供旅游信息，并允许好友检交流信息。

Linkedin Corporation 成立于 2003 年，一家面向商业客户的社交网络服务网站，是职业社交网站市场上的霸主，用户注册以后，创建一个个人信息档案，总结自己的专业知识、经历和成就，通过邀请所信任的其他联系人加入自己的“关系网”。Linkedin 用户数约为 2. 25 亿，大部分用户都是年收入在 4 万英镑以上的专业人士。其通过三种途径来获得收入，首先是付费服务，企业付费来与网站会员取得联系，用户邮件地址通常是隐藏的；其次是广告，广告受众包括大学毕业生和董事会成员；最后，它为招聘机构提供定制软件解决方案。2012 年 11 月，Facebook 也推出了一款名为“social jobs APP”的求职应用，正式进军职业招聘市场，向 Linkedin 发起挑战。

Linkedin Corporation 一共申请了 12 项发明专利，其中大部分发明专利的技术方案与垂直社交相关联：公开号为 US20060042483A1 的发明专利于 2005 年申请，第一技术分类为垂直社交，其技术方案主要涉及用于评估用户的声誉，分析用户的简档，确定需要评估的特性，基于对用户简档的态度进行声誉评级，基于请求展示用户的评级结果；公开号为US20110004520A1的发明专利于2009年申请，第一技术分类为广告特征，其技术方案主要涉及选择要显示给第一个用户的广告，基于用户好友的与该广告有关的上下文信息选择网络通知消息，将广告和网络通知消息一并显示给该用户；公开号为US20120191776A1的发明专利于2011年申请，第一技术分类为标识特征，其技术方案主要涉及根据用户与网页文件的交互确定用户的兴趣，以此推荐用户可能感兴趣的网页文件；公开号为US20120191715A1的发明专利于2011年申请，第一技术分类为博客特征，其技术方案主要涉及分析多个网页文件建立网页文件相关的多个主题，每个主题代表产生的一簇网页文件；根据每个主题分析页面文件进行分簇，通过检查社交网络成员之间互动关系，为成员选择簇中的内容；公开号为US20120210214A1的发明专利于2011年申请，第一技术分类为移动应用，其技术方案主要涉及用于界面的手势操作，显示列表中的第一内容，检测第一手势，在第一内容上显示第二内容的列表视图，检测第二手势，在第二内容上显示第三内容列表；公开号为US20120066618A1的发明专利于2011年申请，第一技术分类为分类特征，其技术方案主要涉及在群组中设置一个管理员，管理员可对推送给群组成员的内容进行过滤或者排序；公开号为US20130031090A1的发明专利于2011年申请，第一技术分类为好友特征，其技术方案主要涉及用于推荐好友，从成员的简档文件中提取特征，形成增强简档文件存储于系统，根据一个成员的子集比较成员之间的相似性，通过增强简档文件中存储的特征，为成员之间的相似性进行打分，呈现分数最高的成员；公开号为US20120072432A1的发明专利于2011年申请，第一技术分类为事件提醒，其技术方案主要涉及集中显示更新，也可以将更新进行分类显示在不同的主题里；公开号为US20120226623A1的发明专利于2011年申请，第一技术分类为垂直社交，其技术方案主要涉及用户通过职业需求页面上传个人资料，系统根据所述资料产生一列适合用户的职业，并通过特殊形式显示在浏览器中；公开号为US20120197733A1的发明专利于2012年申请，第一技术分类为垂直社交，其技术方案主要涉及用于基于用户特定的技能定制信息，每个用户均有用户简档以及特定技能，将用户按照计算出的技能水平划分等级，根据用户简档以及技能水平定制用户信息，将定制的信息呈现给该技能水平的用户；公开号为US20120197863A1的发明专利于2012年申请，第一技术分类为垂直社交，其技术方案主要涉及对多个社交网络用户的某一技能进行打分，并根据分数进行排序，呈现排序结果；公开号为US20120197993A1的发明专利于2012年申请，第一技术分类为垂直社交，其技术方案主要涉及对多个社交网络用户的某一技能进行打分，并根据分数进行排序，呈现排序结果。

MYSPACE INC. 成立于2003年8月，该公司是以社交网络为基础的娱乐平台，提供免费的微型博客、个人主页、个人空间、电子相册、博客空间、音乐和视频上传空间等服务。2011年6月被在线媒体和广告公司Specific Media以3500万美元收购。

MYSPACE INC. 一共申请了13项发明专利，其技术领域非常分散：公开号为US20080183843A1的发明专利于2008年申请，第一技术分类为网络特征，其技术方案主要涉及视频服务器通过网络向第一远端通信设备发送数据，并从第二远端通信设备接收数据，向第一远端通信设备发送一个视频数据初始文件，初始文件包括头和数据两个部分，发送初始文件后，从第二远端通信设备接收一个相关于视频数据部分的时间索引的请求，确定该部分视频数据部分是否已经发送，如果已经发送则继续发送视频数据初始文件，如果不是请求时间索引对应的视频数据，则建立一个处理过的视频数据，处理过的视频数据包括特定时间索引指定的视频数据和丢失数据，并停止发送视频数据的初始文件，并将处理后的文件发送到第一远程通信设备；公开号为US20110044512A1 的发明专利于 2010 年申请，第一技术分类为图片特征，其技术方案主要涉及在上传的照片中确定人脸的位置，识别确定出的人脸的特征，将这些特征与该用户之前上传的图片中的标签对应的特征进行比对，为确定出的人脸自动增加标签；公开号为 US20110052012A1 的发明专利于 2010 年申请，第一技术分类为运营盈利，其技术方案主要涉及用于通过识别图像提供广告或者安全服务，接收图片，识别图片确定图片中的特征或者人物，基于识别结果提供广告或提供安全服务；公开号为US20100263046A1 的发明专利于 2010 年申请，第一技术分类为安全特征，其技术方案主要涉及监控网页与服务器的数据通信，基于数据通信挖掘潜在威胁；公开号为US20100325615A1 的发明专利于 2010 年申请，第一技术分类为广告特征，其技术方案主要涉及接入目标网站时通过网页浏览器插件捕捉 Web 页面信息，页面信息为广告信息，接收目标网站页面数据，将测试代码注入到页面数据对页面数据进行修改，输出修改后的页面。方便用户对页面的修改和设计；公开号为 WO2012012778A1 的发明专利于 2011 年申请，第一技术分类为标识特征，其技术方案主要涉及现有技术中为用户提供个性化服务或呈现如新闻等，需要用户花费大量的时间和操作在社交网络上如完善个人兴趣爱好等，本申请中当用户请求定制服务时，从数据库中搜索该用户在其他网站或者应用的行为如用户音乐库、播放次数最多的音乐等，基于搜索结果为该用户定制个性化的交互体验；公开号为 US20110066649A1 的发明专利于 2010 年申请，第一技术分类为大数据处理，其技术方案主要涉及两台或多台计算机的集群被定义为每台安装 mapreduce 的计算机建立集群通信，使得集群作为一个单元运作；数据被放置到各个分布的集群中，使得每个计算机处理一个部分数据；公开号为 US20110066894A1 的发明专利于 2010 年申请，第一技术分类为大数据处理，其技术方案主要涉及将多个计算机编译成并行分布处理数据，使其看似一个独立的能够解决问题的机器；公开号为US20120066699A1 的发明专利于 2011 年申请，第一技术分类为移动应用，其技术方案主要涉及用于动态地从管理组件中绑定一个本地组件，获得包括动态链接库的管理组件，确定管理组件中本地机应用程序编程接口入点，为每一本地应用程序接口入点指定委托程序集，预定与本机程序集相关的平台，在平台上管理绑定的本地组件；公开号为 WO2012048320A2 的发明专利于 2011 年申请，第一技术分类为用户界面，其技术方案主要涉及以视频为博客页面的背景墙，上面可以覆盖可活动的广告或其他内容信息，广告或其他内容信息可设置位置及大小还有布局等；公开号为 US20120095932A1 的发明专利于 2011 年申请，第一技术分类为运营盈利，其技术方案主要涉及用于评估用户 CASE，跟踪用户在网站上的活动，如果基于跟踪用户活动的权值发生了标化，计算用户活动的市场价值，计算新 CASE 索引的权值，基于市场价值与权值计算新 CASE 索引；公开号为 WO2012058408A2 的发明专利于 2011 年申请，第一技术分类为博客特征，其技术方案主要涉及取回活动列表，计算相关度，并据此排序显示活动列表给用户；公开号为 WO2012061824A1 的发明专利于 2011 年申请，第一技术分类为图片特征，其技术方案主要涉及对用户的一张或多张照片进行标示，在用户惟一的标示基础上产生用户脸部识别记录；用户上传第二张照片时，从中提取用户的脸部识别配置文件，将该识别配置文件与用户脸部识别记录进行匹配。达到了自动使用用户照片的功能。

Digg Inc. 公司成立于 2004 年 10 月，是一家以科技为主的新闻站点。用户可提交新闻，通过 Digg 机制显示在 Digg 网页上，用户还可以订阅新闻，当某一新闻的订阅数达到一定数量后，Digg 算法将自动把新闻加入首页。Digg 将文章筛选的权利交给了网民，筛选最受关注和有价值的文章。在目前的版本中，文章可以分为 6 大主题，分别为科技、科学、世界新闻、影像、娱乐、游戏和体育。其仅仅具有一项发明专利：公开号为 US20130067334A1 的发明专利于 2009 年申请，第一技术分类为运营盈利，其技术方案主要涉及用于向用户推送消息，用于向其他用户展示某个用户的网页，在该网页上展示与该用户相关的一个问题，从其他用户接收对该问题的反应，基于其他用户的反应计算该问题的成绩，基于成绩确定是否将该问题加入到推送给某个用户的消息集合中。

BEBO INC. 成立于 2005 年 7 月，是英国第一大社交网站，用户可以在个人资料页面发布博客、照片、音乐、视频和问卷调查。此外，用户还可以添加朋友，并向他们发送消息，更新他们的个人档案。2008 年，美国时代华纳子公司 AOL 斥资 8.5 亿美元收购了 Bebo，以此进军社交网络领域，旨在挑战 Facebook.；2010 年 6 月，AOL 又以不到 1000 万美元的价格出售给私募股权公司 Criterion Capital Partners。其具体两项发明专利：公开号为 US20070016689A1 的发明专利于 2006 年申请，第一技术分类为用户界面，其技术方案主要涉及使得社交网络的用户可以通过 Web 页面交流的应用程序产品，该产品提供图像用户接口以供多个用户同时使用，并可将用户的绘图张贴在网页的用户 ID 附近；公开号为 US20090313547A1 的发明专利于 2009 年申请，第一技术分类为图片特征，其技术方案主要涉及用户通过服务器提供的绘图工具进行技术创作，并可将作品上传到服务器制作成九宫图。

TWITTER INC. 成立于 2006 年 3 月，是一家提供微博客服务的社交网络网站，它可以让用户更新不超过 140 个字符的消息，网站的非注册用户可以阅读公开的推文，而注册用户可以通过网站、短信或者各种各样的应用软件来发布消息。截至 2012 年 3 月，活跃用户数为 1.4 亿，每天 3.4 亿条推文。2012 年 10 月，收购视频分享创业公司 Vine。2013 年，分别收购大数据分析公司 lucky sort、可扩展计算技术公司 ubalo、社交电视分析公司 bluefin labs、应用崩溃分析服务公司 crashlytics、音乐发现服务 we are hunted。其具体两项发明专利：公开号为 US8401009B1 的发明专利于 2008 年申请，第一技术分类为移动应用，其技术方案主要涉及用于独立于联系人设备的通信，用户可通过一个发送消息接口将发送信息推送至群组扩展模块，群组扩展模块将添加具体的接收人，然后推送至用户查找模块，用户查找模块将根据收件人的偏好设定查找收件人具体的联系方式，然后推送至规则模块，收件人可在规则模块设定一定的规则，根据规则调整联系人的联系方式，最后发送至转码模块，将需要发送的消息转码为适合联系人设备接收的格式；公开号为 US20120089681A1 的发明专利于 2010 年申请，第一技术分类为博客特征，其技术方案主要涉及用户可以将电子信息发送到一个消息共享系统中，系统将该电子信息发送到订阅该发送电子信息用户的用户，接收用户可以将该电子信息进行分享等各种互动操作，电子信息的互动操作信息将记录对其操作的用户数量，并基于该互动操作信息对电子消息进行打分，基于该分数将电子信息发送到其他用户组。

FRINGLAND LTD. 成立于 2006 年 5 月，是一家以色列 VOIP 网络电话公司，推出了基于 WiFi、3G 或者 GPRS 互联网数据方案的免费移动呼叫的软件，集合了 SKYPE、MSN Messenger、GOOGLE talk、ICQ、SIP、TWITTER、AIM 和常规的联系人通讯录。其具体有 6 项发明专利：公开号为 WO2007031981A2 的发明专利于 2006 年申请，第一技术分类为网络特征，其技术方案主要涉及将移动用户终端连接到点对点网络中，利用基于位置的信息对用户的通信过程进行路由，增加路由的灵活性；公开号为 WO2008004207A2 的发明专利于 2007 年申请，第一技术分类为网络特征，其技术方案主要涉及在点对点的第二网络中接收实体标示数据，通过该标示数据对该实体进行识别，使得实体在第二网络中进行通信；公开号为 WO2008004208A2 的发明专利于 2007 年申请，第一技术分类为移动应用，其技术方案主要涉及指示打电话过程中的等待时间；公开号为 WO2008068754A2 的发明专利于 2007 年申请，第一技术分类为网络特征，其技术方案主要涉及将移动终端连接到通信网络中，将移动终端连接到点对点网络，选择一个产品服务实体，该实体在点对点网络中将第一方和第二方进行连接通信并购物；公开号为 WO2009040787A2 的发明专利于 2008 年申请，第一技术分类为网络特征，其技术方案主要涉及根据多模移动终端的应用（如语音、音乐、流视频、聊天、下载、网页浏览等）的状态确定接入合适的通信网络；公开号为 WO2011151751A1 的发明专利于 2011 年申请，第一技术分类为即时通信，其技术方案主要涉及会话双方进行文字聊天时，双方达成同意进行视频会话，标示用户活动相关联的文字聊天会话，当用户积极继续通过文字聊天会话时，自动激活视频通话会话，使得多种通信自动转换。

Badoo 成立于 2006 年 11 月，是一家交友约会社交网络，在南欧、南美和东欧非常流行。用户数量超过 1.8 亿。Badoo 与其竞争对手 Facebook 不同的是，Badoo 对商业广告进行了阻止。其收入主要来自向会员收费。如果会员想在档案页排名中置身顶端，就可以采用叫作“升级”（Rise Up）的功能，通过付费达到目的。Badoo 在 12 年被 FAST COMPANY 评为世界 10 大创新网站公司之一。其公司仅具有一项发明专利：公开号为 WO2007124762A1 的发明专利于 2006 年申请，第一技术分类为好友特征，其技术方案主要涉及邀请好友加入某一活动。

PINGER INC. 成立于 2007 年，其推出了用于智能手机的跨平台的短信和呼叫应用 pinger，类似于微信，除了短信外，还可以提供语音服务。该公司具有两项发明专利：公开号为 US7764952B1 的发明专利于 2007 年申请，第一技术分类为事件提醒，其技术方案主要涉及多个用户共同关注同一个话题，其中一个用户针对该话题发布新的数字媒体文件（如语音文件）后，系统将该文件与该话题关联存储，并将该文件发送给关注该话题的其他用户；公开号为 US20120289207A1 的发明专利于 2012 年申请，第一技术分类为运营盈利，其技术方案主要涉及建立信用度值，用户接收到信息时增加其信用度值，发送信息时减少其信用度值，当信用度值不够时，禁止用户发送信息。

WHATSAPP INC. 成立于 2009 年，由拥有 20 年经验的前雅虎公司员工创办，名称来源于英语中打招呼“what’ s up”的谐音。其开发了利用网络传送短信的一种智能手机移动应用程序，该程序能够利用智能手机中的联系人信息，查找也有使用这个软件的联系人。除了传送文字外，还可以传送图片、录音、视频、用户的位置以及联系人信息。对于安卓、塞班（S40 和 60）以及黑莓用户，第一年免费使用，往后每年需要付 0.99 美元的年费。IOS 版本中，先付 0.99 美元才能在 APP STORE 中下载。其具有一项发明专利：公开号为 US20120294352A1 的发明专利于 2012 年申请，第一技术分类为多媒体特征，其技术方案主要涉及根据第一格式标示多媒体数据格式，被标示的多媒体数据发送到接收端，接收端不能处理第一格式的多媒体数据，多媒体服务器根据第一格式更新多媒体格式，多媒体服务器接收标示的多媒体数据并进行给予多媒体标示符，多媒体服务器将第一格式的多媒体数据和多媒体标示符发送到接收端，接收端根据标示符对第一格式的多媒体数据进行格式转换变成第二格式进行处理，提高了终端的处理器能力和兼容性。

FOURSQUARE LABS INC. 成立于 2009 年 3 月，是一家提供用户定位的社交网络服务。用户可以使用移动设备或者通过发送消息等方法，在某个实际的地点“登录”(check in)。雅虎公司曾要求以 1.25 亿美元求购 FOURSQUARE，但未实现交易。其具有一项发明专利：公开号为 US20130066821A1 的发明专利于 2012 年申请，第一技术分类为位置特征，其技术方案主要涉及基于用户位置以及用户搜索推荐用户好友去过的附近的位置。

QUORA 公司成立于 2009 年 6 月，是一个问答社交网络网站，由 Facebook 前雇员 Charlie Cheever 和 Adam D’ Angelo 于 2009 年 6 月创办。在 2009 年 12 月推出软件测试版，随后在 2010 年 6 月 21 日向公众开放。2011 年 9 月，Quora 推出了 iPhone 版，并在 2012 年 9 月推出了首款安卓应用。具有 6 项发明专利：公开号为 US2011302285 的发明专利于 2010 年申请，第一技术分类为帮助支持，其技术方案主要涉及在问答应用中在问题下面显示答案和投票数，并且可设置是否允许添加评论；公开号为 US2011302485 的发明专利于 2010 年申请，第一技术分类为帮助支持，其技术方案主要涉及在问答应用中在问题下面显示答案和投票数，并且可设置是否允许添加评论，还回答问题用户头像；公开号为 US2011302216 的发明专利于 2010 年申请，第一技术分类为帮助支持，其技术方案主要涉及在问答应用中提供一种话题合并逻辑以快速高效的合并话题；公开号为 US2012173566 的发明专利于 2010 年申请，第一技术分类为帮助支持，其技术方案主要涉及用户在搜索框输入问题时，在下拉菜单中按顺序显示搜索结果供用户选择；公开号为 US2012171654 的发明专利于 2010 年申请，第一技术分类为帮助支持，其技术方案主要涉及一种问答应用，在界面显示用户问题和其他用户给予的答案；公开号为 US2012173992 的发明专利于 2010 年申请，第一技术分类为帮助支持，其技术方案主要涉及一种页面问答模式。

TANGOME INC. 成立于 2009 年 9 月，其开发了社交网络应用 Tango，提供免费文本消息、游戏以及免费音视频电话，用户多于 1 亿。其申请了 6 项发明专利：公开号为 US20110173333A1 的发明专利于 2010 年申请，第一技术分类为网络特征，其技术方案主要涉及在开放节点计算机系统处利用第一协议建立与一个对等计算机环境的连接；在所述开放节点计算机系统接收来自当前并未与所述对等计算机环境连接的用户计算机系统的服务请求，其中所述请求是利用第二协议接收的，利用所述对等计算机环境的资源满足对服务的请求；公开号为 US20110173259A1 的发明专利于 2010 年申请，第一技术分类为安全特征，其技术方案主要涉及在对等点提供者节点计算机系统接收来自用户的请求，其中所述请求被以私钥进行了签名，以及只要公钥验证了所述私钥，就从所述对等点提供者节点计算机系统为所述用户提供潜在对等点，从而所述用户能够根据用户要求使用所述对等计算机环境进行通信，在对等点提供者节点计算机系统接收来自用户的请求，其中该请求被以私钥进行了签名，只要公钥验证了私钥，就从对等点提供者节点计算机系统为用户提供潜在对等点，从而用户能够根据用户要求使用对等计算机环境进行通信；公开号为 US20110173331A1 的发明专利于 2010 年申请，第一技术分类为网络特征，其技术方案主要涉及用于在不同的通信信道或者通信设备之间进行无缝切换；公开号为 WO2011029080A2 的发明专利于 2010 年申请，第一技术分类为网络特征，其技术方案主要涉及连接对等实体跟踪器获得用户设备的对等通信节点，从对等通信节点中选择部分节点子集作为中继节点，在用户设备处选择适当的压缩方案进行通信，通过选择的中继节点和其他用户设备进行通信；公开号为 US20130024506A1 的发明专利于 2011 年申请，第一技术分类为好友特征，其技术方案主要涉及获取与用户有关联的多个个体的信息，基于这些信息确定这些个体是否值得发送加入某个网络或者服务的邀请，根据确定结果发送邀请；公开号为 WO2013043289A1 的发明专利于 2012 年申请，第一技术分类为多媒体特征，其技术方案主要涉及在视频会议中使用虚拟的图像或声音。

KAKAO CORP. 成立于 2010 年 3 月，是一家支持苹果、安卓等操作系统的软件开发商。其产品支持文字、图片、语音片段和免费 VoIP 电话功能，以实际电话号码来管理好友，如果手机通讯录的朋友同时使用 Kakao Talk 的话，这些人会自动出现在 Kakao Talk 的联系人栏目里，除了文字信息传送之外还支持图片和音视频，同时还支持多人聊天模式，可以在 200 多个国家使用支持 12 种语言，每日信息发送数量是韩国三大运营商短信总数的 3 倍。在韩国智能手机 55% 的市场渗透率中 95% 是 Kakao 的用户，并于 2012 年 8 月，Kakao Talk 注册用户达 5700 万。其申请了 2 项发明专利：公开号为 US20130073990A1 的发明专利于 2012 年申请，第一技术分类为用户界面，其技术方案主要涉及在屏幕第一区域显示部分聊天记录，第二区域显示滚动条，用户触摸屏幕时触发将新聊天消息加入聊天记录的操作，响应于该操作调整滚动条的长度；公开号为 WO2013042985A2 的发明专利于 2012 年申请，第一技术分类为事件提醒，其技术方案主要涉及用于快速反馈群发消息谁没有阅读的方法，通过为群组用户分配一个水印标记，通过水印标记确定该用户有没有阅读消息。

KIK INTERACTIVE INC. 成立于 2010 年 10 月，由加拿大滑铁卢大学几个学生创立，推出基于手机通讯录的社交软件，该软件仅限于熟人之间通信使用，可基于本地通讯录直接建立与联系人的连接，并在此基础上实现免费短信聊天、来电大头贴、个人状态同步等功能，15 天内注册用户过百万。其仅具有一项发明专利：公开号为 WO2011075825A1 的发明专利于 2010 年申请，第一技术分类为多媒体特征，其技术方案主要涉及用户在智能终端上安装视频应用软件，当用户通过其他装置的浏览器获取视频时，浏览器提示验证码，用户通过智能终端的应用或浏览器输入验证码到服务器进行验证后，其他装置上可以获取该视频。

PATH 公司成立于 2010 年 11 月，由 Facebook 老员工 Dave Morin 与 Shawn Fanning、Dustin Mierau 创办，其投资者包括著名的 Ron Conway、Paul Buchheit、Keith Rabois、Ashton Kutcher，并购该公司雇用了 Facebook 很多员工。其注册用户达到 1000 万，基于有限用户关系的信息分享、传播平台，用户无法海量搜索好友，只能通过手机联系人或者 Facebook 联系人进行筛选，好友数量也被限制在 150 人。私密性是这款软件的宗旨，其菜单、时间轴和搜索功能非常出色。其具有 3 项发明专利：公开号为 US2012124508 的发明专利于 2010 年申请，第一技术分类为好友特征，其技术方案主要涉及提供单向共享好友模型；公开号为 US2012124479 的发明专利于 2010 年申请，第一技术分类为好友特征，其技术方案主要涉及社交网络用户上传并共享图片，其他用户请求查看图片，并在页面上显示查看所述图片的用户图标；公开号为 US2012011204 的发明专利于 2011 年申请，第一技术分类为好友特征，其技术方案主要涉及根据用户交互提供排序，提供了具体的排序算法。

TIKL INC. 成立于 2010 年，其推出了 Talkray 应用，将手机变为即时对讲机，支持一键发送文本、语音消息、邮件、图片和视频。其具有两项发明专利申请：公开号为 US20120289277A1 的发明专利于 2012 年申请，第一技术分类为即时通信，其技术方案主要涉及当建立 PTT 会话且接收到消息后，根据用户的隐私设置或者根据特定的条件确定是否播放该消息，如果否，则存储该消息，直到隐私设置或者条件改变；公开号为 US20120290664A1 的发明专利于 2012 年申请，第一技术分类为即时通信，其技术方案主要涉及接收信息后，根据用户状态自动回复。

TALKBOX LIMITED 成立于 2011 年 1 月，其推出跨手机平台的语音聊天软件 TalkBox，通过 TalkBox 录制的语音信息可以被即时传送，实现多方群聊，用户名单可以与 Facebook 朋友名单同步。TalkBox 团队的前身是 Farm 的小团队，该团队最早属于 2003 年成立的绿番茄，现在主要业务为给客户外包定制 Apps 为主。后来随着 TalkBox 的流行及风险投资的进入，已经从绿番茄拆分出来成一家独立的互联网公司，目前团队已经有近 20 名成员。其具有一项发明专利申请：公开号为 WO2012153167A1 的发明专利于 2011 年申请，第一技术分类为即时通信，其技术方案主要涉及一个多媒体信息的实时传输的系统及方法，当接收到一个来自发件人的发件人设备的开始指标时，这个方法会记录多媒体信息，这个方法会将多媒体信息分割成多个数据包，并会在记录多媒体信息时，将这多个数据包会从发件人设备串流至服务器，这个方法还会判断是否有至少一个多媒体信息的收件人已连接上服务器，如果收件人已连接上服务器，这个方法便会在记录多媒体信息时，将多个数据包从服务器串流至收件人设备。

BANJO 成立于 2011 年 6 月，其提供基于地理位置发现附近好友的移动社交应用，可以和 Facebook、Twitter 等账户关联，为用户提供附近好友的信息。其具有 3 项发明专利申请：公开号为 US2012254774 的发明专利于 2012 年申请；公开号为 US2012317198 的发明专利于 2012 年申请；公开号为 US2013073631 的发明专利于 2012 年申请。上述 3 项发明专利其第一技术分类全为位置特征，其技术方案全部主要涉及提供基于位置寻找好友的方案。

NESS 成立于 2011 年 8 月，是加州 Ness Computing 公司，个性化数据搜索引擎出窗，其创始人和首席执行官是 Corey Reese。该公司推出一款 iOS 应用 NESS，提供喜好匹配引擎服务主要用于推荐餐馆。这款应用利用来自 Facebook、Foursquare、Twitter、Instagram 等服务的数据发掘有关餐馆的信号，你可以在应用中为餐馆排名，生成自己的“匹配”积分，进而帮助应用提升餐馆匹配精度。因此，餐馆推荐最终取决于你的匹配积分、位置和社交数据。其发明专利一共具有 10 项，其第一技术分类全部涉及垂直社交：公开号为 US2012095863 的发明专利于 2011 年申请，其技术方案主要涉及将有关目标用户的个性化评论展示给用户；公开号为 US2012095862 的发明专利于 2011 年申请，其技术方案主要涉及根据算法计算实体数据相关性，更新实体数据数据库，并且更新关于用户的个性化评论；公开号为 US2013024449 的发明专利于 2012 年申请，其技术方案主要涉及根据用户的位置或兴趣点提供推荐；公开号为 US2013024465 的发明专利于 2012 年申请，其技术方案主要涉及提供对目标的评价体系；公开号为 US2013024464 的发明专利于 2012 年申请，其技术方案主要涉及根据用户的位置或兴趣点提供推荐；公开号为 WO2013013091 的发明专利于 2012 年申请，其技术方案主要涉及获取一组与目标用户相关的用户，获取与目标用户相关的数据，将相关用户与相关数据提供给目标用户；公开号为 WO2013013090 的发明专利于 2012 年申请，其技术方案主要涉及建立实体数据库，基于用户搜索，显示相关数据给用户；公开号为 WO2013013089 的发明专利于 2012 年申请，第一技术分类为垂直社交，其技术方案主要涉及归类显示相关内容给用户，并根据用户反馈调整归类内容；公开号为 WO2012051586 的发明专利于 2012 年申请，其技术方案主要涉及根据算法计算实体数据相关性，更新实体数据数据库，并且更新关于用户的个性化评论；公开号为 US2013024456 的发明专利于 2012 年申请，其技术方案主要涉及根据相关度，为用户按顺序显示实体搜索结果。

5.3　小　结

通过对上述公司的发展过程和发明专利的分析还可以看出：①开放平台是社交网络发展的重要趋势，开放的平台是创新的源泉，无论多么优秀的团队，其创造力和想象力也是有限的。而开放的平台带来的是全民的创造力和想象力。在无穷无尽的群众的力量支持下，新应用才能层出不穷，这也带来了更高的用户黏度。②社交网络是移动互联网上最重要的应用之一。智能手机出现后，其已经不仅仅是一部通讯工具，而是一个集沟通、资讯、娱乐于一身的终端设备，移动互联网的发展趋势不可阻挡，社交网络的发展趋势也被看好。③社交网络的电子商务化、位置服务将成为移动互联网与电子商务结合的最好方式，也会是移动互联网盈利的突破点。总体来看，社交网络的发展规律可以用一句话来概括——让用户用最少的时间、最便捷的方法来达到自己想做的事。

第6章 结论与启示

6.1 Facebook的结论与启示

在这个专利预警项目开始之初，关于Facebook最令人瞩目的消息是其推出了Facebook Home，一款深度定制的安卓手机系统，由此带来了一些新奇的概念，比如Home将以人为中心，而不再是App，正当业界还在是否需要跟风而犹豫不决的时候，用户已经向下竖起了拇指，短时间内Home就积累了千万级的一星评价，Facebook也不得不取消了欧洲的销售计划，这距离其推出仅仅过了不到3个月的时间，Facebook这次在移动端的尝试以失败告终，在这个项目结束的时候，Facebook最令人震惊的新闻是其营收数据显示今年第二季度移动广告收入在其总广告营收中占比飙升至41%，而去年同期这一数字几乎为零，在同行的惊呼声中，Facebook一个多月之前的失败早已被遗忘，这两则消息本身并无因果关系，但正是这种似乎还有些矛盾的关系告诉我们，我们面对的将是一个崭新的行业，一种崭新的生存方式，在这种方式中，产品将会快速迭代，这将以月甚至以周来更新发布计划，更快的迭代意味着厂商需要以更快的速度去追赶市场的潮流。在这种方式中，不再是厂商提供什么用户就使用什么，用户将拥有绝对的选择权，厂商不得不进行更多的尝试，为迎合用户不可捉摸的兴趣而绞尽脑汁，任何一个小点的改动都可能是重要的，都可能会成为吸引用户的亮点，那么我们将如何迎合这种变化？

根据项目组前期的企业调研与后期的检索发现，在社交网络这个行业中，企业无论大小知名与否，申请专利的积极性并不算高，Twitter、Whatsapp这些耳熟能详的企业专利申请数量均止步于个位数，这可能与本领域极快的迭代速度有关，可能专利还未授权，应用却已经过时，也许专利不是百试百灵的万能钥匙，也许它不能像传统IT和移动产业那样给社交网络企业带来巨大的收益，但我们更希望通过对社交网络领头羊Facebook的专利分析发现一些专利在这个行业中存在的价值，帮助我国的互联网企业透过专利发现一片产业的蓝海。

Facebook申请量最多的专利分类就是运营盈利，对于涉及运营盈利的专利在国外尤其是美国有着成熟的运作方式，但在国内这还是一片专利盲区，为什么Facebook如此热衷于申请涉及运营盈利的专利？因为Facebook乃至整个社交网络产业最大的金主就是广告商，如何使广告效果更好，如何做广告而不会打扰到用户，如何计算广告价格等这些都是Facebook所关心的，这些问题很难与技术问题联系起来，但它们确实是社交网络产业的核心竞争力之一，核心竞争力不仅意味着提供好的产品，也意味着提供好的服务，尽管这种服务的对象是广告，从另一个方面来讲，虽说Facebook考虑的是运营盈利问题，可它仍然是通过具体的手段来解决运营盈利问题，例如，在广告相关的专利中 Facebook 采用了大量数据挖掘方法来确定用户的兴趣点在哪里，采用监控手段来监视用户传送与接收的信息流，采用应用接口来从或向第三方导入或导出用户数据等，Facebook 通过恰当的方式使得自己核心竞争力得到保护。另外，博客特征这个申请量排在第二的分类也说明了相似的问题，用户在社交网站上所进行的最多的活动就是信息分享，采用不同的方式能够带给用户不同的体验，有时很小的一点改变也会在用户体验上产生显著不同的效果，例如，Facebook 的 News Feed，本身在技术上并无什么重大改进，只是在推送消息时，先推送消息的一部分，当用户点击时，再展示完整的消息，这个技术极大地提高了消息的浏览效率，使得用户可以快速地过滤掉不感兴趣的信息，同时也降低了系统的负荷。

Facebook 在专利并购上的表现也不同于传统的 IT 企业，与硝烟弥漫的通信行业巨头们相比，同属于高新技术企业巨头的 Facebook 所吸引的火力要小很多，Facebook 所采用的策略也是防守性的，如果发生不利于自己的小公司专利诉讼，Facebook 更愿意采用购买的方式来解决问题，而面对咄咄逼人的大公司，Facebook 则更愿意采用对抗的方式，并且 Facebook 也不排斥与高智公司的合作，实际上 Facebook 在与 Yahoo 的官司中，就多次从高智公司购买专利用以起诉 Yahoo。除此之外，Facebook 在企业并购时优先考虑的可能还是产品与团队，专利只是其考虑的一个方面，因为被收购公司本身专利申请的意愿就不是很强，例如对于 Instagram 的收购，由于有着数量庞大的用户群与优秀的开发团队，因而即使其本身专利数量为零也并不妨碍其卖出 7.15 亿美元的高价。

6.2 Voxer 的结论与启示

通过对 Voxer 的分析，我们可以得出以下结论与启示。

1. 专利申请和布局策略值得学习

Voxer 从始至终都将专利摆在至关重要的位置，从其公司员工仅有几十人却有一名副总裁专门负责知识产权就可以看出其对专利的重视程度。此外，负责知识产权的副总裁同时也负责产品开发，使得产品开发与专利挖掘得以同时进行，显然，通过这样的职能分配，可以更加准确、全面的确定产品中需要进行专利保护的点，从而使其产品得到最佳的保护。

Voxer 在 2011 年才上线，然而其专利却埋伏了长达 3 年之久，这与国内很多移动社交领域的公司进行短线专利布局甚至不布局存在很大的不同，其专利布局意识值得国内公司学习。

Voxer 在申请专利时均采用先提出临时申请，再以此为优先权提出正式申请的申请策略。这个策略不但使 Voxer 获得附加的最多 12 个月保护期限，还能使后续申请获得该临时申请的申请日。此外，还可以在这期间继续考察市场，思考公司发展策略以及专利申请策略等。另外，通过继续申请制度，更好地保持了技术延续性并实现了方案的交互保护。国内的企业在走出国门向外国尤其是美国申请专利时，也可以借鉴这样的专利申请策略，使自身利益最大化。

2. 专利撰写风格对国内企业具有借鉴意义

Voxer 的专利申请中，权利要求书和说明书始终保持一致的撰写风格，这也从侧面折射出该公司在专利申请思路上更具系统性，从而形成了对产品强有力的保护力度。相较之下，国内企业在申请专利时，往往比较零散，专利申请文件撰写缺乏继承性和一致性，这也为日后的维权带来了一定的困难。这应当引起国内企业的重视和深思。

3. 产品推广及运营方式独特新颖

Voxer 非常注重其产品的推广和用户群的构建，在推出时就依托于 Facebook 的“查找朋友”功能扩展其用户群；用户还可以将自己的对话分享到 Facebook 和 Twitter，从而通过用户对其社交关系的辐射力和影响力来增加用户数量；此外，Voxer 先后推出 iOS 版本、Andorid 版本和 WINDOWS PHONE 8 版本，逐渐成为跨平台的一款应用，以此来吸引不同的客户群。为了保证用户体验，Voxer 的产品中没有强制推送广告，其通过提供收费版来实现公司盈利，在收费版中为用户提供了更加新颖、方便的功能。国内企业应当借鉴 Voxer 的产品推广和运营的思路，并结合企业和产品特点，选择适合自己的推广运营方式。

4. 及时寻找新的市场突破点

在移动终端领域获得成功后，Voxer 并未止步，从专利技术信息来看，Voxer 还对传统通信设备如固定电话和传统邮件进行改进，以支持更广泛的用户终端；2013 年 8 月，Voxer 还将业务扩展到了企业级客户，推出了 Voxer Pro For Business。这些举措，都进一步稳固了公司的快速发展。这也提示国内企业，在稳固既有优势的同时，应当积极开拓新的发展思路，紧跟市场变化和用户需求。

6.3 SNS 其他外国公司的结论与启示

社交网络不仅仅是一种商业模式，它更是一个推动互联网向现实世界无限靠近的关键力量。目前，社交网络涵盖以人类社交为核心的所有网络服务形式，互联网是一个能够相互交流，相互沟通，相互参与的互动平台，社交网络使得互联网从研究部门、学校、政府、商业的应用平台扩展成一个人类社会交流的工具。

通过对 SNS 其他外国公司的发展过程和发明专利的分析可以看出，满足用户体验的创新对社交网络的发展非常重要。纵观社交网络企业，惟有不断满足用户体验的创新，才能在竞争中处于主动，立于不败之地。很多失败企业在很大程度上在于它们未能真正做到这一点，而仅仅满足于现状。Sixdegrees. com 开创了实名社交网络的先河，其开发的与我连通（connect me）和将我加入（network me）是其两大关键功能，前者用来通过已知建立联系，后者根据用户性格要求提供交友范围，但这一网站随着互联网泡沫一起湮灭了。接着是 Friendster 喧嚣一时，却因为服务器的功能跟不上以及关于实名的问题而终于走向破败。其后的 Myspace 的联合创始人汤姆·安德森本来也是 Friendster 的忠实用户，自然了解其用户的需求，可以用假名是 Myspace 的显著特色之一，同时能够自主定义页面也使其非常具有吸引力。可是在凭借大学地址邮箱注册的实名社交网络 Facebook 崛起之后，Myspace 的假名注册却又成了掣肘其发展的关键原因之一，关于实名假名之争，目前尚难区分孰优孰劣。但 Myspace 的最终衰落与 Facebook 的终于崛起，其根本原因还是在于谁更能符合用户的需求，谁能创新出符合用户需求的服务。Facebook 正满足了人们需要的是真实的朋友关系这一需求，真实身份的交友关系让人获得一种安全感和压力的释放，但是也要注意到由于个人隐私不能很好的保护，Facebook 的用户也将面临流失。

通过对 SNS 其他外国公司的发展过程和发明专利的分析还可以看出：①开放平台是社交网络发展的重要趋势，开放的平台是创新的源泉，无论多么优秀的团队，其创造力和想象力也是有限的。而开放的平台带来的是全民的创造力和想象力。在无穷无尽的群众的力量支持下，新应用才能层出不穷，这也带来了更高的用户黏度。②社交网络是移动互联网上最重要的应用之一。智能手机出现后，其已经不仅仅是一部通讯工具，而是一个集沟通、资讯、娱乐于一身的终端设备，移动互联网的发展趋势不可阻挡，社交网络的发展趋势也被看好。③社交网络的电子商务化、位置服务将成为移动互联网与电子商务结合的最好方式，也会是移动互联网盈利的突破点。总体来看，社交网络的发展规律可以用一句话来概括——让用户用最少的时间、最便捷的方法来达到自己想做的事。

社交网络中多数公司是由美国制造，半个多世纪以来，尽管宏观经济多次衰退，全球竞争日趋激烈，IT 产业潮流变幻，但美国总是能在起伏间一次次屹立潮头。从半导体、个人电脑、网络搜索到社交网络。在 IT 产业的每次重大技术变革浪潮中，几乎都是在美国诞生和成长的公司成为全球市场的引领者。“美国模式”不是什么新鲜话题，但这一模式使得美国通过持续创新和自我再造而保持常青而令人思考。有迹象表明，在成功经受住近年来的经济危机后，美国是第一个真正复苏的国家。美国发展的最大启示是创新必须与创业紧密结合。通过这种方式，企业作为创新主体的作用才能发挥得淋漓尽致。美国拥有创新必须的完备环境，不少专家学者将其概括为所谓“创新生态系统”。这一生态系统的要素大致包括有利于创新的法律、法规，不断产出成果的高校和研究机构，易于流动的高素质人才，充沛的风险资本和配套服务，鼓励承担风险和宽容失败的创新文化，以及鼓励知识共享的开放商业氛围等。美国活跃着一大批风险投资、法律、会计和猎头公司以及提供其他专业服务的机构，它们的业务重点是为新成立的创业公司打理耗时的琐碎事务，使创业公司能够集中精力进行新技术开发和产业化，这客观上降低了创业的门槛，使孕育新公司的进程加速，也有助于提高创业公司的成功概率。美国的成功不单纯是技术创新的成功。虽然不少新技术在美国产生，但 IT 产业领域更多的技术突破出自美国其他地区或其他国家。美国的竞争优势不在于科技发明本身，而在于源源不断“孵化”出创业公司，在新技术的基础上快速开发新产品，开辟新市场，创造行业新态势。与大公司相比，这些创业公司更有可能给产业带来颠覆性变化，具有更快的成长速度和更强的创造新就业机会等能力。美国这种创新的机制和不断“孵化”出创业公司对我国有重要启示作用。

附录 1　Facebook 收购专利情况（除 IBM、AOL）

公开号	公司名称	转让日期	技术分类	被引频次
US20050021750A1	FRIENDSTER, INC.	2010-08-24	标识特征	156
US20050278443A1	FRIENDSTER, INC.	2010-08-24	标识特征	54
US20050267766A1	FRIENDSTER, INC.	2010-08-24	产品构架	55
US20050267940A1	FRIENDSTER, INC.	2010-08-24	标识特征	48
US20050235062A1	FRIENDSTER, INC.	2010-08-24	事件提醒	83
US20060058958A1	FRIENDSTER, INC.	2010-08-24	安全特征	12
US20060021009A1	FRIENDSTER, INC.	2010-08-24	同步特征	70
US20060004892A1	FRIENDSTER, INC.	2010-08-24	安全特征	45
US20060004789A1	FRIENDSTER, INC.	2010-08-24	隐私设置	31
US20070005750A1	FRIENDSTER, INC.	2010-08-24	搜索特征	25
US20060247940A1	FRIENDSTER, INC.	2010-08-24	搜索特征	34
US20080065701A1	FRIENDSTER, INC.	2010-08-24	好友特征	30
US20080065604A1	FRIENDSTER, INC.	2010-08-24	第三方特征	33
US20080222199A1	FRIENDSTER, INC.	2010-08-24	第三方特征	15
US20100185610A1	FRIENDSTER, INC.	2010-08-24	好友特征	4
US20100180032A1	FRIENDSTER, INC.	2010-08-24	图片特征	17
US20100162375A1	FRIENDSTER, INC.	2010-08-24	位置特征	15
US20100257459A1	FRIENDSTER, INC.	2010-08-24	用户界面	13
US20110199510A1	FUJIFILM CORPORATION	2013-04-19	图片特征	0
US20110125870A1	FUJIFILM CORPORATION	2013-04-19	数据存储	1
US20090245642A1	FUJIFILM CORPORATION	2013-04-19	图片特征	0
US20090248692A1	FUJIFILM CORPORATION	2013-04-19	图片特征	0
US20050093977A1	FUJIFILM CORPORATION	2013-04-19	用户界面	4
US20060192862A1	FUJIFILM CORPORATION	2013-04-19	图片特征	0
US20090129320A1	FUJIFILM CORPORATION	2013-04-19	移动应用	0
US20090181656A1	FUJIFILM CORPORATION	2013-04-19	移动应用	2
US20070055648A1	FUJIFILM CORPORATION	2013-04-19	移动应用	1
US20060192880A1	FUJIFILM CORPORATION	2013-04-19	视频特征	5
US20090170425A1	FUJIFILM CORPORATION	2013-04-19	移动应用	0

续表

公开号	公司名称	转让日期	技术分类	被引频次
US20050093981A1	FUJIFILM CORPORATION	2013-04-19	视频特征	4
US20060159445A1	FUJIFILM CORPORATION	2013-04-19	图片特征	5
US20050021642A1	FUJIFILM CORPORATION	2013-04-19	视频特征	2
US20050190894A1	FUJIFILM CORPORATION	2013-04-19	图片特征	4
US20040172440A1	FUJIFILM CORPORATION	2013-04-19	图片特征	26
US20060065712A1	FUJIFILM CORPORATION	2013-04-19	多媒体特征	1
US20060193624A1	FUJIFILM CORPORATION	2013-04-19	移动应用	0
US20040152440A1	FUJIFILM CORPORATION	2013-04-19	移动应用	30
US20020122070A1	FUJIFILM CORPORATION	2013-04-19	用户界面	5
US20050286463A1	FUJIFILM CORPORATION	2013-04-19	移动应用	11
US20050052695A1	FUJIFILM CORPORATION	2013-04-19	即时通信	6
US20060022035A1	FUJIFILM CORPORATION	2013-04-19	移动应用	2
US20060056832A1	FUJIFILM CORPORATION	2013-04-19	标引特征	12
US20040001613A1	FUJIFILM CORPORATION	2013-04-19	移动应用	2
US20050027525A1	FUJIFILM CORPORATION	2013-04-19	多媒体特征	3
US6856414B1	FUJIFILM CORPORATION	2013-04-19	图片特征	15
US20050201636A1	FUJIFILM CORPORATION	2013-04-19	图片特征	0
US20030112259A1	FUJIFILM CORPORATION	2013-04-19	图片特征	18
US20030072501A1	FUJIFILM CORPORATION	2013-04-19	图片特征	6
US20030179284A1	FUJIFILM CORPORATION	2013-04-19	图片特征	3
US7194635B1	FUJIFILM CORPORATION	2013-04-19	网络特征	2
US20010007138A1	FUJIFILM CORPORATION	2013-04-19	网络特征	10
US20130101218A1	FUJIFILM CORPORATION	2013-04-19	图片特征	0
US20120271917A1	FUJIFILM CORPORATION	2013-04-19	移动应用	0
US20120183239A1	FUJIFILM CORPORATION	2013-04-19	图片特征	0
US20100325548A1	FUJIFILM CORPORATION	2013-04-19	图片特征	0
US20100083128A1	FUJIFILM CORPORATION	2013-04-19	图片特征	3
US20100082740A1	FUJIFILM CORPORATION	2013-04-19	移动应用	1
US20100031132A1	FUJIFILM CORPORATION	2013-04-19	移动应用	1
US20090289952A1	FUJIFILM CORPORATION	2013-04-19	图片特征	0
US20080267284A1	FUJIFILM CORPORATION	2013-04-19	图片特征	0

续表

公开号	公司名称	转让日期	技术分类	被引频次
US20070077025A1	FUJIFILM CORPORATION	2013-04-19	图片特征	2
US20010004406A1	FUJIFILM CORPORATION	2013-04-19	图片特征	1
US20020042263A1	FUJIFILM CORPORATION	2013-04-19	图片特征	9
US6337712B1	FUJIFILM CORPORATION	2013-04-19	图片特征	75
US20020030634A1	FUJIFILM CORPORATION	2013-04-19	图片特征	26
US20030093493A1	FUJIFILM CORPORATION	2013-04-19	图片特征	15
US20030115277A1	FUJIFILM CORPORATION	2013-04-19	图片特征	18
US20040090528A1	FUJIFILM CORPORATION	2013-04-19	网络特征	7
US20050135344A1	FUJIFILM CORPORATION	2013-04-19	移动应用	0
US6327049B1	FUJIFILM CORPORATION	2013-04-19	网络特征	28
US6567983B1	FUJIFILM CORPORATION	2013-04-19	网络特征	124
US6529288B1	FUJIFILM CORPORATION	2013-04-19	图片特征	3
US6762860B1	FUJIFILM CORPORATION	2013-04-19	图片特征	10
US20030105805A1	HEWLETT-PACKARD	2010-02-15	网络特征	24
US7017109B1	HEWLETT-PACKARD	2010-02-15	安全特征	28
US6065051A	HEWLETT-PACKARD	2010-02-15	网络特征	62
US6253325B1	HEWLETT-PACKARD	2010-02-15	安全特征	30
US6691158B1	HEWLETT-PACKARD	2010-02-15	安全特征	28
US6633311B1	HEWLETT-PACKARD	2010-02-15	安全特征	77
US6889213B1	HEWLETT-PACKARD	2010-02-15	安全特征	34
US6952730B1	HEWLETT-PACKARD	2010-02-15	网络特征	44
US7092861B1	IPG ELECTRONICS 503 LIMITED	2011-12-22	安全特征	2
US20050017952A1	IPG ELECTRONICS 503 LIMITED	2011-12-22	用户界面	4
US20020051056A1	IPG ELECTRONICS 503 LIMITED	2011-12-22	用户界面	1
US20020049695A1	IPG ELECTRONICS 503 LIMITED	2011-12-22	用户界面	1
US20030101150A1	IPG ELECTRONICS 503 LIMITED	2011-12-22	即时通信	13
US6144863A	IPG ELECTRONICS 503 LIMITED	2011-12-22	用户界面	63
US6216133B1	IPG ELECTRONICS 503 LIMITED	2011-12-22	好友特征	16
US6480210B1	IPG ELECTRONICS 503 LIMITED	2011-12-22	用户界面	12
US6411949B1	IPG ELECTRONICS 503 LIMITED	2011-12-22	标识特征	12
US6606100B1	IPG ELECTRONICS 503 LIMITED	2011-12-22	用户界面	5

续表

公开号	公司名称	转让日期	技术分类	被引频次
US6879326B1	IPG ELECTRONICS 503 LIMITED	2011-12-22	用户界面	7
US20080071873A1	RIGHT POINT LLC	2012-03-30	及时通信	5
US20080071872A1	RIGHT POINT LLC	2012-03-30	及时通信	0
US20110289171A1	RIGHT POINT LLC	2012-03-30	及时通信	0
US20080071774A1	RIGHT POINT LLC	2012-03-30	标识特征	1
US6288717B1	RIGHT POINT LLC	2012-03-30	标识特征	0
US20120309453A1	TIMBALL ACQUISITION CORP.	2012-11-05	移动应用	0
US20120309295A1	TIMBALL ACQUISITION CORP.	2012-11-05	移动应用	0
US8437384B2	TIMBALL ACQUISITION CORP.	2012-11-05	移动应用	0
US20120309326A1	TIMBALL ACQUISITION CORP.	2012-11-05	移动应用	0
US20120307875A1	TIMBALL ACQUISITION CORP.	2012-11-05	移动应用	0
US20110153187A1	MAPQUEST, INC.	2012-06-28	位置特征	0
US8095303B1	MAPQUEST, INC.	2012-06-28	位置特征	7
US7920965B1	MAPQUEST, INC.	2012-06-28	位置特征	6
US20080114535A1	MAPQUEST, INC.	2012-06-28	多媒体特征	17
US20120109509A1	MAPQUEST, INC.	2012-06-28	位置特征	0
US7321824B1	MAPQUEST, INC.	2012-06-28	位置特征	47
US20050177445A1	VERIZON PATENT AND LICENSING INC.	2012-04-02	位置特征	4
US20090248833A1	VERIZON PATENT AND LICENSING INC.	2012-04-02	位置特征	5
US20100171756A1	VERIZON PATENT AND LICENSING INC.	2012-04-02	位置特征	2
US20110113119A1	VERIZON PATENT AND LICENSING INC.	2012-04-02	位置特征	0
US20120122489A1	VERIZON PATENT AND LICENSING INC.	2012-04-02	位置特征	0
US7688227B1	VERIZON PATENT AND LICENSING INC.	2012-04-02	位置特征	1
US20090228342A1	WALKER DIGITAL, LLC	2011-08-05	运营盈利	14
US20060239546A1	WALKER DIGITAL, LLC	2011-08-05	产品架构	15
US20080059337A1	WALKER DIGITAL, LLC	2011-08-05	图片特征	0
US20060265292A1	WALKER DIGITAL, LLC	2011-08-05	运营盈利	0
US20050027612A1	WALKER DIGITAL, LLC	2011-08-05	运营盈利	33
US7188080B1	WALKER DIGITAL, LLC	2011-08-05	运营盈利	38
US20110153416A1	WALKER DIGITAL, LLC	2011-08-05	运营盈利	13
US20070022021A1	WALKER DIGITAL, LLC	2011-08-05	运营盈利	24

续表

公开号	公司名称	转让日期	技术分类	被引频次
US20020133407A1	WALKER DIGITAL, LLC	2011-08-05	运营盈利	2
US6430537B1	WALKER DIGITAL, LLC	2011-08-05	运营盈利	63
US6421651B1	WALKER DIGITAL, LLC	2011-08-05	运营盈利	50
US20120191548A1	ADVERTISING. COM LLC	2012-08-17	广告特征	1
US8103546B1	ADVERTISING. COM LLC	2012-08-17	广告特征	3
US20100087179A1	MOBLICA LTD.	2012-05-14	移动应用	2
US20110320614A1	MOBLICA LTD.	2012-05-14	网络特征	1
US20040103092A1	NEW YORK UNIVERSITY	2012-04-03	产品架构	31
US6236978B1	NEW YORK UNIVERSITY	2012-04-03	用户简档	277
US20030149727A1	THE RELEGENCE CORPORATION	2012-07-18	即时通信	23
US20060218141A1	TRUVEO, INC.	2012-06-28	标识特征	21
US8209743B1	DESIGNIN, INC.	2012-04-19	图片特征	2
US20110010641A1	SHAREGROVE, INC.	2013-04-10	即时通信	1
US8209743B1	DESIGNIN, INC.	2012-04-19	图片特征	2
US6199157B1	APPLIED MATERIALS, INC.	2009-05-07	移动应用	45
US20030229717A1	DIVAN INDUSTRIES, LLC	2011-08-10	网络特征	23
US20110182485A1	FAWKES ACQUISITION CORP.	2013-04-10	标识特征	1
US20060027648A1	CHEAH IP LLC	2012-03-23	即时通信	19
US20040243633A1	BRITISH TELECOMMUNICATIONS Public Limited Company	2011-04-22	移动应用	5
US7233997B1	British Telecommunications PLC	2011-04-22	网络特征	31
US6393468B1	British Telecommunications Public Limited Company	2011-04-22	安全特征	73

附录 2　Facebook 收购 AOL INC. 专利情况

US6389127B1	US7924989B1	US7526730B1	US20120144310A1
US7822636B1	US20060179110A1	US20070005389A1	US20120066058A1
US7835939B1	US20070112688A1	US7519559B1	US20120059580A1
US7835938B1	US7907966B1	US20030233418A1	US20120016944A1
US7835937B1	US20090094510A1	US7506035B1	US20120033617A1
US7617121B1	US20060242309A1	US7475109B1	US20120030361A1
US7184971B1	US7899257B2	US20040059790A1	US20110314117A1
US20100257053A1	US20030182628A1	US20030105716A1	US20110292160A1
US20130097030A1	US7146505B1	US7478056B1	US20110256911A1
US20130097026A1	US20020026517A1	US20070121809A1	US20110282955A1
US20130097019A1	US20020174269A1	US20050198171A1	US20110282958A1
US20130097012A1	US20060258368A1	US7468729B1	US20110282927A1
US20130097010A1	US20040243941A1	US20070005686A1	US20110258273A1
US20130054352A1	US20050138430A1	US7454709B1	US20110258013A1
US20130054347A1	US7870215B1	US7428585B1	US20110251884A1
US20130046630A1	US20060095502A1	US20070100997A1	US20110207396A1
US20130046627A1	US7870089B1	US20060168163A1	US20110211495A1
US20130046618A1	US20080167937A1	US20050177835A1	US20110208768A1
US20130046617A1	US20050198589A1	US20030011641A1	US20110206193A1
US20050234940A1	US20090083428A1	US20060248271A1	US20110167122A1
US20070094697A1	US7831441B1	US20040153964A1	US20110161324A1
US20100332336A9	US7828661B1	US20050091536A1	US20110143741A1
US20120060025A1	US7822703B1	US20030233283A1	US20110113346A1
US20040056893A1	US7819749B1	US20060146701A1	US20110107257A1
US20020023131A1	US20100189347A1	US7437594B1	US20110078502A1
US20110276646A1	US7818379B1	US20040100497A1	US20100325113A1
US20110307386A1	US7814425B1	US20050198580A1	US20100325146A1
US20090287923A1	US20080133611A1	US20020161900A1	US20100332543A1
US20020057298A1	US20060168250A1	US20050114533A1	US20100329570A1
US20090287773A1	US20080077877A1	US20040030897A1	US20100241351A1

续表

US20030014443A1	US7783622B1	US20040177327A1	US20100226284A1
US20100257083A1	US20060031772A1	US7409451B1	US20100174799A1
US20060163358A1	US7783980B1	US7406506B1	US20100146612A1
US6370502B1	US20080097844A1	US7401115B1	US20100114904A1
US20050190915A1	US20050028082A1	US20020019739A1	US20100138658A1
US20110106900A1	US20080163384A1	US7392262B1	US20100088322A1
US20120030301A1	US20040153517A1	US6496851B1	US20090222444A1
US8244815B1	US20040205775A1	US7359493B1	US20090016499A1
US20110029368A1	US20040125135A1	US7386798B1	US20070050346A1
US20060242244A1	US20070169181A1	US20040034646A1	US20020078043A1
US20110307627A1	US7765265B1	US7383308B1	US6353855B1
US20040199582A1	US7760707B1	US7380007B1	US20020155826A1
US20070094096A1	US7752321B1	US20060004850A1	US20020174243A1
US20090157843A1	US20030065721A1	US20030004951A1	US20030046544A1
US20040128540A1	US20050286447A1	US7366779B1	US20030126026A1
US20050081030A1	US20030084335A1	US20040044736A1	US20030110160A1
US8176430B1	US20070198563A1	US20010034759A1	US20030154283A1
US20100251347A1	US20080249983A1	US7284187B1	US20040160957A1
US8176541B1	US20070006136A1	US7283505B1	US20040158574A1
US20090019376A1	US20090144275A1	US20040103156A1	US20040123158A1
US6336133B1	US7739370B1	US20020161910A1	US20040111374A1
US20100306660A1	US20070038774A1	US20030163730A1	US20040083243A1
US20110184979A1	US7734708B1	US7237257B1	US20060173806A1
US7979802B1	US7730137B1	US20020161847A1	US20080154967A1
US20090213001A1	US20080154582A1	US20030163737A1	US20080167938A1
US20070226182A1	US7725475B1	US7224988B1	US5649013A
US20040148347A1	US20050108551A1	US20050147221A1	USD395296S1
US20040243547A1	US20080031203A1	US7224774B1	US5740549A
US8132110B1	US20050198172A1	US7222157B1	US5737538A
US20070288639A1	US20080010253A1	US20050038813A1	US5715466A
US8108425B2	US20080107343A1	US20030135491A1	US5878219A
US8099667B1	US20080010667A1	US20040093518A1	USD397100S1

续表

US20030208543A1	US7707261B1	US20030208682A1	US6065047A
US20090077476A1	US7707226B1	US20050108208A1	US6014638A
US20090106416A1	US7702675B1	US7181513B1	US6012051A
US20020107950A1	US20080016453A1	US6539421B1	US6009413A
US8078625B1	US7698173B1	US20030092385A1	US5970177A
US20080222125A1	US20080140851A1	US20050097188A1	US5951646A
US20110077860A1	US20060123347A1	US20040181532A1	US6148289A
US20100220660A1	US7039596B1	US20030154278A1	US6094485A
US20060179440A1	US20080177733A1	US20030172005A1	US6112250A
US8037147B1	US7664673B1	US7130841B1	US6292769B1
US8015247B1	US7660784B1	US7130388B1	USD446143S1
US6714793B1	US20050055416A1	US20040059700A1	USD445705S1
US6832321B1	US7653379B1	US7124132B1	US6243674B1
US20100077049A1	US20060212520A1	US20040210770A1	US6226684B1
US20040003118A1	US7647375B1	US7089246B1	US6175864B1
US20090271527A1	US20040172454A1	US20050028104A1	USD468296S1
US20040157586A1	US20020173273A1	US20040064586A1	US6339754B1
US8015607B1	US7640336B1	US5796393A	US6546095B1
US8010783B1	US20050080771A1	US20030028365A1	US6750881B1
US20090313377A1	US7636777B1	US20030142090A1	US6754904B1
US20070288648A1	US7627830B1	US20040064642A1	US6603838B1
US8001200B1	US7627635B1	US20040121785A1	US6677968B1
US20040128356A1	US7624274B1	US7031698B1	US6692359B1
US8027989B1	US7392306B1	US20030037078A1	US6691105B1
US8001254B1	US20080021860A1	US6987847B1	US6690785B1
US7988560B1	US7620691B1	US20130117690A1	US6687734B1
US20040177122A1	US20070094247A1	US20130117399A1	US6621892B1
US7996460B1	US7603413B1	US20130111608A1	US6912564B1
US20080319995A1	US20040205126A1	US20130110933A1	US6854085B1
US7970598B1	US7599990B1	US20130110858A1	US6813733B1
US20030033448A1	US20070033569A1	US20130110817A1	US6807558B1
US20100185778A1	US20080183672A1	US20130073723A1	US6781608B1

续表

US7986938B1	US20050262564A1	US20130073722A1	US6772188B1
US20110138420A1	US7590696B1	US20130073721A1	US6961722B1
US7962504B1	US7562069B1	US20130067097A1	US6944669B1
US20080263149A1	US7539942B1	US20130073973A1	US7334021B1
US20080086455A1	US7567662B1	US20130073678A1	US7349892B1
US7937422B1	US7558828B1	US20130073677A1	US7343419B1
US20100228719A1	US6112227A	US20130073633A1	US7325065B1
US7904554B1	US20020054139A1	US20120317467A1	US7313384B1
US20080215711A1	US7548956B1	US20120297058A1	US7305713B1
US7929976B1	US20040201624A1	US20120260316A1	US7305385B1
US7925615B1	US7546337B1	US20120201237A9	US7287005B1
US20090112729A1	US20020184333A1	US20120198013A1	US8331257B1
US20120173525A1	US20070005636A1	US20120179971A1	

附录3 Facebook收购IBM专利情况

US20080229176A1	US20080114746A1	US20060107186A1	US20050073318A1
US20080209426A1	US20080221826A1	US20050229057A1	US20030002854A1
US20080134180A1	US20080256413A1	US20050157886A1	US7356228B1
US20080235709A1	US20080092104A1	US20060184767A1	US20070274140A1
US20080178194A1	US20080092095A1	US20070022256A1	US20060146313A1
US20080109803A1	US20090119442A1	US20050160143A1	US20070236255A1
US20080235572A1	US20090192778A1	US20060059191A1	US20080007272A1
US20080256134A1	US20080071499A1	US20080010267A1	US20070253175A1
US20080109802A1	US20080120624A1	US20070083565A1	US20020066080A1
US20090102452A1	US20080215917A1	US20070047121A1	US20060248490A1
US20080216101A1	US20080215821A1	US20070164768A1	US20070038970A1
US20080195644A1	US20080215819A1	US20080054393A1	US20050289376A1
US20080224259A1	US20080184342A1	US7393738B1	US20040117668A1
US20080271040A1	US20080209274A1	US20070264729A1	US20070124553A1
US20080046866A1	US20030133605A1	US20060031823A1	US20070226431A1
US20080059965A1	US20070221536A1	US20060190910A1	US20030088623A1
US20080098015A1	US20080177697A1	US20060031805A1	US20050097121A1
US20080224256A1	US20080141000A1	US20050262458A1	US20070265793A1
US20080194197A1	US20080077480A1	US20050160158A1	US20080024232A1
US20080066077A1	US20080199086A1	US20060155897A1	US20060279414A1
US20080244485A1	US20080141114A1	US20060101306A1	US20030033563A1
US20080140951A1	US20080228965A1	US20050071721A1	US20060265172A1
US20090201973A1	US20080175324A1	US20030084350A1	US20040010669A1
US8053862B2	US20080265931A1	US20060248238A1	US20050135017A1
US20080263517A1	US20080230868A1	US20060101238A1	US20040210614A1
US20080077929A1	US20080168357A1	US20060123206A1	US20080012549A1
US20060059212A1	US20080228668A1	US20040122886A1	US20080028140A1
US20080243453A1	US20080307263A1	US20060026223A1	US20080001620A1
US20080229330A1	US20080077826A1	US20060212264A1	US20070101306A1
US20080222585A1	US20050154875A1	US20060195463A1	US20070124098A1

续表

US20080141030A1	US20070286096A1	US20050060714A1	US20070101304A1
US20080109499A1	US20080123213A1	US7392250B1	US20070101221A1
US20080141025A1	US20080162178A1	US7392148B2	US20070096257A1
US20080099787A1	US20080148274A1	US20040141505A1	US20070093986A1
US20080052726A1	US20080104469A1	US20080018408A1	US20070083734A1
US20080215608A1	US20080091982A1	US20070072429A1	US20070075994A1
US20080222605A1	US20080114907A1	US20040259035A1	US20070051659A1
US20080115094A1	US20080071777A1	US20050234962A1	US20060257792A1
US20030084428A1	US20080104555A1	US20060026548A1	US20060277511A1
US20090031294A1	US20090210623A1	US20070143565A1	US20060277508A1
US20110047595A1	US20090007118A1	US20060179252A1	US20060267616A1
US20080148243A1	US20080259484A1	US20060179168A1	US20060265372A1
US20080178132A1	US20080104447A1	US20050235057A1	US20060248483A1
US20080092137A1	US20080229078A1	US20070016910A1	US20060220148A1
US20080071734A1	US20080049819A1	US20060106827A1	US20060005066A1
US20080216089A1	US20080159297A1	US20060047688A1	US20060036877A1
US20090150617A1	US20080028382A1	US20020095384A1	US20060027930A1
US20080244088A1	US20080129325A1	US20070239386A1	US20060026457A1
US20080208856A1	US20080141058A1	US20050088976A1	US20050283664A1
US20080140639A1	US20080167897A1	US7388496B1	US20050278562A1
US20080027918A1	US20080141203A1	US20040250060A1	US20050283762A1
US20070271425A1	US20080098264A1	US7386851B1	US20050273669A1
US20090037450A1	US20080239860A1	US20060039457A1	US20050268209A1
US20090031084A1	US20040133801A1	US7354281B1	US20050268170A1
US20080307095A1	US20080104599A1	US20030226028A1	US20050257097A1
US20100109700A1	US20080147996A1	US20040055002A1	US20050251654A1
US20080195852A1	US20080017932A1	US20030005027A1	US20050235116A1
US20080177785A1	US20080133890A1	US20040250239A1	US20050216672A1
US20020076121A1	US20080005374A1	US20060025978A1	US20050192951A1
US20080201615A1	US20040139073A1	US20050235007A1	US20050182771A1
US20080229191A1	US20090002015A1	US20060168476A1	US20050034121A1
US20080209087A1	US20080178053A1	US20060161796A1	US20050034012A1

续表

US20080198767A1	US20080133874A1	US20050283605A1	US20050022207A1
US20080215882A1	US20080158733A1	US20060184749A1	US20050010716A1
US20080262797A1	US20070245271A1	US20060294309A1	US20050010560A1
US20080178096A1	US20080228966A1	US20060230252A1	US20040254752A1
US20080228709A1	US20070204109A1	US20050171930A1	US20040255047A1
US20080234955A1	US20080204057A1	US20060218128A1	US20040225641A1
US20080216161A1	US20080147995A1	US20040120491A1	US20040216102A1
US20080104372A1	US20080229308A1	US20050018647A1	US20040216100A1
US20020147961A1	US20080209177A1	US20070076398A1	US20040215666A1
US20080222175A1	US20080021996A1	US20070008002A1	US20040208127A1
US20080154844A1	US20070277026A1	US20040068733A1	US20010001508A1
US20080086707A1	US20080256387A1	US20050125695A1	US20020161815A1
US20080082474A1	US20080175085A1	US20050060516A1	US20020136284A1
US20080141080A1	US20080258879A1	US20060259704A1	US20020138688A1
US20080034007A1	US20080105969A1	US20050283580A1	US20020169656A1
US20080052648A1	US20080168236A1	US20050027913A1	US20020135024A1
US20080115093A1	US20080133980A1	US20070168147A1	US20020129972A1
US20060136748A1	US20080151246A1	US20070223298A1	US20020120658A1
US20090094399A1	US20080086605A1	US20060232884A1	US20020097720A1
US20080229309A1	US20080246097A1	US20080008288A1	US20030025617A1
US20080141084A1	US20080143743A1	US20060284174A1	US20030023661A1
US20030033349A1	US20080077282A1	US20050213260A1	US20030018649A1
US20080104619A1	US7512815B1	US20060123400A1	US20030004783A1
US20070288676A1	US20080140936A1	US20040187094A1	US20030002141A1
US20020077932A1	US20080192448A1	US20070061767A1	US20020191279A1
US20080244372A1	US20080091897A1	US20050198460A1	US20030097530A1
US20070226754A1	US20080201533A1	US20070043920A1	US20030084030A1
US20080098343A1	US20080267374A1	US20060224830A1	US20030093766A1
US20080235648A1	US20080099844A1	US20060184739A1	US20030115579A1
US20040143788A1	US20080010559A1	US20070183393A1	US20030130890A1
US20040261067A1	US20080088618A1	US20040122852A1	US20030106028A1
US20080140893A1	US20080065687A1	US20050207544A1	US20030106027A1

续表

US20080133470A1	US20080170221A1	US20070211703A1	US20030103734A1
US20080228975A1	US20070271550A1	US7378885B1	US20040025144A1
US20080315898A1	US20080204227A1	US20080061902A1	US20040015995A1
US20080091666A1	US20080092097A1	US20060168793A1	US20040018688A1
US20080140984A1	US20080133527A1	US7378831B1	US20040017709A1
US20080288514A1	US20080091885A1	US20080056839A1	US20040008762A1
US20080024938A1	US20080133528A1	US20040215905A1	US20030177441A1
US20080104597A1	US20080024170A1	US20070250796A1	US20030167437A1
US20090182951A1	US20080069194A1	US20030122879A1	US20030140300A1
US20080228737A1	US20080052495A1	US20050149824A1	US20040172632A1
US20080072242A1	US20080059714A1	US20060143512A1	US20040194096A1
US20080192302A1	US20080140943A1	US20060206684A1	US20040175635A1
US20070299944A1	US7493319B1	US20050015549A1	US20040166620A1
US7853625B2	US20080096342A1	US20050278487A1	US20040139191A1
US20050154898A1	US20080098177A1	US20060075385A1	US20040144750A1
US20080177833A1	US20080210161A1	US20050165741A1	US20040105448A1
US20080178153A1	US20080071877A1	US20070124104A1	US20040120254A1
US20080263337A1	US20080046632A1	US20050058299A1	US20040114670A1
US20080263292A1	US20080191745A1	US20040257570A1	US20040111617A1
US20080183761A1	US20070245360A1	US20050132324A1	US20040100966A1
US20080140636A1	US20080107496A1	US20060053366A1	US20040064939A1
US20080168473A1	US20080151658A1	US20060294440A1	US20040090987A1
US20090132985A1	US20050093696A1	US20060221537A1	US20040062105A1
US20080091985A1	US20080092098A1	US20030046550A1	US20050155013A1
US20080235459A1	US20080104290A1	US20050278575A1	US20050144159A1
US20080071758A1	US20080189583A1	US20050144160A1	US20050108188A1
US20080168261A1	US20080133992A1	US20060156317A1	US20050102685A1
US20080263283A1	US20080215937A1	US20060059472A1	US20050093695A1
US20040162943A1	US20070294589A1	US20050228767A1	US20050050517A1
US20080235785A1	US20080048711A1	US20070174806A1	US20050040480A1
US20080141078A1	US20080068038A1	US20030061484A1	US20060212657A1
US20080155233A1	US20080077377A1	US20060095691A1	US20060211244A1

续表

US20080147723A1	US20080040557A1	US20060179242A1	US20060190877A1
US20080221852A1	US20080220634A1	US20060179223A1	US20060186416A1
US20080089352A1	US20080024166A1	US20030004813A1	US20060179289A1
US20080101228A1	US7453362B1	US20040184662A1	US20060179264A1
US20080131795A1	US20080140954A1	US20040260748A1	US20060161523A1
US20080172453A1	US20040135231A1	US20040261057A1	US20060179250A1
US20080168254A1	US20080003759A1	US20070061765A1	US20060179235A1
US20080184337A1	US20060089951A1	US20050097398A1	US20060174082A1
US20080133468A1	US7392280B2	US20050216675A1	US20060184478A1
US20080082564A1	US20080014740A1	US20060047864A1	US20060179396A1
US20070226440A1	US7392403B1	US20060184552A1	US20060133426A1
US20080279633A1	US20070103173A1	US20050033752A1	US20060150015A1
US20080215648A1	US20050105558A1	US20050278327A1	US20060106956A1
US20080162887A1	US7403527B2	US20060161568A1	US20060095468A1
US20080021691A1	US20040123294A1	US20040114517A1	US20070184581A1
US20080184353A1	US20050097522A1	US20070263475A1	US20070159899A1
US20080140832A1	US20050172194A1	US20070057968A1	US5561807A
US20080141355A1	US20060031723A1	US20070200634A1	US6064674A
US20080251289A1	US20070074059A1	US20070120195A1	US6081622A
US20080225854A1	US20040139342A1	US20050086660A1	US6066180A
US20080186104A1	US20040215947A1	US20040226003A1	US6063481A
US20080071759A1	US20040216106A1	US20070277145A1	US6061517A
US20080089343A1	US20060179221A1	US20060190869A1	US6054863A
US20080215815A1	US20050021736A1	US20070226466A1	US6016505A
US20080077740A1	US20050060293A1	US20060179266A1	US6049841A
US20080133810A1	US20050086181A1	US20060090035A1	US6033949A
US20080059438A1	US20060085171A1	US20060047919A1	US6029261A
US20080191809A1	US20050117577A1	US20050251623A1	US6026447A
US20080168444A1	US20040141510A1	US20060041569A1	US6163535A
US20080267206A1	US20070183336A1	US20060122977A1	US6748557B1
US20080170579A1	US20060179257A1	US20030135354A1	US6725333B1
US20080168372A1	US7399930B1	US20070005283A1	US6738767B1

续表

US20090016212A1	US20060140723A1	US7359820B1	US6760887B1
US20090147560A1	US20060041880A1	US20070225844A1	US6754887B1
US20080092105A1	US20040039996A1	US20070140805A1	US6732137B1
US20070234268A1	US7398467B1	US20060282809A1	US6730552B1
US20080229022A1	US20020184476A1	US20020161987A1	US6711606B1
US20080140335A1	US20060095427A1	US20050076166A1	US6699400B1
US20080016251A1	US20080147982A1	US20030182442A1	US6684327B1
US20080117914A1	US20060212606A1	US20050071331A1	US6804333B1
US20080138166A1	US20040158624A1	US20050278305A1	US7346075B1
US20080016252A1	US20070244661A1	US20030220941A1	US7349388B1
US20050172223A1	US20060048116A1	US20040024625A1	US7337440B1
US7323913B1	US20050114833A1	US20060174174A1	

图索引

表索引